以创造性内容成就卓越领导者

销售的常识

李治江——著

图书在版编目（CIP）数据

销售的常识 / 李治江著. -- 北京 : 北京联合出版公司，2020.8（2023.8重印）

ISBN 978-7-5596-4274-5

Ⅰ. ①销… Ⅱ. ①李… Ⅲ. ①销售—方法 Ⅳ. ①F713.3

中国版本图书馆CIP数据核字（2020）第091873号

销售的常识

作　　者：李治江
出 品 人：赵红仕
选题策划：山顶视角
策划编辑：李俊佩　王留全
责任编辑：云　逸
封面设计：王喜华
内文排版：聯合書莊

北京联合出版公司出版
（北京市西城区德外大街83号楼9层　100088）
北京联合天畅文化传播公司发行
北京美图印务有限公司印刷　新华书店经销
字数234千字　889毫米×1194毫米　1/32　10.5印张
2020年8月第1版　2023年8月第5次印刷
ISBN 978-7-5596-4274-5
定价：60.00元

前　言

作为一名销售培训师，我一直想写一本关于销售的常识的书，跟很多销售人员谈谈什么是销售，怎样才能做好销售。特别是对于很多刚刚进入销售行业的年轻人来说，这样一本书就更加具有现实的指导意义。

我在大学的时候学的专业是市场营销，但是市场营销不是销售，也很少有教销售的课程。等大学毕业找工作的时候发现，市场上最紧缺的岗位就是销售，如果你愿意挑战，可以来干销售；如果你面试求职四处碰壁，也可以来干销售。

销售这份工作不看学历，不管你是博士、硕士，还是小学文化，谁能拿到订单谁就是英雄；销售这份工作不看专业，不管你是营销科班出身还是机械电子专业半路出家，入了行大家就站在同一条起跑线上；销售这份工作不看经历，有七八年经验的销售老兵未必就干得过初出茅庐的菜鸟小白；销售这份工作不看颜值，“高富帅”、“白富美”未必就真能比别人卖得更多……

销售入职的门槛很低，但是想要成为顶尖高手却很难，俗话说“师父领进门，修行在个人”。对于销售这门学问来说，师父各有各的金刚钻，徒弟或许能从师父那里学得个一招半式，但是你永远达不到师父的水平。顶尖销售高手是不容易被复制的，我们的销售培训更多的也只是把很多销售人员领进门，把他们从一个菜鸟训练成一个合格的销售人员。因为销售工作是在与人打交道，人各不相同等，你不可能拿着一个公式就能套用到所有人身上，更不可能拿着一套话术去说服所有人。

一、做销售的十二字箴言

我刚刚做销售的时候，我的老板把我叫到办公室，跟我说：“小李，你虽然没什么经验，不过做销售你只要记住十二个字就行了——仪容仪表，不卑不亢，有理有据。”真的特别感谢我的老板，这十二个字让我受益终身。

仪容仪表。你没有经验没有关系，起码你出现在客户面前的时候得注意一下你的形象。你的西装是否干净？头发有没有梳整齐？因为你是代表着公司的形象，你的仪容仪表不仅仅是公司的一张脸面，更是对客户的一种尊重。

不卑不亢。这是我们在面对客户时的一种态度，做销售不是低声下气去求人家。客户有需求，而我们恰好能够帮助客户解决问题，销售是一种双赢。所以对待大客户我们不要唯唯诺诺，对待小客户也不要趾高气扬，只要是客户，我们之间就是一种平等的关系。

有理有据。不是说你的东西好，客户就一定会找你买，客户在找你买的时候，既是在买你的产品，也是在买你这个人。如果你没办法把自己成功地销售给客户，你的销售就会变得特别艰难。有理有据是我们销售自己时用的一种沟通方法，不要总是哥们儿义气，江湖黑话一大堆，而要跟客户沟通有事实、有案例、有数据，让客户觉得你是一个专业人士，值得信任。

二、做销售就是一条不归路

三年前，我的一位前同事打电话邀请我去参加他的婚礼，那个时候我已经从销售工作转型做培训师有六七年的时间了，而他依然还在做销售,转眼间已经在销售的岗位做了十六七年。一见面，他就开始跟我聊天，让我一下子就想起了我们当时一起进公司做业务员时的情形，真的很怀念那段时光。我不由得给他竖起了大拇指:“你真行，做销售这么多年还能有这份激情，难得！”

“愿你出走一生，归来仍是少年”，这是我们经常送给朋友的祝福，在销售的道路上，出走一生的很多，归来仍是少年的寥寥无几。对于一些老销售来说，五年十年的销售经历让他们渐渐丧失了对销售工作的那份激情，心劲没了，动力没了，慢慢成了领导口中的“老油条”，这是多么可悲的一件事情。所以我说销售是一条不归路，在这条路上你不开足马力一路狂奔的话，年轻的销售就会追上你，甚至超过你，最终长江后浪推前浪，前浪死在了沙滩上。

怎样才能保持销售的激情呢?

我觉得首先你要对销售有所热爱，你为什么选择来做销售，做销售的初心是什么；其次是你要发现销售中的快乐，像我那位同事一样，一位十六七年的销售老兵依然激情满满；最后是你要让自己不断学习提升，跟得上时代的脚步，社会发展得这么快，技术更新日新月异，你不可能还把五年前的销售方法用到今天的客户身上。

三、做销售就是要踏踏实实

做销售有没有捷径？或许你用一些技巧快速成交了客户，但是这样的生意不会持久,更不会赢得市场口碑。在移动互联网时代，每个个体都是一个品牌，销售人员为了追求短期利益，不惜牺牲自己的个人信誉,得不偿失。越是浮躁的时代,我们越应该静下来，踏踏实实地干好自己的本职工作。

销售越来越难做了，因为客户可以选择的购买途径越来越多，因为客户对于销售人员的防备心理越来越强，因为客户对于销售人员的销售套路越来越了解。“少一些套路，多一些真诚”，即便有些销售人员每天都把这句话挂在嘴上，干的却依然是套路满满的活儿。

为什么要写这本《销售的常识》呢？我就是想跟大家聊一聊销售中的一些常识，让销售回归本质，让我们每个销售人员都能够对销售有一份正确的认知。本书不会教你如何套路客户，更不会教你如何快速拿单，我写到的都是一些身边的销售人员，他们的努力、坚持和奋斗，他们的销售技巧简单而质朴，简单的反而是最有力量的。

四、做销售跟自己死磕到底

凡事都怕“认真”二字，当你认真了，事情就开始变得简单。销售工作之难就在于我们很多人不认真，我们对销售工作有很多误区，认为做销售就是跟客户搞好关系，产品卖不动就是因为价格太高，客户没有采购我们的产品是我们给对方的好处不够，等等。遇到困难的时候我们向外看得多，向内看得少。

在本书里，我从“职业素养、销售思维、识别客户、沟通技巧、建立关系、价值呈现、异议处理、成交法则”共八个方面，相对全面地写到了销售人员如何自我修炼，如何与客户相处，如何成交等内容。我无意呈现太多的销售技巧，更多地想从销售人员的基本功写起——一句话、一个动作、一个表情，每个影响成交的销售细节都值得我们认真地打磨。

为了让大家在本书里真正有所收获，在每个章节的后面，我都增加了一个“刻意练习”的环节。只要你认认真真地把这26个刻意练习完成，我相信你在销售能力上会有一个很大的提升。

五、做销售永远不要回头看

不管你曾经创造了多么骄人的业绩，也不管你曾经遭遇了多么糟糕的困境，做销售都请不要回头看，躺在过去的功劳簿上睡觉，你终将会被市场和客户所淘汰。对于销售人员来说，太阳每天都是新的，你只能充满激情地踏上新的征程。

当我写下这些文字的时候，我已经告别了那些披星戴月、谈笑风生的销售生涯，从销售经理转型成为销售教练，对我来说是挑战，更是新生。没有什么可以阻止我们对成功的渴望，更没有什么能够阻止我们对成长的向往，年轻的时候选择销售工作对我们来说是人生中最宝贵的一笔财富。

在销售的战场上冲锋陷阵的战士，谁没有故事？对于销售，每个人都有自己的一份理解。《销售的常识》只是我的一家之言，如果对于我们的销售伙伴有所帮助，幸甚！由于能力所限，难免有遗漏或者谬误，也请读者指正！

2020年4月

目　录

第一章　职业素养

酒香不怕巷子深，曾经是很多传统企业恪守的经营法则，但是在产能过剩、信息透明、客户主权的时代，这样一条法则显然已经失灵了。每家想要增长的企业都需要组建一支能够攻城略地、战无不胜的销售铁军，销售人员的战斗力决定了企业的竞争力。

企业对销售人才的大量需求造成了销售行业低门槛、高收入的职业特点，英雄不问出处，不管你是什么学历、什么背景，只要你想干销售，就一定能够找到一份销售工作。很多人胸怀宏图大志，一猛子扎进销售的红海之中，等入局以后才发现，销售工作远远没有想象中的那么好干，并不能靠着一张嘴能忽悠就可以玩得转。销售的江湖血雨腥风、硝烟弥漫，见惯了尔虞我诈、相爱相杀，有些销售人员渐渐变得麻木不仁，彻底迷失了自我，最终碌碌无为。

有销售的地方就有江湖，有江湖就免不了打打杀杀，既然如此，为什么我们还要做销售呢？作为一名刚刚入局的销售人员，该如何修炼自己，才能不断升级打怪、修成正果？作为一名资深销售老兵，该如何调整状态，才能不忘初心、永葆激情？我觉得最重要的还是要找到“初心”，你为什么要做销售，销售工作究竟对你意味着什么？当你的思维改变了以后，你的行为自然就会发生改变。如果你不热爱销售工作，即使你学一百招一千招的销售技巧，还是雕虫小技，没办法成为真正的销售高手。

第一节　年轻的时候为什么要做销售

关于这个话题最近一直萦绕在我的脑海，特别在早起跑步的时候，我时常在想，如果不是大学毕业的最初几年选择做销售，现在的我应该是怎样的一种光景。人生没有倒带的可能，感谢曾经的销售生活带给我快乐和现在的一点点成绩。有很多人说销售人员压力很大，背负着沉重的指标，每天奔波在市场一线。其实销售人员也有销售人员自己的快乐，在刚刚走出校门的时候，一群来自五湖四海的年轻人因为各种机缘来到了同一家公司，经过短暂的培训以后奔赴全国各地。虽然业绩达成的情况各有千秋，但私下里的联系交流、见面时的狂欢喝酒至今仍历历在目，感谢销售工作让我们从陌生人变成了朋友。

“你为什么要选择销售工作作为自己的职业？”这是我在培训课堂上询问学员的问题，得到的答案五花八门，有人说是因为做销售比较赚钱，有人说是因为做销售比较自由，有人说自己就喜欢跟客户聊天，也有人说没有为什么喜欢就是喜欢，当然最可笑也最现实的答案是“找不到别的工作，只能来做销售了”，做销售根本就不是他自己的选择，而是命运的安排，是被逼无奈之举。

如果现在有个机会摆在你面前让你重新选择的话，你是否还会选择做销售工作呢？如果你仍然坚定地回答说：“我愿意！”那么恭喜你，你天生就是要做销售的，因为喜欢做销售是你身体里涌动着的血液，工作中的每天你都可以听到骨头咯吱咯吱地在拔高生长。对于成就这件事情来说，一是要靠努力，二是要靠天分。你可以努力地去弹钢琴，但是你弹一辈子钢琴也不一定能成为下一个郎朗，因为人家既有勤奋，又有天分。对于年轻人来说，如果能够找到一份自己真正喜欢，而且又能发挥自己特长的工作，这是多么幸福的一件事情！人生的道路虽然看起来很漫长，但我们还是要尽量少走弯路，毕竟时间每分每秒都在流逝。如果每天我们都在忙于事倍而功半的事，显然我们是在浪费生命。

一、销售工作可以培养你的成功欲望

究竟什么样的人更加适合做销售工作呢？有人说能说会道的人更适合干销售，也有人说会察言观色、洞察人性的人更适合干销售。我觉得以上两点是能干好销售的两个特质，却不是评断一个人适不适合干销售的根本标准。一个人适不适合干销售，最核心的因素得看这个人是不是骨子里喜欢接受挑战性的工作，对成功是否拥有强烈的渴望，因为销售人员的天职就是要说服客户接受你推销的产品或服务。那些顶尖的销售高手骨子里就不服输，在他们的字典里从来没有“失败”这两个字，客户虐我千万遍，我待客户如初恋，没有拿到自己想要的结果绝不轻言放弃。

如果我天生不喜欢挑战却入了销售的行儿，怎么办？人活一辈子终归是要有所建树的，否则活的未免也太随心所欲，太形同草木了。不管你做什么工作，只有对目标拥有强烈渴望，才能取得最终的成功。正是因为你不喜欢挑战，你才应该来干销售，因为一旦选择了，不管你喜不喜欢，你都得全力以赴，否则你的上司会天天在后面盯着你，那种感觉实在不太好过。销售工作可以培养我们的成功欲望，年轻时候性格的塑造可以影响我们的一生。

二、销售工作可以培养你的抗压能力

如果做销售没有压力，要么是你的上司对你不负责任，要么是你过得自我放纵、毫不在乎。如果做销售压力太大，每天你都像背负着一只重重的壳在行走，逢人便说压力好大，那么说明你做销售的功力还远远不够。如果做销售压力很大，你仍然能满面笑容地去对待生活，逢人便说做销售挺好的，可以跟很多客户成为朋友，那么恭喜你，你离成功已经不远了。

成王败寇是销售行业最基本的生存法则，只看结果不看过程，一切皆以成败论英雄。好人在销售的字典里等于平庸，销售的字典里更多的是对能人的注解，公司也只奖赏那些能够创造骄人业绩的销售精英。**要么生存，要么淘汰，20%的销售精英创造了80%的销售业绩，他们创造着公司的历史，也书写着公司的历史。20%的销售精英理应黄袍加身，接受公司所有人的祝福与尊重，这是销售的基本常识**。如果年轻的你能在销售行业站稳脚跟，那么还有什么样的工作不能干，什么样的事情干不成呢？“任尔东西南北风，咬定青山不放松”，顶着巨大的压力却依然坚定前行，年轻的时候就让自己的内心修炼得无比强大，这是一件多么值得去尝试的事情。

三、销售工作可以培养你勤奋的习惯

想要成为那20%的销售精英，到底靠的是能力还是勤奋？关于这个问题至今还没有一个标准的答案。不过可以确定的是，即便是那20%的销售精英，勤奋依然是他们成功的不二法宝。

我刚刚跑到东北做业务员那会儿，公司的老销售林哥带我跑了一个月的市场。林哥每天早出晚归，认真地做好每次客户拜访记录，忙的时候连午饭都吃不上。我说：“林哥，我以为做销售很自由，不用朝九晚五地上班打卡，谁想到你这么辛苦，比上班的人工作时间都要长。”林哥说：“做销售就是要24小时手机开机，客户有需要随叫随到。这个工作没有双休日，没有节假日，每天都是血雨腥风的战斗状态，稍微一松懈，对手就把你的客户挖走了。”

冰心说：“成功的花，人们只惊羡她现时的明艳！然而当初她的芽儿，浸透了奋斗的泪泉，洒遍了牺牲的血雨。”当我们羡慕“销冠”（即销售冠军）站在聚光灯下，拿着巨额奖金，接受所有人的掌声与祝福的时候，我们不要忘了他们曾经脚踩泥泞、披星戴月的辛勤付出。当你每天回到家里躺在沙发上忙着追剧时，销冠正在口干舌燥地跟客户沟通方案；当你每天拿起手机打游戏、刷抖音时，销冠正在满头大汗地拜访客户；当你每天抱怨着销售越来越难干钱越来越难赚时，销冠正在坚持不懈地给客户打电话。市场不相信眼泪，天上从来都不会掉馅饼，勤奋是撬开客户大门的通行证，是获奖证书上的颁奖词，是销售人员成功的座右铭。

四、销售工作可以培养你的沟通能力

年轻的时候想要成为万人迷，你可以靠颜值；而年纪大了依然想要成为万人迷，你只能靠实力。人生是一趟没有归途的列车，如果在年轻的时候你总是在虚度光阴，总是在吃青春饭，那么等到你年纪大了的时候，你将无饭可吃。尤其是在移动互联网时代，各种新技术层出不穷，让没有技术含量、靠吃青春饭的职业纷纷消亡，在这样的时代背景之下，销售工作为我们提供了无限可能。

人生就是销售！当我们试图说服别人接受我们的观点，当我们试图寻求他人的帮助时，我们都是在做销售，销售这个职业永远也不会消失，销售工作只会越来越回归本质。著名的国学大师季羡林先生说过这样一句话："假话全不讲，真话不全讲。"这句话道出了季老的沟通智慧，可见沟通的重要性。年轻的时候，我们选择做销售，可以培养我们与人沟通的能力，一句话怎么说更加容易让别人接受，这是销售人员所要接受的最基本训练。

五、销售工作可以为你带来广阔的人脉资源

20岁的时候靠勤奋赚钱，30岁的时候靠专业赚钱，40岁以后靠资源赚钱，人生的不同阶段，你的能力、体力、思维、资源各不相同，在正确的时间做对的事情更容易获得成功。年轻时候的积累能不能给你带来复利的回报？其他的工作我不了解，不过我可以告诉你，销售工作可以。因为做销售就是在跟形形色色的人

打交道，你有机会结识更多的人脉资源，相比物质财富，人脉资源这种无形的财富会带来更多的价值回报。

罗伯特·清崎在《富爸爸穷爸爸》一书中写到，我们很多人之所以贫穷，是因为我们的财务管理只有“收入—支出”两项。钱就像自来水管一样从收入这个口流入，从支出这个口流出，此时的钱财如流水，你根本就存不下钱；而那些富人懂得怎样截流，减少支出，并且把收入变成投资。投资就是在为未来存钱，等你年纪大了的时候可以躺着挣钱。对于销售人员来说，你既可以有金钱上的投资，也可以有人脉资源上的投资，当你的圈子越来越大、人脉关系越来越广的时候，未来变现的可能性就越大。史蒂芬·柯维在《高效能人士的七个习惯》一书中提到人际关系的“情感账户”，如果我们今天在客户身上投入的情感越多，那么我们在情感银行的储蓄就越多，有一天你做“支出”的时候就会游刃有余。

□ 实战案例

2017年，我去山东曲阜给一家企业培训，以前的一个下属张蕾看了我的朋友圈，非要来见我。我说，行程紧张，只有从酒店到高铁站这二三十分钟的路上可以聊聊。于是，张蕾就从兖州开车到我所在的曲阜酒店，等课程结束把我送到了曲阜高铁站。一见面，我发现张蕾变了，已经不是我印象中的那个小女孩，变得更加干练，更加淡定从容了。

因为只有20分钟，她有很多话想跟我说，我惊叹于她的故事，更感慨于她的成长。为了家庭，她毅然决然地离开了临沂，跑回了老家兖州，可是到兖州找一份什么样的工作呢？以前她做市场部的工作，但是在兖州找一份市场部的工作真的很难。在家待了一段时间以后实在熬不下去了，正赶上当地一家钢构企业招聘销售人员，她就跑过去面试。但是她有两个短板：其一，她原来所在的行业是B2C（企业对客户）的模式，而这家钢构企业是B2B（企业对企业）的模式，虽然都是销售工作，却有着天壤之别；其二，她原来做的是市场部营销的工作，转型做销售没有任何经验。面试的结果并不理想，不过张蕾表达了她想要加入这家企业的强烈意愿和决心，她说哪怕让她去办公室扫地她都干。

或许是她的态度感动了面试官，或许是她的某些特质打动了面试官，她真的去这家公司扫地了，做了办公室的内勤。她说，那时候一个月两千块钱的薪水，要还房贷、还信用卡，钱根本不够用。不过既然挤破了脑袋要进这家公司要做销售，她就是奔着销售的提成来的，销售有什么难的？不会咱可以学啊，先从产品知识学起，慢慢地跟着老销售学待人接物的方式方法。人家不教她，就请人家教，再不行就偷着跟人家学。一年之后，张蕾开始独当一面，单枪匹马出去跑业务了。两三年之后，张蕾凭着自己的业绩和实力做到了这家公司销售总监的位置，手底下管着一两百号人。她说她正在谈“一带一路”的单子，基本上500万以下的单子她都不怎么参与了。

跟我讲这些故事的时候，张蕾的语气是平和而淡定的，没有炫耀也没有抱怨，我忽然想到曾经看过的一本书叫《人生所有经过的路，都是必经之路》，不管这条路是我们自己的选择还是命运的安排，一旦踏上就没有回头的可能，只能坚定而自信地走下去。

从销售小白到销售总监，张蕾的故事看似精彩，背后却有着不为人知的心酸努力。《肖申克的救赎》里有一句话，当有一天你可以笑着把你的苦难说出来时，说明你已经成熟了。张蕾讲她的故事是微笑着的，但我知道这微笑背后的故事，也知道想从一名销售小白成长为顶尖高手需要付出什么和经历什么。销售行业有很多的张蕾，他们心怀梦想，带着年轻人的激情和闯劲加入到销售的千万大军中，他们有苦闷有彷徨，但是他们更有倔强和坚强。百炼成钢绕指柔，在一线听见市场的炮火声，勇敢的战士们吹响了冲锋的号角，向着胜利前进。

■ 刻意练习

请写下你选择做销售工作的五个理由，并且按照先后顺序排序。

第二节　你更适合哪种类型的销售

张蕾第一次去钢构企业面试的时候，没有任何优势，因为她有两个短板：一个是她以前做的是市场部的工作，而企业招聘的是销售人员；另一个是她原来所在的企业是B2C模式，而这家企业招聘的是B2B销售人员。对于刚刚做销售的同学来说，弄清楚市场部和销售部的关系、B2C和B2B销售模式的区别很有必要，因为这些是销售的基本常识。

一、市场部与销售部的关系

市场部是个简化的说法，它的全称是市场营销部。市场营销部主要负责公司的品牌建设、广告宣传、推广活动等，主要做的是市场"拉力"，让客户关注到我们。销售部主要负责客户开发、客户维护、业绩管控等，也就是说销售部主要做的是市场"推力"，让客户跟我们购买。

即便你在大学学的是市场营销专业，也并不一定真的就有机会进入市场部，因为市场部的职能决定了部门人员编制不会太多，而销售部对销售人员的需求数量巨大。可惜的是目前还没有一所院校开设销售专业，至多有一门推销学的课程而已。这也就造成了销售岗位入职门槛低，大部分销售人员对销售的理解存在误解的现状，销售人员更多地处于一种野蛮生长、自生自灭的状态。

二、B2B、B2C、C2C的区别

B2B模式，说得直白一点就是企业对企业的销售，也有人管这

种销售模式叫作大客户销售。甲方企业采购我们的产品或者服务，他们的目的并不是用来消费，而是用你的产品来做再生产，最终完成他们的产品交付。我曾经给山东的一家挂车企业销售人员做过一次培训，他们的销售模式里面就有一种B2B模式。因为他们公司生产的是挂车，所以他们就需要寻找卡车的生产企业，而通常卡车生产企业生产的核心产品是卡车的发动机，像挂车这样低技术含量、低价值的活儿一般自己都不做，而是从市场上寻找供应商。在B2B的采购模式中，一般甲方的采购周期长，决策比较复杂，市场上同类产品供应商也很多，因此供应商之间的竞争比较激烈。

B2C模式，是企业生产出来的产品直接卖给消费者，消费者买你的产品主要就是用来消费的，比如一家生产电饭煲的企业，消费者买电饭煲就是用来做饭。但是这里还有很多要注意的问题，同样的产品、同样的服务、同样的价格，消费者为什么要买我们企业的？因此我们就需要做营销的工作了，就需要打广告、做品牌推广、做终端门店形象展示、做各种各样的消费者活动。那么我们的销售人员干点什么事呢？以前因为物流不发达、信息不透明，加之我国地理面积巨大，各地风土人情又各不相同，所以我们就需要寻找区域的代理商和经销商，也就是我们说的销售渠道。B2C看起来是从厂家到消费者这么一种简单的销售模式，但是中间有一个很长的管道，各个管道的连接点就是我们的经销商，销售人员要说服经销商加大对我们公司的投入度和忠诚度，从而实现销售达成。

C2C模式，是消费者之间的交易，传统电商、淘宝上各类销售自家腊肉、香肠、葡萄、草莓等产品的店铺就是我们所说的C2C模式。当然，电商发展到今天也已经发生了天翻地覆的变化，抖音、快手上充满了各种直播带货，风头正劲的李佳琦、薇娅们直播推销模式异军突起，还有走网红IP路线的模式，比如李子柒等。C2C模式一般销售的都是大众消费品，工业生产型产品很难走C2C模式。

由于物资的极大丰富、信息的高度透明化，销售模式也在发生巨大的变化，我们很难把每种模式区分得特别清楚，而且对于一家公司来说，也会采用多种模式并举的方式来开发市场。即使是在一种销售模式之下，也可以裂变成多种销售模式。

□ 实战案例

欧普是一家生产民用住宅照明产品的企业，他们的销售模式采用的就是B2C模式，从企业到消费者手中当然会有销售渠道，也就是铺开在全国各地的代理商、经销商。随着企业的发展壮大，欧普又做了针对工程项目市场的商业照明产品，于是他们又组建了项目销售团队，专攻各类工程项目，形成了B2B模式。接下来他们在B2C模式中，又裂变出了五金渠道。近些年电商发展迅猛，欧普照明抓住了这个时代的风口，又上了电商渠道，在天猫和京东等电商平台深耕细作，取得了不凡的成绩。

三、交易型、顾问型、合作型销售

刚刚我们区分了B2B、B2C和C2C销售模式的差异，接下来我们再谈谈不同销售模式对于销售人员的差异化要求，也就是说在销售的过程中，我们和客户之间的关系做得深还是浅，为什么有些销售模式需要我们的深度介入，而有些仅仅是一锤子买卖。

1. 交易型销售

交易型销售是把产品卖给有需求的人，交易达成销售工作即宣告完成，销售人员跟客户之间的黏性不强。门店销售大多属于交易型工作。但是随着时代的进步，客户的要求越来越高，如果仅仅是交易型销售，必然造成客户的大量流失，所以交易型销售是很脆弱的一种销售模式。移动互联网时代销售关系至少有两个变化，一个是客户对于能够帮他解决问题的销售人员更有兴趣，如果只是卖产品的话，线上就可以实现，根本不需要销售人员；另一个是我们跟客户之间的黏性不够，客户很难会有复购，原因就是对于交易型购买来说,客户比较在意的是“性价比”,而不是体验。

2. 顾问型销售

很多人对顾问这个词并不陌生，顾问型销售更多的是指我们发现了客户的真正问题，并为其提供解决方案，而交易型销售更多的是客户自己知道自己的问题，而且也知道自己怎么解决，他购买你的产品就是要解决自己的问题。顾问型销售的一个特点是很多客户找你购买，并不是要拿你的产品去消费，而是用你的产品去生产或者组合自己的产品，然后再去销售给最终用户。我们常常听说的2B和2C的业务模式，其实大部分情况下就是顾问型销售与交易型销售的区别。

3. 合作型销售

合作型销售是指企业之间的一种战略合作模式，已经超越了基本的销售战术层面，是企业之间的深度合作。这种合作有两种类型，一种是针对同一类客户的不同需求，两个不同行业的企业跨界合作；还有一种类型是企业把客户变成了合作伙伴，客户既是消费者，又是公司产品的销售人员。

不同的销售类型需要不同的销售人员，对于交易型销售来说，销售人员能不能第一时间跟客户建立信任关系，让客户产生好感，从而在我们的手上购买尤其重要，针对交易型销售的培训更侧重于心态和技巧。顾问型销售更加考验销售人员帮助客户解决问题的能力，如果你没办法持续更好地帮助客户解决问题、创造价值的话，随时都有可能被对手取代，针对顾问型销售人员的培训更加侧重于销售策略和解决问题的能力。合作型的销售更多要解决的不是销售问题，而是营销的问题，两个甚至多个企业联合开发产品，共同服务同一客户群体。合作型销售的合作基础已经不仅仅是利益的需求，更多地需要从公司的战略定位、社会责任等层面去考虑。

销售关系的演变是企业发展的必然要求与结果，在企业的创业初期，为了开发市场打开局面，这个时候开展交易型销售就可以了，我们要的就是足够的客户数量。但是任何一家企业如果仅仅做到这个阶段，必然是死路一条，所以做企业经营一定是今天要看到明天的活儿，在交易型销售完成以后，就要转型去做顾问型销售，做深客户关系，留住老客户，裂变老客户。

□ 实战案例

2019年下半年，一个新的销售新词“私域流量”忽然之间火了起来。什么叫作私域流量？我以母婴行业为例子，来跟大家分析一下。

原来我们去母婴店买东西的时候，店员会采用一些推销的技巧把母婴用品卖给你，这就是我们说的交易型销售。这种销售模式遇到的最大挑战是顾客没有任何忠诚度，只要对手开出更低的价格，顾客立即就被对手拉走了。为了留住这些老顾客，母婴店使出了各种手段，推出会员奖励计划，开展会员活动等，母婴店的销售人员也从交易型销售转型为顾问型销售。

销售人员在销售过程中会请求加顾客的微信，加完微信以后，她就成了顾客的专属销售顾问。孩子半夜不睡觉大声哭闹、两岁的孩子该玩什么玩具、孩子跟别人抢东西怎么办等各种关于育儿的问题都可以问她，因为她是专属顾问，不但对解决这些问题比较在行，而且这些服务是不收费的。如果你的微信里有一位母婴顾问每天帮你解决各种问题，你跟她的关系深不深？感情好不好？买东西要不要找她？这就是时下大家在谈的“私域流量”，也就是我们说的顾问型销售。顾问型销售虽然强化了销售人员与顾客之间的关系，但是我们和顾客之间依然是销售关系，能不能更深入一步，这时候合作型销售就出现了。

本来是顾客经常从母婴顾问手上买东西，后来母婴顾问知道这名顾客比较喜欢做瑜伽，于是就跟顾客说:“您来我们的母婴课堂给我们的会员讲讲课，分享分享瑜伽知识呗，当然了，我们给您付费。”顾客既是消费者，又成了企业的合作者，同时还可以帮助企业销售产品，又成了销售员，这就是我们说的合作型销售。

■ 刻意练习

请结合你的企业产品特点思考一下，你们现在采取的是哪种销售模式，有没有转型的机会?

第三节　做销售你真的准备好了吗

很多做销售的同学都特别喜欢听我讲故事，特别是当我讲到一些顶尖销售高手如何搞定刁钻客户开大单的故事，这个时候很多同学的眼睛中都流露出了崇拜的目光，每个人都渴望着自己有一天也能够成为那样的销售高手。所以大多数做销售的同学来听课都喜欢听情境销售的课程，比如类似《面对客户一言不发怎么办？》《面对客户说你们的价格太贵了，怎么办？》《搞定高端客户的N个绝招》《跟着做21天你也能成为销售高手》这样的课程题目就特别讨学员的欢心，大家一看到这样的课程题目就特别兴奋，以为听了这样的课程就真的能够成为销售高手了——原来开单就是这么简单，合着这么多年来自己之所以没有业绩就是因为没有遇到某某大师，没有听过某某大师的课程啊。按照这样的逻辑，如果一个销售一辈子遇不到名师大咖，那他这辈子咸鱼都翻不了身了。

事实真的是这样吗？冰冻三尺，非一日之寒，你看到的永远是别人最光鲜亮丽的那一面，你没看到的是别人的努力和艰辛，你看不到的那一面才是至关重要的一面，才是我们要静下来耐心学习和修炼的一面。别人用某某大师的那一招能搞定客户，到你这里就不灵了，因为别人的内功深厚。**与其苦苦追求所谓的销售技巧，不如在基础上下功夫，**在拜访客户以前，先做好准备工作。

□ 实战案例

有一个做网站销售的女孩，跟我电话沟通了几次，她试图说服我做一个个人宣传的网页，在几次电话沟通之后，我决定跟她面谈。在一家写字楼下的星巴克咖啡，我见到了她，一个看起来斯斯文文的女孩子，穿了一条浅蓝色的裙子，戴一副大大的圆形眼镜。我先递了一张名片给她，她接过名片直接放在了桌子上，很尴尬地笑着说："不好意思，我忘记带名片了。"聊天聊到一半的时候，我发现她对自己公司的产品并不是很熟悉，对我的需求更是丈二和尚摸不着头脑。我提醒她要不要记一下我说的内容，她又很尴尬地跟我说，她忘记了带笔出来，于是，我去前台借了一支笔给她。这个时候我又发现她也忘记了带本子，然后她就直接把我的名片翻了过来，在名片的后面记下了我谈到的一些内容。

关于我们的合作，我不说你应该也能够猜到结果。试问，你会把自己的业务交给这么一位不专业的销售人员吗？在面谈结束的时候，或许是出于销售培训老师的职业习惯，或许是出于自己曾经做过销售的一份同情，我给了她一些中肯的建议：

（1）在拜访客户之前，首先应该对自己的产品了如指掌，对客户的需求有一个初步的了解，最好能够给客户做一个初步的方案。如果你能够做出这样精心的准备自然就能够赢得客户的好感。

（2）在出发以前，无论如何都得检查一下自己的销售工具，产品手册、价格表、名片、笔、纸等是否带齐。

（3）检查一下自己的仪容仪表，看看自己的着装打扮是否符合一名专业销售人员的形象。如果你戴着大大的圆形眼镜，一看就是大学刚刚毕业的样子，客户对你的信任度会直线下降的。

（4）最让我介意的是，你拿到名片以后没有给我一张名片不说，连个赞美的话语都没有，你接过名片应该大声地读出我的姓名和职务，然后夸一句："李总，久仰大名，真是闻名不如见面啊！"而且，千不该万不该，你不该在我的名片后面做笔记，你这跟打我的脸有什么区别？

我这一番话说完，她直接低下头一言也不发了。我不知道这样做会不会伤害到她，但是我觉得与其让她在菜鸟级的水平一直徘徊，还不如快刀斩乱麻，长痛不如短痛！更何况我只是说出了作为一名销售人员最基本的常识而已。

一、你的状态准备好了吗

什么叫作状态？傅园慧抛出“洪荒之力”一词，一下子让自己成了网红。洪荒之力在心理学上有个专业的说法叫作“心流体验”，就是指我们在做一件事情的时候专注于当下的状态，专注到什么程度呢？专注到了你忘记了周围一切的存在，忘记了为什么要做这件事情，甚至忘记了自己的存在。简单点说，就是你与当下时空的最完美融合，那一刻你才能体会到生命的巅峰状态，这种快乐是任何表层的快乐都无法达到的。当然这种体验更加适合于你当下在做的事情，也就是说心流体验的时间不会太长，如果从一个销售过程来讲，你没办法一直获得这种体验。但是不管你是做销售前的准备工作，还是在跟客户进行销售谈判的过程中，或者销售拜访结束后进行总结的时候，我们都有获得这种体验的机会。

销售状态就是一种不达目的绝不罢休的执着，就是敢打敢拼、阔步向前的一种状态。如果你有了这种状态，就会放下很多的私心杂念；如果你有了这种状态，就会专注于成交而不是失败；如果你有了这种状态，就会全天24小时都在思考跟订单有关的事情，连做梦也在想着如何签单。作为一名培训老师，我经常会有这样的一种体验，晚上睡觉的时候都梦到自己站上讲台，有时候是助教老师的开场出了问题，有时候是自己讲着讲着突然就忘了词。

有人说李老师你是不是太紧张了，我做培训已经有10年时间，早就过了紧张的那个阶段。但不管我做梦是好的还是坏的，第二天我的课程通常讲得都很精彩，我觉得这就是状态。

□ 实战案例

我做销售主管的时候，我的同事中有一位湖北的女生小刘，她跑客户一直很勤奋，可惜业绩就是不太理想，很多人直接劝她说："你一个女孩子做销售这么辛苦，要么别干了。""你看，你比大家都努力可就是业绩不行，说明你确实不适合做销售。"当大家都劝她放弃的时候，她却依然坚定地选择了咬牙坚持，直到有一天她给我看了自己的销售日记，我对她刮目相看。她有一个厚厚的日记本，每天晚上回到家里都会把当天拜访客户的信息事无巨细地写下来。我觉得这么努力的人如果不开单真的是天理不容。最终，因为种种原因她去了另外一家公司，那家公司的销售主管最看中她的就是这本销售日记，她有全上海所有同类产品客户的详细信息。再后来，听同事说，小刘如今已经是某国际公司的营销总监了，手下管着一两百人的团队不说，人家现在专攻工程大客户销售。

在职业选择这条道路上，有没有人天生就是适合做销售的？答案是肯定的，这些人天生就喜欢充满挑战性的工作，天生就喜欢跟人打交道。但是即便你天生具有做销售的优势，也不代表你就一定能够做好销售，因为销售工作比较烦琐，也比较辛苦，你认为光靠忽悠就能够搞定客户吗？先天的优势并不是我们能否成功的决定性因素，关键还是在于我们后天的努力。当我们所有人都认为小刘做不好销售的时候，她没有放弃而是选择了坚持，用她自己的话说，她就是想要挑战一下自己，证明给大家看。当一个人抱着这样的决心和信念的时候，她就会有破釜沉舟的状态。

如果你对很多事情都无所谓，如果你觉得做销售压力太大，如果你认为销售工作只是一份职业，那么我奉劝你还是不要做销售了。因为你没有全力以赴的状态，而销售工作要求我们24小时手机开机全程在线，当你懈怠的时候，你的对手就会乘虚而入。

二、你的知识准备好了吗

如果你去医院看病，你会选择一个谈笑风生、特别会聊天的医生，还是选择一个一脸严肃、冷若冰霜的医生？很多人可能都会选择第一位医生，因为我们都喜欢跟友善的人打交道，但是如果我现在告诉你，第一位医生的误诊率是10%，而第二位医生的误诊率是1%的时候，你还会坚持你的选择吗？我敢打赌，大部分人都会选择第二位医生。在专业和友善面前，友善一文不值。销售工作早就已经进入了专业的时代，客户可能会跟你聊得很开心，也可能会跟你成为好朋友，但是在做选择的时候却依然会选择跟更专业的人合作。在移动互联网时代，信息越来越透明，卖方的信息独享权早就已经丧失了，销售人员再用三脚猫的功夫去跟客户讲产品知识的话，直接就会被客户淘汰，因为客户早就已经通过互联网或者亲朋好友等渠道了解了这些信息。

☐ 实战案例

我在做市场调研的时候，经常会遇到很多销售人员奇葩式的回答问题方式。比如当我走进一家地板专卖店的时候，问店员："实木地板和复合地板有什么区别啊？"这位大姐看了我一眼，以很鄙视的表情回答说："先生，这区别可大了，实木地板比复合地板价格贵很多的啊！"再比如当我走进一家厨电专卖店的时候，问店员："这两个燃气灶有什么区别啊？"店员答："先生，你自己看不出来吗？我们这款燃气灶比刚才的那一款要大很多啊。"

各位看官，当你碰到这样的销售人员时，你是不是也很恼火，跟不上这些奇葩销售人员的节奏，感觉他们是生活在火星上呢？不管你是什么行业的销售人员，是B2B销售还是B2C销售，在跟客户接触以前都需要去强化自己的知识储备，不打无准备之仗。

那么作为一名销售人员都需要储备哪些知识呢？

首先，熟悉和了解自己公司的产品。如果你对自己的产品都不了解，你当然没办法取得客户的信任。对于产品的熟悉不仅仅是死记硬背产品卖点这么简单，而且也不是说我的这个产品有5个卖点，我把5个卖点都掌握了就万事大吉。因为客户的买点才是我们的卖点，你说了5个卖点，可没有一个是客户关心的，那就等于没说；你说了5个卖点，而你的竞争对手有6个卖点，那你也等于没说。所以对于产品知识的储备，既要了解自己的，更加要了解对手的。在这一点上，很多汽车销售服务4S店的销售顾问做得非常不错，你走进任何一家门店的时候，店员都会问你去看过哪家店，心里的预算大概是多少。然后，店员就会告诉你，20万元预算的话，丰田有哪几款车、福特有哪几款车，而且他不但能够告诉你对手是哪款车，还能告诉你竞争对手那款车的最大卖点是什么，当然他们也会非常有技巧地说一点点对手的不足。

其次，了解自己公司的品牌和历史。在产品越来越同质化的今天，消费升级所带来的最大变化就是消费者在购买产品的时候，不仅仅是产品的使用功能，产品的情感功能也正在成为一个越发重要的购买要素，讲品牌故事是打动客户的一个重要手段。我跟很多的销售人员打过交道，发现真正能讲品牌故事的人寥寥无几，品牌故事不是说我们拥有全球最大的生产线、我们拥有全世界最多的产品专利、我们的品牌价值好几十个亿这么简单。这些数据都是冰冷的，也不是客户所感兴趣的，一个走心而温暖的故事更加能够打动客户。

九牧卫浴曾经拍了一个视频短片，短片内容是快过年的时候，小孩子玩水结果把水龙头弄坏了。这个时候打电话给九牧的工作人员，九牧的工作人员来到客户家里，跟孩子说："走，咱们一起去把水龙头修好，作为男人要有担当。"最后的画面，是水龙头在工作人员和孩子的合作下修好了，客户全家人开开心心地过大年。

传统的广告片要么强调自己的品牌地位，要么强调自己的产品卖点，而九牧卫浴的这支广告打动了无数人，是因为它用讲故事的方法激活了人们的情感大脑。在新年这个重要的时间节点，水龙头坏了是多么麻烦的一件事情，而工作人员和孩子一起把水龙头修好，特别是那句“作为男人要有担当”，给我们传递了家长教育孩子的正确方向。同时，这支广告短片也体现了九牧人使命必达的价值观，会讲故事的品牌更能够打动人。

再次，了解客户购买的心理与行为。做销售就是在跟不同的人打交道，只有你对客户的购买心理和行为特征有了充分的了解，才能做到见人说人话，见鬼鬼说话（有人说，见鬼说鬼话，但是我们谁见过鬼呢？第一次见到鬼，自己还是闭嘴，让鬼先说话比较安全。对于有些客户，闭嘴是我们最好的选择）。在没有互联网以前，客户的购买决策过程非常简单——他有需求了就直接跑去找产品，听完销售人员的介绍合适的话就下单购买；但是在互联网时代，客户的购买行为跟以前相比发生了巨大的变化，当客户有了购买的需求以后，他根本不需要先跑去看产品，在网络上搜索一下，看看产品的宣传资料，再看看老用户的评论，然后锁定他比较感兴趣的三四个品牌，最终才会找你谈合作。客户不但在购买决策的过程上发生了巨大变化，而且客户的消费行为也发生了天翻地覆的变化，90后甚至00后消费者的崛起，他们的审美观、消费观、人生观跟70后、80后消费者存在较大差异。正是这样的一些差异化导致了一些大众品牌的没落，而小众品牌正在快速地崛起，客户购买行为的变化必然也对我们的销售模式、销售方法提出了新的要求。

最后，了解销售的沟通与谈判技巧。很多人都跟我抱怨说“销售越来越难做了”，“客户越来越聪明了”。的确，随着移动互联网时代的到来，万众创业、大众创新，几乎人人都在做销售、学销售，你学的那些所谓的销售技巧，客户早就已经听过了，甚至比你用的都炉火纯青。

有一家馄饨店老板想要多卖个鸡蛋，于是在准备煮馄饨的时候，就会问客户:“先生，你需要加个蛋吗？”此时，客户会回答说“不需要”。怎么办？于是有所谓的营销大师免费吃了一碗馄饨后教了店老板一招，那就是不要问客户“需要加蛋吗”，而要问客户“加一个蛋还是加两个蛋”。这就是我们销售技巧中经常提到的“假设成交法”。很多销售人员把这样的销售故事视为圭臬，觉得这位馄饨店的老板简直就是销售大师，值得我们学习。但是，咱们先冷静一下，试问，如果真的有位馄饨店的老板问你加一个蛋还是两个蛋的时候，你会怎么回答？你会不会直接告诉店老板两个字："滚蛋！”

“问客户加一个蛋还是两个蛋”这样的桥段信息早已铺天盖地，客户早就耳熟能详了，这不是销售技巧，而是满满的套路。我们一边说，做销售要少一些套路多一些真诚，一边又在天天使用套路。难怪很多人听到销售人员这四个字的时候就要退避三舍，因为在大部分人的印象里，销售人员就是瞎忽悠，特别不真诚，在没有成交以前对客户百般宠爱，一旦签单了则对客户冷如冰霜。

正确的销售沟通与谈判技巧首先来自于我们对于客户的深度洞察，你要知道客户想要什么，你也要知道客户是什么样的人，喜欢什么样的沟通风格。“上善若水”，越是厉害的销售人员，越懂得变通，要去适应客户，而不是让客户来适应你。其次，来自于你对销售的正确认知，销售谈判不是零和博弈，而是要通过沟通寻找共同点把价值做大。最后，来自于你的沟通技巧，什么话该说、什么话不该说是需要历练的，有的销售脑子转得快嘴巴跟不上，有的销售嘴巴特别溜脑袋跟不上，销售高手不但脑袋转得快，而且也能口吐莲花，句句说到客户心坎里去。

三、你的形象准备好了吗

什么样的销售形象更加容易赢得客户的信任和认可？特别是你第一次去拜访客户的时候，怎么才能在第一时间就让对方喜欢你呢？罗伯特 · 西奥迪尼在他的经典大作《影响力》中，提到了影响客户的六大心理学原则，分别是**互惠原则、权威原则、喜好原则、承诺和一致原则、社会认同原则和稀缺原则**。其中，喜好原则的意思是说客户更愿意跟自己喜欢的销售人员达成交易，那么怎样才能让客户第一时间喜欢你呢？关键是在于同频，所谓同频就是我们跟客户说话的风格接近，我们的穿着打扮跟客户接近，我们的肢体动作跟客户接近，我们跟客户之间的共同点越多，交流起来就会越没有障碍，越能够快速拉近彼此的距离。

虽然说“路遥知马力，日久见人心”，时间久了客户自然能够判断出谁是专业的、谁是大忽悠，但是在这个注意力短缺的时代，如果你没办法第一时间就引起客户的注意，那么你连入场券都拿不到，所以这第一面至关重要。我们想想什么样的明星更加能够给我们留下深刻的印象呢？是长得漂亮的，还是长得难看的？漂亮的明星看多了，总觉得都是一个模子做出来的，难看的明星看一眼就倒胃口，反而是那些长的有特点的明星更容易被记住。作为一名销售人员，如果你的身高比较高或者比较矮，身材比较胖或者比较瘦，都是一种优势，这种优势最好还是能够让人产生正面联想的，就像我们很多人都以为卖酒的业务人员都比较能喝酒一样。

如果你在长相上真的没什么特点，扔在人堆里就是最普通的一员，扔在煤堆里就是最漆黑的一块，怎么办？其实，不管你长得多么“悲剧”，起码得给客户安全感。你觉得客户更喜欢找一位成熟稳重的销售人员来谈生意，还是喜欢找一个刚刚毕业初出茅庐的毕业生来谈生意？毋庸置疑，客户当然想要前者，所以你在着装打扮上就应该尽量往成熟了打扮。我看到有些刚刚大学毕业的女孩跑来做销售，非要把头发染得黄黄的，戴一个非常有个性的大耳钉，这样的打扮客户哪里会放心把生意交给你呢。同理，如果你真的已经到了四五十岁的年纪，虽然你昨天可能还是个厨师，今天转行刚做销售，但是往客户面前那么一站，客户就会误以为你已经干了二三十年的销售了。这个时候我们把头发染黄一点，衣服穿得鲜艳一点反倒更加是锦上添花了，因为客户会觉得你这位大叔很时尚，跟你聊天应该没有障碍。**做销售要遵循“逆生长”原则，年纪大的往年轻了打扮，年纪轻的往年纪大了打扮。**

□ 实战案例

我在给某企业培训的时候，有一位内蒙古的女同学给我留下了特别深刻的印象，一是因为我也是内蒙古人，老乡见老乡，两眼泪汪汪；二是因为她在上课的时候回答问题非常踊跃；三是因为她的名字比较有特点，叫作房魏。

这位女同学个子很高，性格外向开朗，波浪短发染了金黄的颜色。课程结束之后过了一个星期左右，有一天晚上她在微信上跟我打招呼，打完招呼就没再理我，我当时还纳闷她究竟要干什么呢？等我打开她的微信头像认真地研究了一下，才发现原来是她更换了最新的头像，头发已经染回黑色的了。

头发染成黄色代表了你的个性和喜好，但是客户更喜欢专业稳重的销售人员，黑色的短发、职业的正装更容易在第一时间给客户安全感。房魏的改变恰恰说明这是一位爱学习、行动力超强的销售种子选手。如果你实在不知道如何设计自己的销售形象，那么职业装就是最保险的着装，千万不要去学互联网公司的员工穿休闲服，更不要学设计师去留长发、留胡子，因为人家做生意和你的套路是不一样的，人家销售的就是个性化、差异化、时尚化的产品或者服务。如果你愿意认真地研究客户，知道客户的着装习惯，那么在穿衣的时候跟客户保持一个风格，并且比客户稍微朴素一点点会更好，千万不要伴娘抢了新娘的风头。

四、你的工具准备好了吗

大咖级的人物总是有一些自己鲜明的特色，比如，杨过骑的是神雕、用的是玄铁重剑，关羽是手中青龙偃月刀、座下赤兔马，你是不是一名销售高手，客户从你用什么样的销售工具上就可以判断出你的等级来了。在做销售的时候，你连自己的销售工具都没有带齐全就奔赴前线，不死在战场上才奇怪呢，这就像行走化缘的和尚忘记了带钵盂，说快板的忘记了带快板一样。

在我负责销售管理工作的时候，经常要到各区域检查工作，而我比较喜欢搞突击检查。有一次去温州出差，下午三四点钟的时候到了双屿汽车站，然后我打电话给当地的业务员小张，让他一起陪我到瑞安市场走一下，结果这哥们儿夹着个手包就跑来了。等我们到了客户那里，看到了客户的一些问题之后，我打开电脑，把跟客户沟通的问题整理了一下，然后用打印机打印了出来，一份交给客户让他整改，另一份我自己留档方便后期跟进。等从客户那里出来，我问小张我们都跟客户谈了什么，他一下子慌了，支支吾吾地回答不上来。我跟他说："你作为一名销售人员，到客户那里去，电脑、笔记本、价格表、产品图册，什么都不带，甚至连个包也不背，你做什么业务呢？"

好记性不如烂笔头，而这个烂笔头很多人都会忘记了准备。

□ 实战案例

在给某企业培训的时候，课间休息时有位女同学过来递了一张名片给我，说："李老师，我们再认识一下。"我接过她的名片一看，她的名字叫"吴小胖"，再看她本人，人长得非常漂亮，一点都不胖。我就问她，你为什么叫"吴小胖"呢？这时，她又给我递了一张名片，上面写着“吴玮斌”。她说，李老师，你去年来讲课的时候，我的名字就叫吴玮斌，后来听完您的课程之后我改名了，叫吴小胖。因为叫吴玮斌这个名字比较男性化不说，而且客户还很难记住我，我改成吴小胖以后，客户就好记多了，每次来到我们的店里，张嘴就问“小胖”呢？

吴小胖说得很对，**做销售就是要一切都以客户为中心，客户没有责任和义务记得你，你也没有你想象中的那么重要，要想让客户能够记得你，你不做出点差异化来显然是不行的**。吴小胖显然比吴玮斌更容易让客户记住，更有记忆点。

在见到客户以前，销售人员一定要检查自己的销售工具是否都带齐了。名片排在首位，名片就是我们的脸面，出门有不带脸的吗？我见过更厉害的销售人员，他递名片的时候给客户递两张，客户一愣，问他：“怎么发两张给我？”“李总，我是故意发两张给您的，这样方便您记得我，也方便您找到我呀。”客户每天都要和很多销售人员打交道，销售高手知道如何制造差异化给客户留下深刻的印象，一张小名片也有销售的大文章，细节之处见真功夫。其次是我们的本子和笔，然后还有价格表、产品图册、手机、平板电脑等各类销售工具。

五、你的话术准备好了吗

有些销售人员总是自以为很聪明，拜访客户之前不做任何准备，面对客户的时候见招拆招，这样做的危险不仅仅是丢单，更为严重的后果是不管做了多少年的销售，依然原地踏步，很难有大的进步。优秀销售人员的优秀不仅仅是因为天资很高，更重要的是他们都非常努力。每天回到家里睡觉以前，都会认真地总结当天的销售经历，对于没有成交的要总结自己哪句话说错了，哪句话说得不够好；对于成交的也会总结自己是不是真的做得足够好，有没有可能让单值变得更大，让成交的速度变得更快。所以，我在培训课堂上最喜欢说的一句话是："销售高手都是训练出来的。"这种训练不是说你听听课就够了，关键还在于平时的积累。台上三分钟，台下十年功，面对客户的那一刻可能只有短短的半个小时时间，但是这半个小时的表现却来自于我们背后默默的付出。

□ 实战案例

销售话术一直都是很多公司比较重视的销售训练项目，但是统一的标准话术却没办法处理客户的个性化异议。一般买得起红木家具的都是高端客户，而这些客户一般是不怎么说话的，客户进店后一言不发，逛了15分钟终于张嘴说了第一句话："红木家具，你们这个行业是三年不开单，开单吃三年啊。"你怎么回答？"您说得对，我们就是三年不开单，开单吃三年。"那你就承认了自己暴利。你说："不对，我们没您说得那么暴利。"客户刚张嘴你就怼人家，客户要是能喜欢你才奇怪呢。貌似怎么回答都不合适。这个时候，一名50岁左右的老销售接话茬了："对，先生您说得可太对了，我们就是三年不开单，开单吃三年啊。不过您得看吃啥，要是吃咸菜的话我们吃三年，要是吃盐的话我们能吃六年呢。"客户一听乐了："有这么惨吗？""先生，您以为呢，现在这红木家具都卖成白菜价了，来来来，我们先看看产品吧。"

行家一出手，就知道有没有。这位老销售的回应话术既轻松幽默，又掷地有声，没有一二十年的销售历练，你怎么能成为具有这种能力的销售高手啊！

不管你处于销售的哪个段位，想要成功签单，最核心的就是前期的准备工作。没有准备就敢去跟客户死磕，无异于以卵击石、玩火自焚。敲黑板，画重点：在做销售以前，我们要认真地检查一下，然后问自己一句："你真的准备好了吗？"

■ 刻意练习

请结合本公司产品的销售特点，整理一下拜访客户前要做哪些准备工作？

第四节 你想从销售小白变成销售高手吗

在最短的时间里，把自己从销售小白变成销售高手是每名销售人员的梦想。然而销售工作的特性注定了变成高手没有捷径，就算你学了一些销售技巧也只是花拳绣腿，想要成为销售高手依然需要你从扎马步开始，苦练内功。“若非一番寒彻骨，怎得梅花扑鼻香？”

一、多观察、多思考、多总结

□ 实战案例

我曾经组织公司销售业绩排名前30的店员去黄山旅游，等到最后一天的时候，大家跑到歙县古徽州一条街去买土特产。其中有一位来自温州的同学陈姐给我留下了深刻的印象，她跟卖点心的老板砍价，原价30元的糕点被她硬生生地砍到了5块钱，店老板直接把她轰了出来。我就问她，你真心想买还是闲的没事啊？30块钱的东西还人家5块，人家不打你都算客气的。陈姐呵呵一乐，说：“李经理，我是真心不想买，我是闲的没事。”

在回去的路上，我跟陈姐认真地聊了聊，陈姐说：“李经理，我是不是公司最厉害的销售？那你知道我是怎么学习销售技巧的吗？”想要学习销售技巧光看书听课不行，只有在战争中学习战争。陈姐告诉我，她有一个日记本，每天在销售中遇到搞不定的客户，她就利用晚上睡觉之前的半个小时，把遇到的问题写下来。今天客户说："价格太贵了，怎么办？"明天客户说："再考虑一下，怎么办？"……这个问题一直困惑着她，去哪里寻找答案呢？

她每次出门买东西的时候，发现自己的角色变了，她是客户。于是这件衣服明明很喜欢，她故意刁难人家卖衣服的店员说："你这件衣服太贵了。"然后看看卖衣服的店员是怎么回答的。如果这个答案让陈姐觉得很认可，她回到家里就赶紧把这个答案写在问题的下面，日积月累，她的日记本写下来100多个销售中经常遇到的问题，而且每个问题后面她都收集到了少则四五个多则十几个的答案，这些答案来自于汽车、酒店、服装、珠宝等各个行业的销售人员。陈姐说，我是真不想买点心，但是我故意刁难一下卖点心的老板，就想看看他是怎么干销售的。

三百六十行，行行出状元，不管做什么工作，想要做好最重要的还是看你花了多少时间和精力在上面，你愿不愿研究和琢磨。我们都听过一个词叫作"职业病"，你是做什么的遇到相关的事情时就会特别用心地去观察，我以前是做照明产品的，所以去逛商场就喜欢盯着店铺的灯去看。像陈姐这样，她愿意琢磨销售中的问题，愿意去跟身边的每个人去学习销售技巧，厚厚的一本日记本成了她的武林秘籍，她这么用心怎能不成为公司的销冠呢？

想要从销售小白修炼成销售高手，我们需要记住九个字：**多观察、多思考、多总结**。

多观察，你对身边的人和事需要高度关注，察言观色了解人情世故；多思考，不管是已经成交的订单还是失败的订单，都要去反思，自己哪句话说得好，哪句话说得不够好；多总结，通过总结发现自己的不足并且想办法去改进。

像陈姐那样，每天晚上睡觉以前利用半个小时的时间写一篇销售日记，对自己的销售工作进行总结，这样的销售习惯带来的价值远远比你去外面学习大得多。

二、管理你的时间

面对客户的时间少则几分钟，多则个把小时，能否在这么短的时间里与客户建立信任关系并且成功签约，既是销售人员能力的体现，更是销售人员积累的结果。做销售绝不是见到客户那一刻靠着自己的天性自由发挥就能签约，专业的销售能力培养需要我们不断地总结和训练。“汝果欲学诗，功夫在诗外”，你要想做好销售，功夫也在销售的时间之外，你没有面对客户的那一刻，在干什么呢？

时间对于我们每个人来说都是公平的，因为大家都是同样的一天24小时，可正是因为我们思维模式、生活习惯的差异化，时间带给每个人的价值却是极为不公平的。当你把时间更多聚焦在跟工作有关的事情上，你会越做越好；当你把时间更多聚焦在生活娱乐上的时候，你的工作就会越做越差。

我们每天面对的事情可以分为两类，一类是关注圈的事情，一类是影响圈的事情。什么叫作关注圈的事情，就是你只能关注这个事情，但是你没办法去影响、去改变它；什么叫作影响圈的事情，就是这件事情你可以对它产生作用、产生影响。比如，你可能会关注一些娱乐明星的八卦新闻，但是这些明星的所作所为你只能看看，你影响不了他们；如果你每天看看销售的书籍，听听一些线上的销售课程，时间长了你的能力就会有提升，慢慢地你的销售业绩自然也就会越来越好，这就是影响圈的事情。你怎样对待生活，生活必将也会怎样对待你。

想要把自己从小白修炼成高手，我们从现在开始就需要对自己每天的时间进行管理，把精力更多地用在影响圈的事情上，而不是用在关注圈上。每天下了班，你会用多长时间做跟销售有关的事情呢？每天给五个老客户发一条短信，每天读销售的书籍30至50页，每天跟销售的同事交流一下，每天写一篇销售日记，这些都属于销售的影响圈事情，只要坚持一定会有回报。

有的同学会说我做销售比较忙，没有时间写日记啊。磨刀不误砍柴工，投资在自身能力提升上的每分每秒都值得。为了帮助大家能够形成写销售日记的习惯，我跟大家分享一下简单的日记模板——四行日记。顾名思义，就是我们每天只要写四行就可以把当天重要的事情以及自己的总结反思写出来，简单实用。

四行日记：

【事实】

【发现】

【感悟】

【行动】

为了帮助大家理解，我现在举一个例子：

【事实】今天拜访了XX公司的李经理。

【发现】李经理跟我一样都是爱读书的人。

【感悟】找到跟客户的共同点更容易沟通。

【行动】我们自己要培养更多的爱好。

三、管理你的情绪

在销售中，我们总会遇到各种类型的客户，面对迟迟跟不下来的订单，我们会焦虑；面对蛮不讲理的客户，我们会愤怒。可是不管焦虑还是愤怒，我们都不能写在脸上，否则只能让你的销售结果更加糟糕。销售人员承担着巨大的压力，我们该如何进行正确的解压，让自己永远保持积极、阳光向上的心态呢？

□ 实战案例

美国射击名将马修·埃蒙斯在2004年雅典奥运会男子50米步枪三姿比赛中，最后一环意外脱靶，将冠军拱手让给了我国选手贾占波；2008年北京奥运会上，马修·埃蒙斯在同样的比赛项目上，最后一环只打出了4.4环的成绩，又将冠军拱手让给了我国选手邱健；在2012年伦敦奥运会上，马修·埃蒙斯在决赛第9枪还领先对手1环多的情况下，最后一枪只打出了7.6环，再次将银牌拱手让给了韩国选手金钟铉；在2016年里约热内卢奥运会上，马修·埃蒙斯在预赛中排名第19名，无缘决赛。2019年

9月，马修·埃蒙斯宣布退役，结束了自己的职业生涯。

马修·埃蒙斯在奥运会上的悲情故事引发了人们的热议，但是马修·埃蒙斯屡战屡败、屡败屡战的执着恰恰体现了奥运会拼搏奋斗的精神。我们应该从马修·埃蒙斯身上学习那种永不言败的斗志，即使遇到一些销售上的困难，也要积极调整自己的情绪和心态，迎难而上。

当我们心情不好情绪上有些波动需要调整的时候，该怎么办呢？答案就是积极寻找解压的方法。有的人心情不好或者压力大的时候，就会选择去喝酒、睡觉，或者购物、找朋友倾诉，也有的人会去健身跑步、听听音乐或者坐下来静思。你选择的解压方法不同，带来的效果也有很大的差异，如果你去喝酒、睡觉或者购物、找朋友倾诉都可能会带来一些后遗症，这几种方法都是在逃避问题。酒醒了以后你的压力又来了，睡完一觉你发现自己更困了，为了缓解压力却购买一些自己不需要的东西只能增加你的经济压力，找朋友倾诉的话朋友也不一定能够给你答案。相对来说，去健身跑步、听听音乐或者坐下来静思是比较不错的解压方法。

■ 刻意练习

想实现从销售小白到销售高手的蜕变，请坚持22天写“四行日记”。

第二章　销售思维

纵有销售人员千千万万，但是能够达到顶尖高手这一段位者凤毛麟角。那么该怎样才能把自己修炼成销售高手呢?

有一位学员跟我讲:“李老师，我买了你的音频课程，每次开车的时候我都会听你的讲座。”我真的被这位同学所感动，就问道:“那你是觉得我的课程比较实用呢，还是说你把我的音频当成了相声。”他说:“当然是因为实用，说实话最开始就是觉得你讲得比较有意思，可听着听着就发现你讲得特别实用，一下子就放不下了。”在为这位同学感动的同时，我不由得开始思考，我讲的内容真的有那么实用吗?我教的销售技巧真的适合他吗?想到这里，我不由得想起小时候听过的一个成语，叫作“刻舟求剑”，说的是有个楚国人，坐船渡河时不慎把剑掉入河中，他在船上用刀刻下记号，说:“这是我的剑掉下去的地方，一会儿到岸的时候我就在这儿跳下去找剑。”当船停下时，他沿着记号跳入河中找剑，遍寻不获。

时事在不断地变化，我们原来用的很多方法和技巧真的还好用吗？想到这里我不由得惊出了一身冷汗。

前些天跟一家企业老板杨总聊天，他说："李老师，你讲的销售技巧非常好，但是我觉得销售人员能不能干好销售，首先应该是销售思维的问题，把这个问题解决好了，所有的问题都迎刃而解。"英雄所见略同，杨总的一句话提醒启发了我，这也是我多年来一直在思考的一个问题，为什么同样的两名销售人员业绩差距那么大呢？为什么同样的两名销售人员性格差异那么大呢？为什么接受同样培训内容的销售人员取得的结果有天壤之别呢？答案正在这里，我们的销售思维决定了我们的销售行为，并最终决定了我们的销售结果。

在心理学上有一种说法，一个人过得快乐还是伤心，根本不取决于外因而是取决于你的内心，同样的外界刺激发生在不同的人身上结果却是不一样的。如果一个人发生了车祸被截去了一条腿，在悲观的人想来，一条腿都没有了，还要怎么生活下去？但是在乐观的人看来，失去一条腿算什么，至少自己还捡回来一条命呢。每个人思考问题的方式决定了我们对待生活的态度，你用怎样的态度对待生活，生活也会用怎样的态度来对待你。

销售思维决定了销售行为，有的销售人员步步紧逼、咄咄逼人，有的销售人员热情似火、激情飞扬，有的销售人员深藏不露、不苟言笑。顶尖销售人员身上的特点越鲜明，他们的很多销售方法就越难以复制。通过多年来的跟踪走访，我发现顶尖销售们虽然外在表现上千差万别，但在其销售思维上却趋于一致。那么顶尖销售高手到底都有哪些销售思维，下面我逐一为大家分析。

第一节　客户思维——帮助客户购买

客户比以前更加理性了，他购买的目的是要解决问题，只有你能够比对手更好地帮他解决问题，他才愿意找你购买。当了解了客户的这种变化之后，我们就应该在专业上下功夫，真正抱着帮助客户的心态去销售，而不要总想着如何快速成交，如何获得更多的利益。

一、站在客户的角度思考

为什么销售不成功？很多时候是因为我们抱着推销的心态，总是在那里自吹自擂，我们的东西有多好、我们的价格有多便宜，但是你的东西再好客户不需要，跟客户又有什么关系呢？

是客户真的不需要吗？不是，是客户认为他不需要。

比如你是卖菜刀的，而客户家里已经有了一把用了两年的菜刀，所以客户不需要你的新菜刀。客户认为不需要有以下几种情形：

（1）我家里的菜刀用了两年，顺手了，不想换刀，没想法——这是客户的思维惰性；

（2）你的菜刀吹毛断发，但我家只切青菜萝卜，用不上——这是客户的认知盲区；

（3）我家偶尔会剁排骨，但是为剁排骨专门买把新刀不值得——这是客户的购买动机；

（4）我家的菜刀都是老婆用，想买菜刀得经过她同意才行——这是客户的购买角色；

（5）你的菜刀卖300块，我觉得菜刀最多不超过100块——这是客户的购买能力；

（6）你的菜刀虽然不错，但是价格太贵了，不花冤枉钱——这是客户的购买意愿；

（7）我不管菜刀用的是717不锈钢还是813不锈钢，就觉得重点得菜刀好——这是客户的购买知识。

以上列举的七个方面，是导致客户不愿意跟你签单的原因。面对客户的拒绝，你了解到他拒绝的原因了吗？还是仅仅依靠你的经验猜测出客户拒绝的原因。只有你了解到客户的这七个方面信息，并且对客户进行积极的引导说服，才可能实现成交。

□ 实战案例

很多人都说广州的商家服务做得很好，我自己也颇有同感。有一次跟五六个同事到广州出差，当天晚上大家兴致很高，相约去一家饭店尝尝正宗的粤菜。等到了饭店的时候，服务员问我们要什么茶，问："收钱吗？"服务员回答："先生，我们这里是收茶位费的，每人6元，茶位费就包括了茶水的费用，所以不管我们的菊花茶、普洱茶你都可以点的，不再另外收费了。"我们当下就有点儿不爽了，你这不是强买强卖吗？我们不点茶可以吗？服务员说："先生，您不点茶的话，这个茶位费依然是要收的。"等一顿饭吃下来，大家都觉得人家这6块钱的茶位费收得合情合理，为什么？这家的菜好吃不说，关键人家的服务真的是一流，从始至终都有一名服务员全程为我们服务。点菜的时候，点了六七个菜服务员就不再让我们点了，说菜点多了吃不完浪费，如果不够吃可以再加菜。吃到一半的时候，我看到服务员拿了一碗米饭往外走，就问她："这米饭是给我们的吗？"服务员笑盈盈地回答："先生，这是隔壁桌的，不过您要是需要的话，这碗可以先给您，我再打一碗送到隔壁桌。"

在饭店吃饭，服务员告诉你说，菜够吃了不要再点了，点多了浪费，这是替客户着想；在商场买衣服，导购员告诉你说，我们马上就有元旦活动了，要不过两天再买吧，这是替客户着想；明明知道一个单子自己赚不了多少钱，依然热情地帮助客户促成交易，这是替客户着想。**只要能够站在客户的角度思考，我们就会把客户的事情当成自己的事情，绝不会为了短期的利益而忽悠客户、欺骗客户**。

二、为客户提供专业的帮助

为什么销售不成功？第一点是有没有站在客户的角度思考，接下来谈谈第二点，关于销售人员的专业度问题。很多企业都要求销售人员具有狼性精神，市场竞争到今天，狼多肉少，客户凭什么要把自己的问题交给你来解决？写到这里，忽然发现真的不能用病人和医生的关系来类比客户和销售人员，医生是真不缺病人啊，但我们真缺客户。

□ 实战案例

2020年1月，我到北京出差，结果电脑坏掉了，开不了机。找到了离我住的酒店较近的一个电脑维修网点，当时接近晚饭时间了，我说："师傅，电脑您先给修着，我去吃个晚饭。"结果等我晚饭吃完回到维修点，师傅说："先生，您这个电脑应该是主板出了问题，我修不了。这样吧，我给您个电话，我一个朋友在中关村，您明天去他那儿修。"然后他就给了我一张名片。第二天下午，我冒着零摄氏度的低温跑到了中关村，在一幢很破旧的楼房二楼找到了他朋友的维修点，那位师傅说："您电脑先放我这儿，两小时能修好就能修好，修不好我也没办法。"等下午4点钟我回到维修点的时候，他说："先生，电脑帮您修好了，由于是朋友介绍的，维修费只收您350元。"

第一家维修网点离我住的酒店很近，但是维修师傅没办法帮我把电脑修好，第二家维修网点虽然远在中关村，我依然冒寒风、转地铁跑去找人家维修，而且高额的维修费用没有任何的讨价还价空间。即便如此，我依然非常高兴，而人家维修师傅的生意更是络绎不绝，整个维修点修好的和要修的电脑堆积如山。

只要你能专业地为客户解决问题，你就不用担心自己的订单。对于任何一名顶尖销售高手来说，他们都是发现客户问题并且能帮客户解决问题的专家，当然这种解决更多的时候是需要内部团队的协调作战。不过对于销售高手来说,他们不仅外部销售做得好,企业内部的销售也做得风生水起。第一家店的维修师傅虽然专业水平上有待提高，但是他有替客户着想的初心，把我这单生意转手介绍给了他的朋友，我对这位师傅也是要表示感谢的。**站在客户的视角思考，首先销售是要真的替客户着想，然后才是销售的专业能力，这正是我所认为的销售常识。**

三、跟客户一起成长

刚开始做销售的时候，你会特别渴望成交，等干得久了你会发现成交还不是最难的事情，最难的是如何持续地成交，这是销售的又一个常识。客户可能会因为你的一些说服技巧而一冲动购买了你的产品，但是当他发现你的产品跟他的需求没有那么匹配，或者自己付出的购买成本太高，又或者竞争对手给他开出了更优惠的条件，他都有可能会移情别恋。客户的成长和进步既来自他自己的不断学习，也来自于竞争对手不断地灌输教育。你怎样才能让客户始终把焦点放在自己的身上？除了关注客户，更要让自己的业务与客户的业务同频共振。

□ 实战案例

我在招聘销售人员的时候，经常会问应聘人员一个问题：“你听过深圳的××公司吗？”尽管有些应聘者也是照明行业背景，对这家公司却知之甚少。这家公司是一家专业做工矿、船舶用灯的照明企业，所以不管做民用照明还是商业照明的销售人员都没怎么接触过。他们的业务模式是把业务员直接放到企业的工厂里，工厂的灯坏了需要维修，增加设备了需要增加照明产品采购，直接联系厂家业务员就行了。因为业务员天天在甲方这里办公，自然对客户的需求、关系、实力等了如指掌，到了这个份上，其他品牌业务员怎么也渗透不进去了。

帮助客户购买倒逼着我们的销售人员不断成长进步，我们以前给零售商赋能的时候，讲门店经营的三率："进店率、成交率、复购率。"但是面对今天的新零售变化，我们要给零售商赋能，讲的是"流量、转化、留存"。只有我们自己跟得上时代发展的步伐，了解行业最新的营销手段和销售策略，才有能力帮助客户成长和发展。

■ 刻意练习

请回忆一下，你是如何帮助客户购买的？请举一个具体案例。

第二节　交换思维——销售的本质

销售带给销售人员的财富不只是物质财富，还有能力的提升和广阔的人脉关系。销售工作是不相信眼泪的，成王败寇，一切以结果论英雄。看着那些销售冠军拿钱拿到手抽筋、数钱数到手发软，赚得盆满钵满，而销售菜鸟却只能坐在黯淡无光的角落里凄凄惨惨戚戚：为什么别人可以那么成功，而我却总也成交不了？我和别人的差距到底在哪里？难道我真的不适合做销售吗？

□ 实战案例

某品牌珠宝的一个顶尖店长在我的销售培训课堂上讲过一个故事：

有一位女顾客经常来我店里买珠宝，慢慢地大家就成了好朋友，无话不说，所以我也觉得她找我买珠宝首饰是天经地义的事情。有一段时间她没来我店里了，于是我就打电话给她，问她在哪里。这时候，她吞吞吐吐地说在跟某某逛街，而她所说的某某正是我们家隔壁珠宝店的店长，也就是说她现在正在跟我的对手逛街。听完这个回答，我就火了，我说，好吧，你竟然跟别人逛街却不约我，你还把我当朋友吗？说完，我就怒气冲冲地挂了电话，从此以后没跟她再联系过，她也没有再来过我们的门店。

这位店长感觉自己很委屈，明明已经跟客户是很好的朋友关系了，可为什么客户还要跟自己的对手去逛街？听完她的陈述，在场的学员们开始七嘴八舌地讨论了起来，有人说自己也有过类似的经历，有人说那个客人实在是不值得当朋友对待的，有人说肯定是对手搞了些小动作……等大家发表完意见之后，我抛出了一个问题：销售人员跟客户之间到底是不是朋友关系？

一、销售的本质是利益交换

为什么说思维很重要？对于一件事情你用什么样的态度和视角去看它，你就会采取对应的行为，自然也会收到对应的结果。你怎么定义自己跟客户之间的关系，在销售中就会采用怎样的行为，从而收获不一样的销售结果。

我们和客户之间到底是一种什么关系呢？我听得最多的是“客户就是上帝，而我们就是草芥”。“客户就是上帝”是我们很多销售人员的销售格言，全球最大的奶制品商店斯图·列奥纳德有个理念：顾客永远都是对的，就是顾客错了，请参照上一句。这句话一下子就成了众多销售人员的行为准则，对待客户要打不还手骂不还口，我们要接受客户的各种无理取闹。但是难道客户错了，我们也不告诉他吗？显然把客户当成上帝既是对客户的不负责任，也是妄自菲薄。另一个极端是有些销售人员把客户比喻为猪，而自己就是杀猪的，话说得粗俗至极。他们的意思是想表达客户都是一群白痴，该宰就要宰，绝不能手软。我觉得有这种认知的人本身就是猪脑袋，自己高高在上，不能和客户建立平等关系，怎么可能干好销售呢？

苏东坡有一次跟苏小妹炫耀，说他去拜访了佛印。苏东坡问佛印，在你眼里我像什么，佛印说我看你像一尊佛，苏东坡说，那你知道我看你像什么吗？我看你像一坨牛粪。苏东坡觉得自己占了佛印的便宜，为此沾沾自喜。苏小妹听完只说了一句话，“佛印心中有佛，所以看你像佛；而你心中有牛粪，所以你看人家像牛粪”。**在销售中，你用什么样的态度对待客户，客户就会用什么样的态度对待你，你把客户摆在什么样的位置，客户也会把你摆到同样的位置。**接下来，我就跟大家分析一下，当下很多销售人员理解的销售关系。

1. 朋友关系

这是我们很多销售人员理解的一种销售与客户的关系，还有人说销售就是要跟客户交朋友，顺道赚点钱。可是，从小父母就教育我们说，“亲兄弟，明算账”，“朋友之间不谈生意，谈生意就不做朋友”，为什么呢？因为朋友之间都是肝胆相照甚至两肋插刀的，可是做生意、做销售，每个人都要考虑一下自己的利益，让自己的利益最大化，赚朋友的钱，多了你不好意思，少了你又觉得亏了自己，这个尺度如何去把握呢？如果你身边有卖保险的朋友，你是不是特别怕他在你面前谈起保险呢，一旦他提起保险了，你买也不是，不买也不是。你买了，你跟他的关系就开始变得复杂了；你不买的话，又怕伤害了对方的感情。所以人家说陌生人的生意有时候比熟人的生意要好做一点。

2. 师生关系

前面我们说过，做销售其实是在帮助客户购买，很多客户并不具备购买某些产品的知识和能力，特别是一些复杂产品和项目性产品的采购。那么这个时候销售人员就变成了老师，客户就变成了学生,我们在教客户如何购买。乍一看这个比喻好像也很有道理，但是再细想想又不对了，学生普遍对老师都是很尊重的，但是客户会尊重销售人员吗？想要获得客户对你的尊重该有多难啊！

3. 医患关系

销售就是要帮助客户解决问题，就像医生为病人治病一样，找到病因对症下药，从专业的角度看一点问题都没有。但是有一种例外，客户对你的产品、对你这个人都很认可，可就是不从你这里购买。不购买的原因有很多种，觉得你的东西贵或者正巧那一天的心情不太好。可是你在医院看病可由不得你的心情，你要是药不吃、针不打、话不听的话，黑白无常二小鬼就来把你带走了。

既然以上几种关系都不是我们和客户之间的正确关系，那么我们跟客户之间到底是一种什么关系呢？在回答这个问题之前，我先问一个问题，销售的本质究竟是什么？我曾经就这个问题做过一个测试，大家的回答也是五花八门，有人说销售就是把东西卖给有需要的人，有人说销售就是卖货收钱，也有人说销售就是服务，还有人说销售就是要搞定人！一个简单的问题，大家的回答千奇百怪,为什么我觉得有必要写一本有关“销售的常识”的书呢，就是觉得我们需要对销售的一些基本概念、基本常识进行梳理。

□ 实战案例

2008年春节，我跟爱人从内蒙古老家返程回苏州，在北京火车站转火车。等车无聊，我们就逛进了一家礼品店，当时很多礼品店正在销售奥运会纪念品。或许火车站的人流量太大，商店店员一般都不怎么热情，我们进门没有任何人接待。正逛着，就听见柜台后面两位营业员大姐聊天，“刚才那两位一看就是一老头带一小三儿”，“姐姐，您说得太对了，肯定是，那么大岁数带这么小一姑娘出来,也不觉得丢人。那姑娘也是,图什么呢？肯定图人家老头有钱”，“我要是生这么一姑娘，我非把她掐死不可”……

看这两位大姐热火朝天的聊天状态一时半会儿也停不下来，为了不打扰她们的雅兴，我们默默地离开了那家门店。看到客户进店了你不主动接待不说，还在那里八卦，传递的都是负能量，你说这样的人怎么能干好销售呢？对客户关系有一个错误的认知时，销售人员才会用道德的标准去评判客户，这是一种非常不明智的行为，轻则丢单重则挨骂。所谓成也道德，败也道德。

言归正传，客户找你购买是因为他有需求，而你不但能满足他的需求，还能比其他人更快、更好地满足他的需求；你向客户进行销售，目的当然是希望达成交易，为公司创造更多的利益，让自己拿到更高的提成。总结一下，**销售的本质是八个字：利益交**

换，各取所需。

可别小瞧这八个字，很多销售人员就是这八个字没想明白，所以才屡屡碰壁。

首先，在做销售以前，你得想想我们的利益是什么。我们的利益不就是要赚钱吗？对！也不对！赚钱有赚钱的赚法，有的人是每单都要做大单，单单都要赚取高额毛利；而有的人却把价格放得很低，做客户数量和市场份额。我们再展开一下，为什么现在很多实体零售商觉得自己的生意越来越难做了，难道仅仅是线上电商的冲击？我认为最核心的还是销售思维的问题，传统零售商赚钱的方法都是赚差价，一个东西五块钱拿到手卖六块钱赚一块钱差价，只要没有竞争对手，他就可以一直安安稳稳地赚这一块钱的差价，这就叫作躺着赚钱。具有互联网思维的创业企业不这么玩，人家怎么玩呢？上来先赔钱、烧钱，抢占市场份额，当我把市场份额占领了以后，我再想办法变现，滴滴打车、高德地图都是这么玩的。如果我们连自己的利益是什么都没想清楚，就贸然跑去做销售，怎么能成功呢？

接下来，再谈谈客户的利益是什么。“你有病，我有药”，这么简单的销售逻辑时代已经过去了，你能给客户带来的产品之外的价值都有哪些？我们前面谈到过“私域流量”的概念。私域流量就是销售人员用私人微信号去跟客户互动，维护客户关系，“经营产品只是手段，经营客户才叫资产”。销售人员和客户之间的关系变得越来越重要了，宝妈的需求已经不仅仅是从母婴顾问手里买一些母婴用品了，她还需要获得一些育婴知识，母婴顾问变成了育婴专家，为每位客户提供一对一的咨询指导。

二、不要跟客户做朋友

当我们理解了销售的本质是利益交换以后，我们对待客户的态度就会发生根本性的改变，**不要把客户当成朋友，你要从更加专业的角度、更高的维度去帮助客户解决问题、创造价值**。

□ 实战案例

小孙是浙江一家酒水代理商临平区域的业务员，他跟进当地的一家酒楼，结果跟了半年多时间也没有成功。小孙说，我是个特别不服输的人，半年的时间都投入进去了，接着再投入半年，我就不信这个酒店拿不下来。于是他每周四下午都往酒店采购经理杨经理的办公室跑。有一天，正赶上酒店现有酒水供应商的业务员也在杨经理办公室，杨经理对合作的供应商的业务员说："兄弟，帮我个忙，我们酒楼这周末有个婚宴，客户指定要某品牌的酒水，当然不是你们公司的，他们的货在杭州市中心，你帮我问问咱们公司还有没有车今天到临平的，帮我把几件货带回来呗。"供应商的业务员出去打了个电话，然后说："杨哥，真不巧，您早说半个小时就有车，现在我们的车都快到临平了。要不您自己叫个车，反正从杭州到临平也不远。"小孙一看机会来了，赶紧接过话茬："杨哥，我们公司有车，我们的车还没有从杭州市中心发出来，您告诉我去哪里拿货，我让我们司机帮您带过来。"杨经理说："小孙，怎么好意思麻烦你们呢！""杨哥，您这说得什么话啊，不把我当兄弟啊！举手之劳的事儿有啥麻烦的，再说兄弟之间谈什么麻烦。"等小孙出了杨经理办公室，赶紧给自己的大学同学打电话，把事情的前因后果说清楚了，补了一句："你们哥几个开私家车过来时把酒水装上，今晚无论如何也要把货给我送到临平，这个酒楼我志在必得。"

后面的事情，只要做销售的基本都应该知道如何操作了，他帮了杨经理的忙，自然就需要杨经理帮他的忙，销售的本质是利益交换。他说自己压力大，先放两箱酒在杨经理的酒楼试销一下，不用杨经理付钱，看看试销的情况再决定是否合作。有了试销的机会，酒楼经理一看这酒销量不错，跟小孙的合作也就是瓜熟蒂落水到渠成的事了。

酒店杨经理是怎样被小孙攻破的？是小孙的业务能力超强吗？表面上看起来是这样的，但是堡垒往往是从内部攻破的，要不是因为原来酒水供应商的业务员不愿意给杨经理帮忙，小孙就没办法抓住这个千载难逢的机会，自然也就不会有后面的合作。为什么原来的酒水业务员不愿意帮酒楼杨经理这个忙，说到底还是因为他跟杨经理的关系太熟了，他跟客户已经从业务关系变成了朋友关系，朋友之间就是要坦诚一点，能帮忙就帮忙，不能帮忙就直言相告。可是一旦把业务关系变成了朋友关系，你对客户的尊重就少了，你不把客户的事当回事儿，你的对手却把客户的事当成了天大的事，你的客户被对手撬走也是再正常不过的事情。瞧小孙跟客户说的:“杨哥，您这说得什么话啊，不把我当兄弟啊！”销售人员嘴上说的兄弟未必就是亲兄弟。**永远摆正自己和客户的位置，不把客户当朋友才是销售的常识**。那么我们怎样去摆正和客户的位置呢？以下是我想跟大家说的几点。

1. 与客户保持适当的距离

再好的医生也治不好放弃治疗的病人，再好的厨师也难烧出让厌食症客人满意的菜肴，只要是需要他人参与合作的工作，遇到抵触、观望甚至逆反情绪的对象，即使再多努力也无济于事。销售工作需要销售人员与客户的通力合作，大家一起发现问题才能解决问题，如果客户根本就不愿意告诉你他的真实想法，也没有马上改变的迫切需求，那么销售的达成就会变得越发困难。

当我们把客户关系变成朋友关系以后，我们面对的挑战是客户不希望改变。因为是朋友的关系，他不会把你当成医生，而是当成朋友，这时他就会说:“你一定有办法，不开刀光吃药也能治好我的病，我相信你。”烫手的山芋就这样扔到了你的手上。

我认识的一位销售经理，他在管理自己的经销商客户时，一直都坚持着高标准严要求，多年来从没吃过经销商的一顿饭，没抽过经销商的一支烟（虽然有点夸张，但是他确实是我见过的跟经销商故意保持较远距离、为数不多的销售人员之一）。用他的话说:“我是代表公司在跟经销商谈生意，经销商要的是能赚钱，所以我不跟他走得太近，这样我要求经销商做什么工作的时候才能理直气壮。”由于他跟客户之间保持了很好的距离感，在日常的管理工作上反倒轻松了很多，他会挺直了腰板要求经销商老板不折不扣地执行并完成公司的各项销售任务，他的业绩一直处于公司前三甲之列。

2. 给客户创造足够的尊重

如果朋友之间总是心有忌讳，很多话不敢说不能说，那么这就不是真正的朋友，真正的朋友之间是知无不言、言无不尽的。试问你敢跟客户这样吗？我们跟客户相处的时候遵守的是商业法则，而我们跟朋友相处的时候遵守的是道德法则。朋友做错了，我们不说就不是真正的朋友，可是如果客户做错了，我们说了就有可能失去谈成生意的机会。千万不要以为是朋友就一定会永远照顾你的生意，“照顾”这个词就让销售的专业度缩水了，客户在你这里购买的最重要原因是他有需要，而你又是那个能够为他提供最完美解决方案的人。注意：客户购买的是解决方案而不是你这个人，你这个人只是个赠品（开个小玩笑）。

只有把客户当成客户，我们才不会用对待朋友的方式来对待客户，才能够给客户创造足够的尊重，才不会把客户在我们这里购买产品当成是天经地义、想当然的事情，也才会特别重视与客户相处的每次机会，用专业主义拿单，又不失对客户的尊重。

3. 不要把自己太当回事

什么是真正意义上的朋友，如果只是在一两件事情上帮助过你，或者有求于你的那个人，我们会把他当成朋友吗？广义上，我们可以把这种朋友称为泛泛之交，而只有那些我们遇到高兴的事情愿意和他分享，遇到伤心的事情愿意跟他倾诉的朋友，才能称得上是真正的朋友。客户与我们的交集仅仅局限在当下的这笔生意上，很少有客户愿意跟你提及其他更多的信息，不要说很多客户都忌讳跟你谈及自己的私人问题，甚至连公司的很多内部信息也不愿意透露给你，透露给你的通常都是经过过滤的信息。毕竟，你可以拍屁股走人不做这笔生意，但是对于客户来说，他不能不在这家公司上班，不能不为以后的职业生涯做打算。客户在选择供应商的时候，通常会找几个供应商作比较，嘴上跟你说“我们只是走走形式”，可是他心里在想“或许还能找到更好的”。所以千万别以为自己是客户的唯一选择，别把自己太当一回事儿。

4. 告诉客户你都做了什么

客户付出了成本就是要在我们的手里获得相对应的价值，客户的成本不但包含金钱成本，还包括时间和精力的投入。当然我们为客户提供的价值也不仅仅只是产品本身的价值，还包括服务、培训、情感以及销售员的时间精力投入。如果你把客户当成朋友来相处的话，朋友之间的付出是不求回报的，比如朋友陷入经济危机吃不上饭的时候，你可能会委托一个陌生人给他送一百块钱，而你不会告诉他这钱是你送的，因为你怕这样会伤害了朋友的自尊心。但是，商业关系中，很少有这样的情况出现。因为我们和客户之间都在各取所需，所以你的付出一定要让客户看到，告诉客户我都为你做了些什么，让客户产生内疚感。即使他不在你这里购买，也会帮你介绍一个客户，以弥补对你的歉疚。

有一次，我陪同一家培训机构的课程顾问拜访客户，在拜访以前，他自信满满地跟我说："李老师，咱们只是走个形式，简单地面谈一下。你放心，这个客户和我们的关系很硬，肯定没问题。"结果，在客户的办公室里，客户劈头盖脸地把这名课程顾问骂了一顿。原来在我陪他前来拜访以前，他早就已经拜访过客户多次了，客户要求他先去市场上走访一下，做一下需求调研，但是课程顾问并没有做这些工作，所以遭到了客户的冷落。在回来的路上，我问他："在这次拜访以前，你都给客户做了哪些工作？"他说："我以为这个单子是十拿九稳的，毕竟我们合作了几年了，大家相处得像朋友一样，所以就没太当回事。我想等客户先打了预付款，再开始调研的。"当你把客户当成了朋友的时候，你自己就会降低对客户的服务标准，减少一些必要的准备工作，甚至根本就不做准备工作，那么结果可想而知。

不要把客户当成朋友，不是说我们就要做一锤子买卖，不跟客户保持联系和互动。而是说，我们要给予客户足够的尊重和重视，在与客户相处的过程中注意自己的一言一行，时时刻刻体现出我们的专业和认真。毕竟客户花了钱是要来找解决问题的专家的，而不是找一个有亲和力的菜鸟销售员来聊聊天，只有专业才能让我们在销售的道路上走得更远。

三、理解客户对于销售人员的刻板印象

正是因为早些年销售人员是野蛮生长的，"销售"这两个字在太多人的心中留下的印象并不太好，在很多人的印象中"销售"一般都是大忽悠，他们认为销售人员：

总是会把一些别人并不需要的东西卖给他；

总是喜欢把芝麻点的作用夸张成西瓜大的价值；

总是喜欢自己滔滔不绝地说个不停而不愿意倾听；

会使用各种套路来引诱客户上钩；

虽然看起来激情满满，实际上内心非常脆弱；

文化水平普遍不高，基本素质亟待提升；

没有成交以前特别热情，成交以后冷若冰霜；

……

客户对于销售人员的偏见已经根深蒂固，他们对销售人员的防备心理，就像古代的防守士兵一样举起盾牌，就像病人见到医生时内心充满恐慌。

□ 实战案例

负责江苏泰州区域的业务员打电话向我求救，他说泰州的代理商高总特别不好沟通，希望我能去拜访一下。等我到了泰州车站的时候，高总亲自开了辆路虎来接我。正如业务人员所说，高总个子不高，留着个锃亮的大光头，一见面笑呵呵地打招呼，浑身都充满了匪气。我跟高总一路上交流甚欢，等到了他公司的时候，高总把车停好，跑过来帮我开车门。等到吃晚饭的时候，又特意为我安排了东北菜，我很纳闷："高总，你怎么知道我喜欢吃东北菜？”高总说：“李总，知道你要来，这点功课我还是要做的。”在泰州的两天，我处处都得到了高总无微不至的照顾，而我和高总在很多人生观、价值观的问题上颇为相近，自然跟高总的关系也更近了一步。

在回公司的路上，我不由得开始反思，高总也没有像我们业务员所说的那样，那么难以接触，为什么业务员说他特别难搞呢？想来想去，我终于想明白了，四个字：“刻板印象。”什么叫作刻板印象？就是我们跟人接触的过程中，习惯给别人戴帽子盖章。我举个例子，我们总是会通过别人开什么车来判断他的性格特点，我们觉得开宝马的一般都是土豪暴发户，开奔驰的一般都是成功的商务人士，但事实上并不是如此。我们见客户第一面的时候就很容易给客户戴帽子，一看高总浑身上下都是一股匪气，再加上满嘴的脏话，对于一个刚刚大学毕业的业务员来说自然觉得高总不好打交道。不仅如此，我们还极容易受到其他人的误导。老业务员总说“高总这个人不好打交道啊”，老业务员说得越多，新业务员越喜欢戴着这样的有色眼镜去印证，一看高总是个光头——我们大多数人对光头的印象都不太好——他就在心里想：果然高总是个不太好打交道的人，所谓相由心生。注意啊，他这个时候还没跟高总接触呢，已经开始给高总贴标签了。带着这样的心态跟客户去接触，能建立好关系才奇怪呢。

不仅我们对客户有刻板印象，客户也会对我们产生刻板印象。

牛顿说力的作用是相互的，你用什么样的态度去对待客户，你的客户反过来也会用这种态度来对待你。所以大家就开始了互相伤害、互相不信任。

怎么克服这个问题呢？我觉得还是销售认知的问题，如果你真的理解了销售的本质，并且从骨子里接受了这个理念的话，你在面对客户的时候就很容易克服刻板印象的问题。既然销售的本质是利益交换，你就会想客户对我是有需求的，我对客户也是有需求的。如果成交是因为我的解决方案与客户的需求得到了完美的匹配，如果没成交是我跟客户的交流还不到位、还没有匹配出让客户满意的解决方案而已。

■ 刻意练习

结合本公司的产品和销售模式，拆解一下我们和客户之间各自都有哪些利益需求？

第三节　框定思维——掌控销售对话

据说庄子缺钱了，于是跑去找魏文侯借钱。魏文侯说："等我把秋天的税收上来了，再借钱给你。"庄子说："我前些天出门看到路上有一条鱼，要渴死了，求我给它一盆水。我说等我从西江回来给你带一盆水来，鱼说，等你回来，就去菜市场鱼干铺上找我吧！"面对魏文侯不愿意借钱给他的状况，庄子巧妙地讲了一个故事，用故事来隐喻当下的处境，话说得既巧妙，又没撕破脸面。

销售是一门语言的艺术，同时也是一门思辨的科学，一句话怎么说是有技巧的，为什么说这句话背后是有逻辑的。

我见过很多销售高手，表面上看起来他们跟大多数销售人员没什么区别，甚至让你很失望的是他们好像并不善于言辞，可为什么他们依然能够成为顶尖销售高手呢？有的销售人员是嘴巴比脑袋转得快，客户话音未落他先说上了，而且喋喋不休说个不停；有的销售人员是脑袋转得比嘴巴快，但是就是茶壶里煮饺子有话倒不来，表达上出了问题。顶尖销售高手首先是脑袋转得快，知道客户想要什么答案，在语言上又言简意赅，句句都说在了客户的心坎上，这也是销售的常识。

销售工作是与人打交道的一门工作，在其他工作中有效运行的物理学、生物学原理，碰到销售工作就彻底熄火了，比如因果关系。当有客户询问“你们的价格为什么这么贵”的时候，我们的销售人员就会使用因果关系，回答说“因为好，所以贵”，用产品价值去论证产品价格。这时候我们的销售就进入到了一个死循环——一问一答、有问必答的对话模式，而且很多时候答非所问。不要试图用问题的思维去解决问题，否则你永远都找不到解决方案。如果销售就是做必答题,那我们可以培养多少顶尖销售高手啊。因为很多销售都怕价格异议的问题，所以我对这个问题做了一些研究，发现客户说贵一共有12个原因，这部分内容我会在后文再跟大家重点来谈。在这里请你思考一下，你是如何得出“客户说贵的原因就是他不了解产品的价值”这个结论的呢？这个时候我们就需要一个很重要的销售思维了，那就是框定思维。

框定思维就是我们在跟客户沟通的时候，首先要界定客户的问题，然后再去寻找答案。如果自作聪明地给出答案，就很容易踩到地雷。

一、框定客户问题的真假

销售的本质是利益交换，交换的双方都想争取自己的利益最大化，此时谈判就发生了。每位客户都会掩饰自己的真实想法，就像销售人员也会使用销售技巧一样，所以不要轻易地相信客户说的每句话，包括他提出的问题。

> 你真的相信客户会增加采购数量吗？
> 你真的相信客户会给你介绍其他客户吗？
> 你真的相信客户预算不够吗？
> 你真的相信客户需求并不急迫吗？
> 你真的相信客户要向他的上级请示吗？
> 你真的相信客户会一次性付款吗？
> 你真的相信问题就出在价格上面吗？
> 你真的相信客户不懂吗？
> 你真的相信客户没有三方比价吗？
> 你真的相信客户跟你是兄弟吗？
> ……

框定客户问题的真假，才能知道下一步该如何面对，不管客户说什么都轻易相信的人很容易中招。关于这个问题也很好判定，就是使用我们前面提到的客户思维，你只要站在客户的角度去思考，就知道这个问题的真假了。想当年楚汉之争，项羽把刘邦的老爸推上城头，刘邦说："你我兄弟二人同心，我的老爸就是你的老爸，如果你要是把我老爸给煮了，请你也分我一块肉。"项羽听刘邦这么说也就毫无办法，最后只好把刘邦的老爸给放了。讲这一历史故事，我想跟各位说明的是刘邦对于项羽的弱点把握之精准，项羽自认为自己是君子坦坦荡荡，却不知刘邦心怀天下。

□ 实战案例

如果你去开发一个客户，经过几个回合的谈判，客户来了这么一句："跟你们合作是个大事情，我得回家跟老婆商量一下。"这时候就需要我们使用框定思维，首先对这个问题的真假做出判断了。客户说要回家商量一下，是真的要商量，还是客户本人没什么兴趣，这只是他的一个托词而已。没有框定思维的销售人员可能马上就会接话追问："您为什么要商量""还有什么要商量的"；具有框定思维的销售人员就会询问客户："您对咱们的合作没有任何问题了吧？"您要商量我完全理解，不过您可别拿老婆当挡箭牌来忽悠我。

二、框定客户问题的边界

继续上面的这个案例，当我们询问客户："您对咱们的合作没有任何问题了吧？"一般情况下，我们得到的答案都是肯定的。

但是这时候你就得观察客户的状态了，客户说真话的表情和说假话的表情是不一样的，真要商量的人就会很坦诚地看着你说，而借口托词的人就会闪烁其词希望早点转移话题。如果我们判断出了客户说的是假话，要不要揭穿他？千万不要！你一旦揭穿客户的谎言，那么你就是在攻击客户的人品，销售谈判进行到这个地步就没法再往下继续了，所谓道不同不相与谋啊。如果我们确定了这个问题是真实的，接下来做什么呢？

“跟你们合作是个大事情，我得回家跟老婆商量一下。”这个时候你可以问：“除了您太太，咱们还有其他人要参与讨论的吗？”什么叫作步步为营？哪怕客户说的是假话，这样的问法都是安全的——“您可千万别拿老婆当挡箭牌推托我，等我下次再见您的时候，您又说还得再跟小舅子商量一下。”框定思维，抽丝剥茧，逐层深入，咬紧客户的思路，在对话中让客户的谎言自然呈现，我们才能掌握更多的销售主动权。

三、框定客户问题的答案

客户说：“除了我爱人，没有其他人要商量的了。”这时候你又该怎样回答呢？依然使用我们的框定思维，你可以回答说：“接下来需要我做点什么，配合您说服您的太太？”经过对问题真假、边界的框定，到这个时候我们已经开始框定问题的答案了。既然您说的是真的要商量，您自己对咱们的合作诚意满满，好，那咱们就是一个阵营的兄弟，我们看看使用什么方法一起来说服您的太太。这时候我们就跟客户站在了一个方向上，这就是对问题答案的框定。

四、如何面对客户的谎言

□ 实战案例

有一次，你去拜访一个客户，采购经理说："这个事得我们老板拍板，不巧老板去国外出差了，要下个月才能回来。"而你在来到客户工厂之前，已经跟老板的秘书通过电话了，知道老板就在厂里。很明显，采购经理在骗你，此时你该怎么办？

第一种选择，直接告诉采购经理，我已经从别人那里知道了老板就在工厂。

第二种选择，假装自己完全不知情，说那就等老板回来麻烦您帮忙引荐一下。

第三种选择，示弱，问问采购经理是不是我们哪方面做得不够好。

如果你直接告诉采购经理，你们老板就在厂里，所以你小子在说谎、在忽悠我，各位可以想想后果是什么。"啪啪啪"地打脸啊，采购经理如果愿意再跟你合作才奇怪呢！除非你彻底想要放弃这个客户了，否则千万不能这么鲁莽啊。

第二种选择装傻，一副完全相信采购经理的样子，那么采购经理心里一定在暗笑：这小子真的很傻很单纯，我说什么都信，一句话就打发了。接着采购经理会想：幸亏没跟他合作，这小子头脑这么简单怎么做销售啊，我要是跟他合作，非死在他手里不可。

第三种选择问采购经理我们哪里做得不到位，采购经理会怎么回答呢？大概率是你们做得都挺好的，是我们的老板真的不在厂里，你放心，等他回来我一定会帮你引荐的。

我们都已经知道客户在说假话了，可是我们却不知道该怎么办？**看破不说破，三思而后行**。此时你就应该分析采购经理骗你的原因是什么？他可能有了新的意向供应商，也可能其他供应商给了他一定的利益，也有可能采购经理特别讨厌你这个人……做大客户销售需要你在企业里多埋几条线，只有眼线多了，你才能够了解到客户内部变化的真实原因。

对于这个问题，你没得选择，只能选择第二个答案，装傻！传递给采购经理一个信号，我对你百分之百地信任，我很傻也很单纯。可是等回去以后，我就要认真地分析一下了，采购经理为什么要骗我，到底是在哪个环节出了差错，亡羊补牢，未为晚矣。

在销售中，只有对客户的问题进行了框定，我们才能了解到客户的真正意图，千万不要主观地去判断客户的想法，更不要自作聪明地去做回答。

■ 刻意练习

客户说："你现在给我的价格是7折，原来的供应商现在决定给我6.5折的价格，所以我还是不想跟你合作了。"

请使用框定思维，对这个问题进行拆解，你将如何回应客户？

第四节 策划思维——建立竞争优势

优秀销售人员一般都有积极主动、勤奋好学、善用机会、头脑灵活等特质。在跟客户建立关系成交大单这件事情上，头脑灵活、善于做局是非常重要的一种能力，也就是我接下来要谈到的策划思维。

□ 实战案例

2018年，我为一家瓷砖企业做乡镇市场开发的项目，小鄢是负责溧阳地区的业务员，一见面他身上的优秀销售特质就体现了出来。他说，他已经成功地说服一家夫妻店完成了从普通店面到专卖店的装修工作，但是他遇到了一个困难，就是店面虽然装修了，老板却死活都不肯招人，老板觉得招聘店员是在浪费钱，他们家一直都是老婆在店里卖货，老公在外面跑业务，夫妻店多年不想改变。

每次跟客户沟通的时候，客户嘴上说好，可就是不执行，怎么办？我们想要说服客户，绝不能仅仅停留在理念层面，一定要从理念落实到动作。关于小鄢的这个困境，我给他出了一招——客户之所以不愿意招人，是因为他没有看到优秀店员的价值，没有对比就没有伤害，你必须得找一两个行业内厉害的导购刺激一下他。就像你小鄢一样，如果你无欲无求就不会有想赚钱的动力，如果你看到你的同学、同事都开奔驰、宝马了，你自然就会想多赚钱买辆豪车。

过了半个月，小鄢兴奋地打电话告诉我说，老板终于肯招人了。他是怎么做到的呢？他跑到隔壁县城竞争对手的门店找了个优秀的导购，说："你帮我去面试一下呗，面试一次给你200块钱，你就走个过场。回头我们那个老板问你多少钱工资，你就在现在工资的基础上翻倍，你去不去？"他带着这个顶尖导购到了老板的店里，跟老板说："你也不会面试，我跟你一起面试吧。"面试中，老板问了导购："你一个月卖多少货啊？""你是怎么卖这么多的？"等这些问题问完，老板眼里就开始放光了。哪里是老板面试人家，分明是人家面试他。等面试结束了，小鄢就问："怎么样？是这个人卖货厉害，还是嫂子卖货厉害？"老板立刻说："还是得招个厉害的销售。"小鄢接话道："天天跟客户说一分价格一分货，拿得起高工资的自然能帮你多卖货。"

面对老板不愿意招人的现状，小鄢做了一个局，从而成功地颠覆了老板的观念，实现了预期目的。销售中的做局思维就是我们通常说的策划思维，产品同质化竞争对手众多，唯有差异化的策划思维，才能帮我们攻心销售、赢得胜利。

一、起局：引起客户关注

销售的第一步是要寻找到你的目标客户，并且让目标客户对你这个人有兴趣，只有对你这个人有兴趣了客户才愿意了解你的产品。客户每天都会跟各种各样的销售人员打交道，怎样才能让客户记住你呢？我们在前面讲到了"吴小胖"的例子，我还听过一个女学员的名字叫作"假酒一瓶"。刚出生的时候爹妈给她取名

“贾萍”，上网一查很多人跟她同名，于是爹妈就在贾萍的名字中间加了两个字“玖壹”，因为她是1991年生人，连起来就是“贾玖壹萍”。后来同事和客户慢慢地就把她叫成了“假酒一瓶”，你说这样的名字有没有关注度，客户有没有兴趣跟她聊聊呢？

名字、名片、着装、语言、动作等方面都可以制造出差异化，引起客户的关注。不过这些都是一些用来包装自己的手段而已，尚属于雕虫小技，如何从战术层面上起局引起客户的关注呢？

□ 实战案例

魏总是某挖掘机企业的代理商，提起他做销售的经历故事有一箩筐。他在开发市场的时候是如何起局的呢？很多人开发客户是一个客户、一个客户地去拜访，很辛苦而且效果不好。他到了一个县城以后，就在县城找一个最大的茶楼，定一个最大的包间，然后打电话叫老客户过来喝茶，前提是老客户要带两个行业内认识的亲戚朋友或者客户过来，每次邀约5个老客户，实际到场的就有20来个人，其中有15个左右是具有高潜力的意向客户。在喝茶的时候，魏总就鼓励老客户说说自己是怎么通过做挖掘机的生意赚钱的，听得新来的人有兴趣了，魏总才开始介绍自己的产品。

让老客户带新客户是魏总开发市场的方法，这样既快速找到了精准的意向客户，又能够维护老客户的感情。定下当地最大的茶楼，魏总说这就是给新客户起了个局，让新客户觉得做挖掘这个行业财大气粗有钱啊。约客户到自己定的包间来谈，这时候主动权就在我们手里，每次跑到客户那里去，主动权都在客户手上。让老客户分享自己如何通过做挖掘机生意赚到了钱，这分明就是样板客户现身说法啊。

二、做局：引导客户成交

普通销售人员只能把产品卖给有需求的客户，顶尖销售人员创造客户需求、引导成交，这是销售的常识，也是顶尖销售和普通销售的巨大差异。做局思维不但推动客户成交，而且能够成交大单，放大每个客户的价值。

做销售的基本都听说过这样一个故事，一个店员如何把想买方便面的客户变成了买游轮并成交的客户——客户的老婆周末出差了，客户一个人在家不想做饭，想买包方便面敷衍了事，结果店员就建议他不如去钓鱼，于是卖鱼钩、鱼线、鱼竿、汽车、游轮给他。客户的需求是被销售人员引导和重塑的，在跟客户建立了基本的信任关系以后，如何引导客户按照你的建议去思考问题，一要靠你的专业度，二要靠你的说服力，也就是要学会做局。

□ 实战案例

谢总是一家品牌防腐木的代理商，他曾经做过一个项目，一个别墅院子光防腐木就做了100多万，刷新了全公司的销售大单纪录。本来客户计划院子花个二十几万做做景观，因为景观还要有石材、水系，木头的预算也就十几万的样子，结果谢总到工地现场一看，销售机会来了。他发现业主的院子是别墅群中的楼王位置，院子前面正对着一个湖。谢总就问客户，您买这么大的别墅又比别人多花了一两百万，最看重这个别墅的哪方面呢？客户答："有个湖，水旺财啊！""所以说这个湖才是您愿意花这么多钱买下这个别墅的原因啊。"于是谢总就建议在湖面上搭一个平台，这样才能更亲水，客户答应了。

谢总接着说，买别墅其实是买这个湖，买这个湖其实是希望天天看到这个湖、走进这个湖，可是万一下雨了怎么办？一旦下雨你就没办法走进这个湖了，那么这个湖的价值起码就少了一半，于是他又建议客户从屋子到湖面直接搭建一个防雨廊桥，客户又答应了。

谢总接着说，用这个亲水平台平时都干些啥呢？我看主要是用来钓钓鱼、看看书、打个太极，还会邀请朋友喝茶聚餐。如果请朋友聚餐的话，总不能做好了饭菜从屋子里端出来吧，所以啊，应该在平台边上建一个小木屋，主要做厨房间和茶水间用。客户又答应了。

当然，任何一个大单的操作都不会像我写得这么轻松，前后的波折辛苦只有销售人员自己最清楚。想做大单就需要我们具有做局思维，能够引导客户。客户要什么我们给什么，那是饭店的服务员；我们卖什么客户要什么，那才是销售高手。另外要说的一点是，做大单销售一定要深刻地洞察人性。在这个案例中，客户请朋友吃饭除了联络感情还有炫耀的成分，因此当谢总向客户建议搭建一个小木屋的时候，客户也就欣然接受了。客户的有些动机是不能说出来的，你能帮他说出来，你说客户高兴不高兴，这叫正中下怀。

三、破局：颠覆客户认知

很少有客户只有一家企业的销售人员在跟进，客户可以选择的供应商实在是太多了，每家都各有各的优势和特点。客户凭什么选择和你合作，你有什么独一无二的优势让自己脱颖而出呢？当我们的销售进入到胶着状态的时候，此时需要我们使用破局思维。

就像酒水企业营销大战硝烟四起一片狼藉之际，江小白横空出世，凭借二两小瓶装抓住消费场景，走内容营销路线，杀出一片海阔天空。

□ 实战案例

2020年年初，一场突如其来的疫情打乱了很多企业的年初规划，计划抢占春节贺岁档的电影原本扎堆，却都因为疫情而搁浅。怎么办？是继续等待，还是找机会突围？徐峥的贺岁片《囧妈》果断地卖给了字节跳动，字节跳动之后在大年初一请大家在抖音和今日头条线上免费看电影。通过此次事件，字节跳动旗下的App赢得了更多的用户下载量，徐峥的欢喜传媒轻轻松松收回了投资成本。

徐峥此举打破了电影院与制片方之间传统的利益分配模式，导致众多影院纷纷要封杀他的作品。现在回头来看，如果徐峥年初没做出这样的破局之举，后果显然不堪设想。破局就是要有敢于打破常规的勇气和胆量，在销售人员的字典里没有“不可能”三个字。心有多大，舞台就有多大，只有敢于尝试、敢于走出自我设想，才能赢得更多的机会。

能说会道是销售人员用来冲锋陷阵的武器，谋局布阵才是销售人员能否杀敌制胜的核心。面对日益复杂的市场环境，唯有不断地提升自己的策划思维，才能够出奇制胜。

■ 刻意练习

销售中的策划思维，分为起局、做局、破局三种类型，对你来说哪种策划类型最难，为什么？

第三章　识别客户

“世事洞明皆学问，人情练达即文章”，如果你对于自己公司的产品掌握到了滚瓜烂熟的地步，依然开不了单，那么问题就出在“世事洞明”和“人情练达”这八个字上。因为销售是在跟人打交道，你需要了解人性，只有洞察人性并且运用人性沟通的法则，才能和客户建立信任关系，唯有建立信任关系，你说的客户才愿意相信。在没有把自己成功地销售给客户以前，不要妄想着产品销售成功。

有一天，有两个中年男人，我们就叫他们汤姆和杰克吧，在一个临河的露天酒吧喝酒。这时候有一只小青蛙跳到了杰克的脚下，小青蛙说：“先生，您能吻我一下吗？我是一个被巫师施了魔咒的公主，您只要吻我一下，我就可以变回公主了。而且我答应您，只要您让我变回公主，我就嫁给您。”杰克和汤姆都惊讶地睁大了眼睛，因为他们没有想到一只小青蛙竟然可以说人话。杰克想了想，没有吻小青蛙，而是把小青蛙从地上捡了起来，放进了自己的口袋。汤姆此时更加吃惊了，就问他的好朋友：“哥们儿，你在干吗？你没听见她说她是个公主吗，只要你吻她一下，她变回公主就愿意嫁给你啊！”杰克喝了一口啤酒，淡定地回答：“我听到了，不过对于我这个年龄的男人来说，相比于娶公主我更愿意要一只会说话的小青蛙。”

可怜的公主不了解中年的杰克想要什么，她以为所有的男人都想娶美丽的公主。结果销售失败了，甚至失去了请求第二个人帮忙的机会。我们只有站在客户的角度去思考问题，才能理解客户做事的行为风格，才能知道客户想要什么，我们该给他提供多少信息，该向他销售什么产品。

第一节　客户需求

客户为什么会购买？因为客户有需求。

客户为什么会有需求呢？因为客户有欲望。

客户为什么会有欲望呢？因为客户有痛苦。

客户为什么会有痛苦呢？因为客户有落差。

客户为什么会有落差呢？因为客户有对比。

客户为什么会有对比呢？客户自己对比的或者销售人员引导的。

促成客户购买的直接动因是需求，本节我就重点和大家来谈谈什么是客户的需求，以及怎么去洞察和满足客户的需求。

一、关于客户需求的五个故事

1. 刚性需求

由于我经常出差讲课，最糟糕的事情就是我上课用的翻页笔坏掉了，这时候，我会马上去网上买一支新的翻页笔回来，这种需求就叫作刚性需求，也就是说这个东西你必须得买。你家里装修房子要买家具，你家里生了孩子要买母婴用品，你家里每天吃饭要去买米买菜，这些都是刚需。不买A品牌的就去买B品牌的，今天不买明天也得买，总归不会拖得太久。

2. 弹性需求

你家有一把菜刀，每天用它来切菜，感觉菜刀很钝了总想找人来磨一磨，却总也找不到，这时你会想要换一把新的，可是每次去超市的时候你都会忘记了买菜刀这回事儿。为什么？因为这件事情不是迫在眉睫，在可换与不可换、可买与不可买之间，所以就一直拖着。直到有一天，有一个卖菜刀的小伙子把新菜刀拿到你的面前，用他的刀和你的刀进行了对比，然后他说你的菜刀该换了，在见识了他的菜刀吹毛断发之后，你立即决定换一把菜刀。这种需求叫作弹性需求，这种需求必须有外力的刺激。

3. 隐性需求

回到买翻页笔的例子中来，我新买的翻页笔一个月不到又坏掉了，害得我上课又只能手动翻页，不方便不说还让我很没面子，于是我就买了个很贵的回来。可谁知好景不长，翻页笔丢了，害得我再上课的时候又是手动翻页又感觉很没面子，于是这次我不但买了最贵的而且还一次性买了两个，以防不测。没有一个卖翻页笔的商家会建议我买两支，因为他们不知道我是职业培训师，是翻页笔的重度消费者。要买两支翻页笔是我自己想到的，这就是我的隐性需求。

4. 情感需求

带孩子去逛街，他总是吵着要喝东西，刚好看到了一家网红奶茶店，一是因为久闻大名却从未喝过，二是因为经常在课上讲它家的案例不喝一杯感觉不接地气，三是因为孩子吵闹总要安抚一下，四是因为它家今天有第二杯半价的优惠活动，于是乎我就买了两杯奶茶。喝到一半，奶茶就被我们扔进了垃圾桶，因为实在不习惯这种网红口味。我买奶茶不是因为口渴，这叫什么需求呢？这就是情感需求。客户的需求不一定都是功能层面的，还有精神层面的。

5. 可变需求

我的第一部苹果手机是营业厅送的合约机，合约还没到期手机就被偷了。跑到营业厅去问,人家说了一堆违约要赔钱之类的话，没办法，我又去买了部苹果手机。等身边的朋友都用华为的时候，我也买了部华为，并且逢人就说要支持国货啊，华为真的很不错。再后来又有朋友跟我说要用苹果X手机，这样才有范儿，于是没等苹果X出来，我就买了个苹果8。再后来又有一帮朋友说苹果不好，我又买了个华为P30。对于只会用手机打电话、上网的人来说，不管是苹果手机还是华为手机,我觉得都挺好。客户的需求是可变的，品牌忠诚度只对一些人在特定的时间有用，起码对我来说是如此。这种需求就是可变需求。

二、管理客户需求的三个阶段

手上划了一个小口，你就会有购买创可贴的需求；房间里的温度达到了三十几摄氏度，你就有了购买空调的需求；肚子感觉有点饿了，你就有了吃个汉堡的需求。创可贴、空调、汉堡是客户的需求吗？不是。你手上划了个小口，你的需求是如何止血、如何不被感染；房间温度三十几摄氏度，你的需求是如何降低温度，让你感觉更舒服；肚子有点饿了，你的需求是能够填饱肚子。创可贴、空调、汉堡不是客户的需求，只是满足客户需求的一种解决方案。为什么客户在有了这些需求的时候一下子就想到了创可贴、空调和汉堡呢？因为客户的生活经验和他所接受的广告信息。没有创可贴，云南白药也可以止血；没有空调，电风扇或者一把蒲扇也行；没有汉堡，来碗拉面也行。我们经常把客户的要求当成了需求，客户说来碗面条，我们就端一碗面条给人家；客户说给我理个发，托尼老师的剪刀就咔嚓咔嚓地响了起来。你以为已经知道了客户的需求，实际上相差十万八千里，这是关于客户需求的常识。

1. 识别客户的需求

客户的需求是有层次的，按照马斯洛的五层次需求理论，人的需求分成生理需求、安全需求、社交需求、尊重需求和自我实现需求。

我饿了想吃点东西，能吃饱就行，这就是生理需求；

我饿了想吃点东西，街边小店可能没那么干净，肯德基相对好一点，这就是安全需求；

我饿了想吃点东西，约上好朋友一起去吃，还可以聊聊天，这就是社交需求；

我饿了想吃点东西，我家楼下那家饭店的服务太差了，我宁可跑远点去吃，这就是尊重需求；

我饿了想吃点东西，可是想到自己要减肥，饿就饿着吧，这就是自我实现需求。

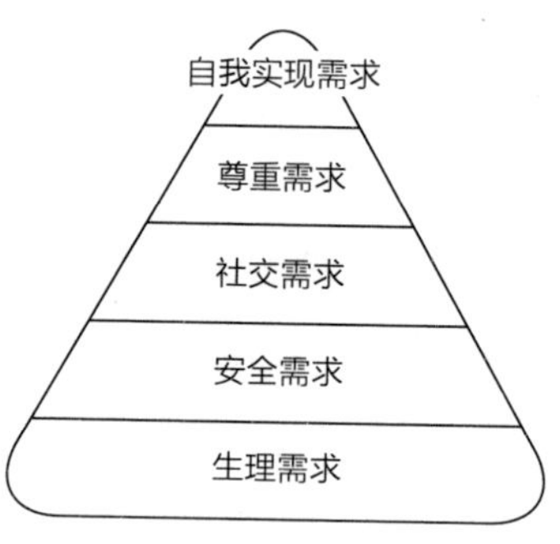

马斯洛五层次需求理论

越是低层次的需求越容易满足，越是高层次的需求越不容易满足；越是低层次的需求越是外显的很容易被发现，越是高层次的需求越是内在的不容易被发现；越是低层次的需求越可变，越是高层次的需求越稳定。

但是也并不是说五个层次需求就一定从低到高，先满足低层次的需求再满足高层次需求。“廉者不受嗟来之食”，一个真正的廉者宁可饿着肚子也不接受别人的施舍，这种需求就从生理需求一下子到了尊重需求。

□ 实战案例

有一家生产空气清新剂的企业向非洲市场推出了一批液体清新剂，这种清新剂气味芳香、香味维持时间长久而且价格便宜，但是推向非洲市场后却卖得并不好。于是公司又投放了一批瓶装喷雾的空气清新剂，这种清新剂香味维持时间短且价格贵，但是却卖得异常火爆。问题出在哪里？市场人员进行了调查研究后发现，使用这种空气清新剂的一般都是女性，她们在打扫完房屋以后，朝空中按下喷雾剂的瓶盖，这种行为很有一种仪式感，让她们有了一种掌控一切的感觉。

空气清新剂的主要作用是用来清新空气，从理性购买的决策来说，价格便宜、气味芬芳、香味维持时间长久是购买时要考虑的因素，这是满足客户的生理需求和安全需求的。可是为什么液体的清新剂无人问津，改成瓶装的喷雾就一抢而空呢？原来是因为仪式感和掌控感，你发现客户这个时候是在满足他的尊重需求。**越是高层次的需求越是隐性的，当然也是最能够打动客户的，低层次的需求走脑，高层次的需求走心。**

2. 重塑客户的需求

客户的需求可不可以被改变？答案是肯定的，客户做好了去吃肯德基的准备，可是在半路上他被卖包子的拦住了，这时客户很可能就会直接选择买两个包子解决问题。怎样来改变客户需求，重塑客户需求呢？要想让客户改变自己的想法，我们首先需要做客户知识的管理。什么叫客户知识？就是客户基于自己以前的经验加上从其他途径得来的信息，最终在他的大脑中形成的一套认知体系。这个我在后文还会跟大家做更深入的剖析。

□ 实战案例

我家在买第一辆车的时候，我和爱人两个人私下里就合计，我们不买日系车，我们对日系的东西比较排斥，这个就是我们的旧知。可是等到了4S店经过各种比较以后，我们最终还是买了辆日系车，原因是日系车样子好看，关键是省油啊。但是直到今天你问我，我的车一公里耗多少升油、比德系车省几升油，我仍然没办法回答你。我天生对车就没什么兴趣，只是在去4S店比较的时候，日系车的店员给我建立了标准，告诉我说买车省油最重要，加上他看起来比较专业，我就被他成功地洗脑了。

客户的要求并不是他的需求，只有经过深入挖掘以后，我们才知道他到底想要什么。同时，客户的需求可塑性极强，很多客户在做购买决策的时候都遵循着“简单”原则，就像你每天下班回家总是喜欢走同一条马路，每天早餐总是喜欢豆浆油条一样，我们每个人都喜欢简单决策，懒得去思考。那么我们怎样才能重塑客户的需求呢？

我认为可以从两个层面上去做，一个是认知的层面，另一个是体验的层面。我们通过广告宣传、事件营销等手段增加品牌与产品的曝光度，告诉客户传统的生活方式需要升级了，我们就是提供这种新生活方式的人，我们就是你正在寻找的解决方案提供商。客户有了一定的认知以后，就进入到行为改变的阶段了，通过产品体验、免费试用、派发优惠券等方式，我们让客户进入到产品试用的阶段。任何一种销售只要进入到产品试用阶段，基本上这单生意就算稳了。

3. 满足客户的需求

很多销售人员都在困惑，为什么我开不了大单？为什么我的成交总是那么困难？最重要的一个原因就是我们对客户的需求洞察不够精准，客户购买的根本就不是产品，而是你的产品怎样帮他解决问题。营销大师们常说：“我们卖的不是电钻，而是一个墙洞”，“我们卖的不是牛排，而是牛排的嗞嗞响”。在销售的过程中，如果你总是喋喋不休地讲自己的产品，忽视了对客户需求的挖掘，结果必然是南辕北辙，缘木求鱼。

□ 实战案例：

一名记者被指派前往农村采访一位劳模，可是天公不作美，那天下起了瓢泼大雨。等到了采访地点，记者浑身湿透不说，还弄得满身泥巴。见到劳模，记者第一句话就说："这该死的天气啊，浑身都湿透了。"结果劳模拒绝了她的采访。因为当地大旱已久，这场大雨是一场及时雨，农民心里乐开了花，特别感谢老天爷，而记者上来就抱怨下雨天，劳模当然心里很不开心，拒绝她的采访也是情理之中的事情。

想要满足客户的需求，首先需要我们真正站在客户的角度去思考，只有换位思考，才能理解客户真正想要的是什么。

三、挖掘隐性需求，快速成交

马斯洛的五层次需求理论并不是孤立的，客户在购买的时候五种需求都同时存在，只是每个人的关注点有所不同而已。如果你能够抓住客户最关注的需求点，成交就变得容易多了。一般我们把客户愿意告诉我们的，很快能够了解到的需求叫作显性需求，而客户没有告诉我们的，需要我们去挖掘了解的叫作隐性需求。我们说显性需求可以言传，而隐性需求只能意会。

人生四大乐事之一叫"他乡遇故知"，有一次我在重庆街头偶遇我的一位好朋友，她到重庆出差，事办完了准备回老家看看自己的小姐妹。

当天晚上，她约我去逛商场，打算买两套小孩衣服，预算大概是三百块钱左右。可是，逛了快两个小时走了四五家店也没买到，我们垂头丧气准备走了，忽然看到一家迪士尼专卖店，结果迪士尼的店员只用了10分钟就轻松地把她搞定了。

以下描述是我对当时情景的真实记录，为了方便阅读，我们用C来代表客户——我的朋友，用S来代表销售人员——迪士尼的店员。

□ 情景再现

S：先生、美女，你们好，请问你们需要点什么？

C：我想买两套小孩的衣服。

S：美女，您要看多大小孩的衣服，想看什么价位的呢？

C：哦，一两岁的样子，我想三百块钱买两套。

S：（惊讶的表情）美女，您是说三百块钱买两套小孩的衣服吗？那真的很抱歉，您知道现在小孩的衣服普遍都很贵，因为小孩的衣服材质要求很高，对皮肤要没有刺激才行。在咱们这个商场，您别说三百块钱买两套，三百块钱买一套都很困难。我可不可以冒昧地问您一下，您为什么要三百块钱买两套呢？您的预算可以提高一点吗？

点评：这位优秀的销售人员问了一个关键的问题："您为什么要三百块钱买两套呢？"正是这个问题准确地挖掘到了我朋友的隐性需求，从而不但促成了销售的达成，而且加快了成交的速度。

C：是这样的，这次我是从重庆转机，老家有两个小姐妹和我年纪相仿，她们每人都一个小孩，大概一两岁的样子。我想给她们每家的小孩带一套衣服算做见面礼，衣服也不要太贵，150块钱左右就行。

S：美女，那我清楚了，您其实不是要买衣服，而是要给您朋友的小孩带两份见面礼，是吗？

C：是的，两个朋友，一人一份。

S：美女，那我给您提个建议，您听听看是否合适。我觉得您给别人家小孩送衣服做见面礼并不是最好的选择：一呢，这衣服拿在手上东西太小，不起眼，不够大气；二呢，这衣服小孩要贴身穿的，就算您花一千块钱买的衣服也难保穿在身上不伤皮肤，而且就算您买的衣服没问题，可万一小孩碰巧皮肤发痒、红疹什么的，您的朋友肯定怪您，认为您买的衣服有问题；三呢，说实话，美女，您这三百块钱的预算在咱们商场还真买不到衣服。

C：嗯，你说得有点道理，那怎么办呢？

S：美女，咱们迪士尼不但卖衣服，还卖公仔玩具。我觉得您送衣服不如送公仔，公仔拿在手上够大、够气派，咱们迪士尼又是大品牌，您的朋友肯定喜欢。

（看我的朋友有点动心，她边说边从货架上拿了一个公仔下来。）

S：美女，咱们这款公仔今天正好在做活动，98块钱一个，两个才196元，比您的预算足足节省了104元。

C：好的，好的，开单吧，就要两个公仔了。

走出专卖店的时候，朋友的兴奋之情溢于言表，一路上她不停地在说，这个礼物选得好，这小姑娘真会卖东西，我怎么没想到要送公仔呢。后来，我的朋友打电话给我，说她的小姐妹收到了她的礼物都很开心，她觉得那名店员帮了她很大的一个忙。

朋友本来是想花三百块钱买两套小孩衣服的，结果花了两个小时也没买到，迪士尼店员却只用了短短的10分钟时间，便让我朋友买下了她推荐的公仔，原因何在？说到底，这位销售人员准确地挖掘到客户的隐性需求，了解到我朋友想买衣服的真正原因，从而快速实现了成交。

挖掘客户的隐性需求，销售人员需要牢记三句话：

第一句：客户想要的并不是他的真正需求，要能够快速地挖掘出他的需求到底是什么。

在这个案例中，我朋友想买两套小孩衣服，但是在销售人员的询问下，她发现了我朋友的真正需求并不是衣服，而是要给朋友的小孩送两份礼物，从而为她推荐公仔找到了最佳理由。

第二句：问客户“为什么买”比问客户“买什么”重要，同样问客户“为什么不买”也很重要。

决定这笔生意成交的最关键一点就是销售人员问了一句“您为什么要三百块钱买两套呢？”正是这个“为什么”帮助销售人员快速地挖掘到客户的隐性需求。客户说“给我来盘酸辣土豆丝”，服务员就把土豆丝端上桌了。而销售人员就会问：“先生，您为什么要吃酸辣土豆丝呢？如果您又喜欢酸的又喜欢辣的，为什么不试试我们的酸菜鱼？”

第三句：客户不知道的我知道，并且能够准确地说出来。

我们经常说专业销售，那么什么才是专业呢？在你的领域你要比外行人知道得多，而且你给出的建议能够让对方接受和采纳，还有一点也很重要，就是要把专业的销售用语转化为对方听得懂的语言。在这个案例中，销售人员给出的建议有理有据，非常具有说服力，在选礼物这件事情上我的朋友明显没有销售人员专业，最终接受了她的建议。

四、挖掘隐性需求的三个方法

既然显性需求和隐性需求有这么大的区别，只有了解到客户的隐性需求才能成交，那么该如何来挖掘客户的隐性需求呢？

1. 从大到小

简单点说就是要学会追问客户更多的细节问题，只有了解到更多的细节问题我们才能掌握客户的真实购买动机，从而推荐最合适的产品。在给珠宝企业培训的时候，我曾经组织大家做了一个练习，题目是："一对男女走进门店，女的看中了一款产品，而男的总是说不满意、不喜欢该怎么办？"经过大家的讨论，大家一致认为这个问题不太适合用话术去解决，因为你不知道这位男顾客反对的真实原因是什么，所以最好最安全的做法是要了解他说不喜欢不满意的原因。如果这位先生一直说不满意，可能有以下几种原因：

（1）他确实比较懂行，不喜欢；

（2）他只是觉得这款产品太贵了，碍于面子不好说破；

（3）他已经打算给女朋友买别人家的产品了。

同样的一个异议背后却有N多种可能，销售人员就是要打破砂锅问到底。从大到小地挖掘客户需求，就要问更加细节的问题。比如这个例子，你可以继续询问客户："先生，您能告诉我，具体是哪方面您不太满意吗？是产品的款式，还是钻石的纯度呢？"

2. 由近推远

如果客户想买一款油漆产品，但是对价格有点犹豫不决怎么办？客户的显性需求是希望用油漆把家里粉刷得更加漂亮一些，同时又不想花太多钱。可是如果我们接着追问客户，她希望把家里粉刷得漂亮一些是要自己住着舒服，还是要给别人看，客户说当然是自己舒服，家永远是留给自己的。如果是自己住着舒服，就不能光看漂亮，还要注意环保的问题，贪图便宜买的产品不环保，就会对生命健康造成危害。卖防水的沈姐说，她经常会跟客户使用"恐吓销售法"，告诉客户防水属于隐蔽工程，现在你买的防水产品不好，以后出了问题怎么办呢？然后她开始问你们家瓷砖什么品牌的，卫浴什么牌子的，想想装个卫生间得花多少钱啊，最后就是为了省防水这两三千块钱，万一防水出了问题，瓷砖卫浴都得砸了重新搞，这得多大工程花多少钱啊，所以安全起见，在不该省钱的地方还是不要省了吧。

3. 去伪存真

客户一般都不太愿意告诉你内心深处的真实想法，所以销售人员要具有足够的洞察力，能够判断出客户是否在说假话。在挖掘客户隐性需求的时候，不要只听客户在说什么，更要观察他是怎么做的，比如他的眼神、走路的速度、站位等。一个人如果在和你沟通的过程中，总是刻意地保持着足够的客气的话，要么他是一个真正有修养的人（这点非常容易判断），要么就是他根本就不想买，你表现得越热情他越是觉得对不住你。

■ 刻意练习

请大家务必牢记挖掘客户隐性需求的三句话，对于没有成交的订单我们会做总结分析，对于成交的订单我们也需要做总结分析，我们有没有问到客户的隐性需求，有没有把小单转成大单的机会与可能？

第二节　客户知识

我肚子饿了，这叫问题，也叫痛点。

我想填饱肚子，这叫需求。

可是我吃点什么来填饱肚子，这就是解决方案。

吃点什么来填饱肚子，有N多解决方案，我可以吃汉堡，也可以吃面条。但是我到底是选择吃汉堡，还是吃面条呢，这是受到很多因素影响的。你是卖汉堡的就要想尽各种办法说服客户吃汉堡，你是卖面条的就要想尽各种办法说服客户吃面条，这个影响客户的过程我们一般通过营销来解决，比如打广告、策划事件营销等。当客户确定了要选择汉堡以后，销售人员就要想办法说服客户选择肯德基或者麦当劳。当然，有的时候营销和销售的动作是同步进行的，有些行业营销的效果更大一些，有些行业销售的效果更大一些，越是繁杂采购越需要销售人员一对一的沟通。

□ 实战案例

第一次去4S店买车，卖车的小伙子非常热情地给我讲解了半个多小时，然后试探地问我："李先生，您不是买车的吧？"我一听这话，当时就很生气："你怎么这么说，我当然是买车的。""李先生，您要是买车的话，您得跟我谈谈车啊，您进门就两句话，这车样子不错，我今天买的话你便宜多少钱。""对啊，我有什么问题？""李先生，你要是真心买车，你得跟我谈谈车啊。”“谈啊，这车样子确实不错，今天买便宜多少钱？”“李先生，买车不能先看样子，你得看看这个车的发动机好不好，安全性能怎么样……”接着，这名销售人员又跟我讲了半个多小时如何选车，听完之后我说“再考虑考虑”，转身离开了。

买车谈车，汽车4S店的销售顾问显然把我当成了一个老司机，其实我真的只是一个小白，对车完全不懂，因此我看车就两个标准，一是样子怎么样，二是卖多少钱。而任何一名有经验的老司机都知道，车的核心价值不是样子，而是性能。

客户在购买某件产品的时候，他对这个东西了解多少、懂还是不懂，我们把这个叫作客户知识。对于一些大众消费品，比如衣服、方便面、洗发水、柴米油盐这些产品，我们大家都很熟悉，不用销售人员做太多介绍，自己就能做出购买决策；对于一些属于冷关注度行业、不经常购买的产品，比如保险、汽车、房子、珠宝等产品，我们大家都比较陌生，这个时候就需要销售人员的帮忙了。问题就出在这里，我们都知道做销售要挖掘客户需求，要跟客户建立信任关系。可是我们很多人忽视了对客户知识的了解，也不管客户是小学生还是大学生，上来就把高中老师的讲课方式搬出来了，结果小学生听不懂，大学生觉得是在浪费时间。

客户是一辆车，可他到底是辆新车还是辆二手车，上车之前我们得先判断出来，老司机只要把油门轰上，听听声音就能判断，新手就需要按照标准的作业流程认认真真地对全车检查一遍了。

客户知识听起来是一个很大的概念，其实一点也不复杂，就是客户购买产品时对相关信息的了解程度。主要包括五个方面：产品知识、购买知识、使用知识、促销知识、自我知识。

客户知识分类		
序号	类别	解释
1	产品知识	品牌知识和品类知识
2	购买知识	买什么样的、花多少钱，何时、何地、找何人买
3	使用知识	产品使用、保养、维修和废旧处理
4	促销知识	促销形式和促销内容
5	自我知识	理性购买和感性购买

一、产品知识

客户对产品的熟悉程度分为三个阶段，从不熟悉到熟悉有一个认知渐进变化的过程。

很久以前，有人做了一个轮子，然后把它拿到市场上，去说服别人使用他的轮子。大家都没见过轮子，还是习惯用绳子拉着货物在地上滑行，轮子自然也没卖出去。这个轮子是个全新的事物，大家都没见过，客户对这个产品的了解程度一无所知。

慢慢地，有一些企业接受了使用轮子，因为这些企业有钱，加上销售人员的引导，所以就愿意花点钱试试看。没有对比就没有伤害，没有对比就没有欲望，一对比大家发现轮子真的很好用，大家就接受了这个轮子。但是为什么轮子很好用呢？大家谁也不关心原理是什么，反正好用就行，这个叫作一知半解。

再后来，不但企业用轮子，连个人也开始买轮子了，市场上做轮子的企业增加了，广告增加了，价格降下来了，甚至街上开始出现了卖轮子的门店。客户使用轮子已经是再熟悉不过的事情，这时候客户对轮子已经完全了解了，这个叫作了如指掌。

就算我已经知道了轮子这种产品，但是我对它真的很熟悉吗？也不一定，这个时候企业就开始尝试开发各种类型的轮子以便错位竞争，有人开发大尺寸的轮子，有人开发小尺寸的轮子，有人开发充气的轮子，有人开发不充气的轮子，有人开发橡胶的轮子，也有人开发塑料的轮子，这些产品之间的区别就叫作品类知识。在做销售的时候，我们非常有必要给客户传递品类知识的概念。方太说买吸油烟机最重要的是“四面八方不跑烟”，老板说买吸油烟机最重要的是“大吸力”，谁说得对呢？都对！方太的吸油烟机吸力也不小，老板的吸油烟机也不跑烟，这么说的目的就是要突出一个核心卖点（Unique Selling Proposition, USP），建立自家的核心优势，说得直白一点就是给客户洗脑。

如果你的产品品类和竞争对手的产品品类高度同质化，很难分出伯仲呢？这个时候还有一个博弈的筹码就是品牌知识。我们得看看客户对于这个品类的品牌了解多少，你总不能拿着一个买长城哈弗的预算跑到路虎店里去跟人家谈价格，不同品牌代表的不仅仅是产品品质的区别，更是身份地位的差异。

> □ 实战案例
>
> 云贵高原和四川盆地接壤的赤水河畔，
>
> 诞生了中国两大酱香白酒，
>
> 其中一个是青花郎。
>
> 青花郎，中国两大酱香白酒之一。

当你看到“赤水河畔”和“酱香白酒”这两组词的时候，你的大脑中闪现出的白酒品牌应该是茅台，作为酱香白酒的领导品牌茅台早已经家喻户晓。青花郎非常聪明地选择了跟从的市场策略，甘当老二，一下子就把自己和茅台拉到了同一个阵营、同一个高度。客户对品牌的认可度主要受到他的消费能力、情感偏好、生活习惯等因素影响，你在什么样的圈子就是什么样的品牌消费档次。

二、购买知识

如果你现在有点口渴了，你会买点什么喝呢？

第一步，你首先想到的是自己到底要喝点什么，你可以喝奶茶，也可以喝咖啡，还可以喝饮料。咖啡、奶茶、饮料之间到底哪款饮品更适合你当下的状态呢，这就是一个很复杂的购买决策。

第二步，你确定了自己要喝咖啡，那么到底是选择星巴克（Starbucks）还是咖世家（Costa）呢，又或者干脆去麦当劳或者全家便利店点一杯呢？

第三步，确定了要喝哪一家的咖啡之后，你开始用手机搜索浏览了，拿铁、卡布奇诺……这么多咖啡我选择哪一种呢？你可能根据习惯直接选择了拿铁，也可能想换换口味选择了卡布奇诺。

第四步，我已经想好了要点拿铁，但是手机界面弹出了一条促销信息，卡布奇诺买一杯送一杯，这么划算的活动，要不要点一杯卡布奇诺请我的同事也喝上一杯？

第五步，你现在已经确定了自己到底要点什么了，咖啡厅就在楼下，但是今天外面温度已经到了零下10摄氏度，你在想我是去店里喝还是干脆叫个外卖呢？

客户的购买决策是不是一个挺复杂的过程呢？所以客户在做购买决策的时候，一般都会考虑下面这五个问题，我们一定要对这五个问题有所掌握才行。

我要买什么样的产品？

我要花多少钱买？

我什么时候买？

我要在哪里买？

我要找谁买？

1. 我要买什么样的产品

如果每个客户都知道自己想要什么，那么销售人员就失去了存在的价值，我们就是要引导客户购买我们的产品。我们既要教会客户产品选购的标准，还要教会客户产品选购的方法。当然在教会这两个字上面要打引号，因为我们教会客户的目的是为了引导他购买我们家的产品，建立客户对我们家产品的偏好。

□ 实战案例

大三那年，我的社会实践课是上门推销。寒假，我跟一同学批发了一批洗发水，跑到湖北随州挨家挨户上门推销。那个时候，洗发水市场已经出现了飘柔、海飞丝这样一些品牌，因此我的推销不太顺利。眼看着假期结束，而又没卖出几瓶，我们就去赶集。在靠近集市的一座大桥上铺了个塑料布，摆上几瓶洗发水，就开始吆喝起来。有一老大娘蹲下来看我们的洗发水，她身上背了个筐，筐里装了几只鸡。我们热情地跟大娘说洗发水多好多好，大娘动心了，她说："等卖完鸡回来，我买瓶洗发水。"等到晌午的时候，大娘果然不食言回来了，大娘说："小伙子，你们这么多洗发水，我拿哪一瓶好呢？""大娘，你就拿这瓶茉莉花香型的，有香味。"大娘拿起来看了看，说："小伙子，你这个茉莉花香型的好像没有旁边这瓶的分量多啊？""大娘，都是一样的分量，只是瓶子造型不一样而已，这瓶身上不都有标注吗。"大娘说："我也不识字啊。"说完她做了一个我们谁都没想到的举动，她去身后的筐里取出了一杆秤，把两瓶洗发水分别称了一下，然后说："嗯，分量还真是一样的。"

谁能想到不识字的大娘会拿秤来称洗发水的重量，你以为很简单的产品选购方法，可是客户却不一定了解和认同，你说了解客户的产品知识重要吧，千万不要按照自己的思路去跟客户讲产品，什么叫作以客户为中心。**把标准的教科书式的销售话术转化成每个客户能够接受的方式，这也是一种能力**。

2. 我要花多少钱买

你有没有过这样的人生经历：请几位知心朋友吃饭，结果你大手一挥，一顿饭就吃了几千块钱，然而为了便宜五毛钱的矿泉水，你却要多走一公里而没有在离你最近的店里购买。这就是我们经常说的消费场景，请朋友吃饭兴致高了，钱不钱的不在乎；自己买瓶矿泉水，五毛钱也是钱啊，一分钱难倒英雄汉，你会这样自我安慰。客户买东西愿意花多少钱，这件事情也是可以调整的，没有卖不出去的产品，只有不会卖的销售人员，关键还是看你会不会造势。

3. 我什么时候买

因为客户对行业不熟，对产品不了解，所以客户在做一些大件产品购买的时候，通常都不会马上做决策，而是要反复地比较了解，三思而后行。客户经过多家品牌、多个产品、多次比较以后，是不是就真的懂了呢？答案也不尽然，不过客户觉得自己懂了，更多的是在寻求一种自我安慰而已。

□ 实战案例

家里装修的时候，我到建材市场看瓷砖，眼看到了中午吃饭的时候，就顺着电梯到市场的三楼闲逛一下，信步走进了一家卖热水器的专卖店。卖热水器的大姐看了我一眼，说："小伙子，家里装修到什么阶段了？"当得知我今天来市场上看瓷砖的时候，她马上很兴奋地跟我说："小伙子你来我这儿算来对了，家里没装瓷砖你应该先把热水器买回去。""为什么？""因为热水器有两种控制方式，一种是使用遥控器，一种是使用线控盒。家里没装瓷砖最好了，我建议你把热水器先定下来，这样就可以把线控盒拿回去，让做水电的师傅先把线控盒给埋下去，这样就能够实现既美观又方便的效果。"

在我们所有人的观念里，家里装修都应该是最后才定热水器的，但是这位销售人员却让我先定热水器，而且说得句句在理，由不得你不信。对于家居建材类产品销售来说，客户越早购买，手里越有钱，我们成交的机会和销售的单值都越大。对于那些不着急购买的客户，我们要想尽办法刺激客户提前购买，以防夜长梦多。

4. 我要在哪里买

随着5G通信、人工智能（AI）、刷脸支付等各种新兴科技的到来，不管是消费品还是工业品销售都发生了翻天覆地的变革，全网营销渠道线上线下打通，客户怎么方便怎么买。美团外卖、滴滴打车等各种新兴企业成功地抓取了客户的消费场景，在客户购买便利性上做足了文章。你有多久没有去商场买过衣服了？你有多久没有站在路边伸手拦过出租车了？你有多久身上没有带过一分钱出门了？不要说购买实物产品，连服务性产品也面临着客户在哪里买的问题。

☐ 实战案例

2018年7月9日，小米手机在香港交易所挂牌上市。按照每股17港元的发行价计算，小米市值高达550亿美元，是继阿里巴巴和脸书之后全球第三大规模的科技互联网公司。创业八年间，雷军以互联网思维“专注、极致、口碑、快”打造了小米生态圈。

起初，小米坚持爆款理念，将小米手机打造成超高性价比手机，走线上销售和饥饿营销路线。2015年，面对在线下门店爆发式增长的OPPO和VIVO手机，小米开始在线下门店发力，开始打造如红米、POCO、有家等多个子品牌。如今，小米的产品已经从手机延伸到了智能电视、手环、音箱、插线板、空调……小米也完成了线上和线下的整合，构建了全品类销售的新零售生态圈。

小米曾经创造了很多销售模式，最初主要以产品和线上销售取胜，慢慢地，随着企业的发展以及市场竞争的变化，小米逐步放弃了低价策略，打通了线上、线下两种销售渠道。所以说，不管是线上销售还是线下销售，核心仍在于你能给客户创造怎样的体验感，带来什么样的价值。

5. 我要找谁买

同样的产品、同样的价格，客户为什么从A销售手里买而不愿意从B销售手里买，这就是销售人员的价值。客户不但要买到最适合他的产品，而且买的过程也很重要，他要买得开心、买得放心。我们说销售不仅仅是销售产品，也是在销售你这个人。这几年网红比较火，比如李子柒、李佳琦、薇娅等，当然也有知识界的网红，比如经济学领域的薛兆丰，自媒体知识付费领域的罗振宇、樊登，还有专门给孩子讲故事的凯叔。这些网红大都有自己的人设，只要粉丝认可了这个人的人设，那么网红推荐什么产品，粉丝都会跟着购买。李子柒拍出了中国风的生活视频，粉丝说这就是让人向往的生活，那么你卖什么，我就买什么；李佳琦在直播间里大喊"Oh，my God，买它，买它"，上万只口红一抢而光；樊登一年带你阅读52本好书，你花365块钱买了会员，却很少再去买书。关于这些网红的变现能力，有一个词我个人非常喜欢，叫作"带货"。这个词真是把销售的常识说透了，想成功销售先销售你自己，然后顺便卖点货，这就叫作带货。

□ 实战案例

胡大姐是南京某电器商场的一名销售，她说她最有成就感的事情就是曾经以她个人名义做过一场专场团购会，一个人单枪匹马一个晚上卖出了200多单。胡大姐怎么做到的？她给自己的老客户打电话进行邀约，她当然不会说是团购会，而是跟客户说是老客户答谢会，要客户一定来。客户老李说没时间，胡大姐就说："李哥，张哥今晚也来，上次你让我帮你找人办小孩入学的事情，我找的就是张哥。"原来，在胡大姐手上买电器的老客户经常找胡大姐帮忙，胡大姐就把这些客户之间的资源调动起来了。这场团购会成了老客户之间的见面交流会，卖电器也是顺手的事儿。

胡大姐跟每位老客户相处得都像朋友一样，更重要的是胡大姐把客户之间的交流给建立起来了。现在大家都在提社交零售、社群营销，这就是。我们传统做销售是我一个人对着多个客户，我和每个客户之间都是一对一联系的，客户之间没有交集。现在是因为你买了我的产品，所以我建了个社群，客户在社群里彼此之间可以互相交流产生更多的连接。客户为什么找你买？不仅仅因为你专业，而且你还能给客户带来产品之外的价值。

三、使用知识

逛了诸多4S店之后，最终，我家还是花了十几万买了一辆丰田卡罗拉。从此，我们的生活发生了很大的变化，出门办事方便多了。当然，麻烦事儿也多了起来，像每年的定期保养、交保险，车检等，因为我经常外出讲课，这些事情自然就落到了我爱人的头上。可是到底每次去4S店要保养什么项目，多长时间做一次保养，我们自己是完全搞不清楚的。每次到了4S店，人家说做什么保养就做什么保养，人家说收多少钱就收多少钱，我们就像待宰的羔羊一样完全没有话语权。

幸运的是有一年我为邓禄普轮胎的经销商做了个全年的轮训，十几场培训下来终于对汽车保养有了一些了解。原来汽车的保养并不是随便做的，而是根据车的行驶里程和驾驶时间定期做保养项目。比如，机油要求每6个月做一次更换，雨刷每年春天需要更换，每隔一年半的时间需要进行四轮定位，等等。这些专业的保养知识如果没有销售人员告诉我们，我相信没有多少车主能说得清楚。

由于产品使用不当而发生意外造成损失时，客户通常都会向公司投诉，认为是产品本身有问题。为了降低这类事情的发生概

汽车保养项目知识表

项目	6个月	1年	1年6个月	2年	2年6个月	3年
机油/机滤	●	●	●	●	●	●
轮胎换位		●		●		●
空气滤/汽油滤/空调滤		●		●		●
雨刷		●		●		●
防冻液/水箱宝				●		
刹车油				●		
刹车片				●		
四轮定位			●			●
轮胎						●
电瓶						●
清洗燃油/润滑系统						●

率，销售人员有责任、有义务教会客户如何正确地使用产品。教会客户产品使用知识也是向客户证明你的专业度，促进销售的一种手段。美国有一家销售烤箱的企业，销售业绩一直没有达到预期，于是就从大学里招聘了一批毕业生，企业没有给这批大学生培训产品知识，而是买了一些食材教大学生如何用烤箱做烤鸡。过了一个星期之后，大学生被派到各个销售网点，大学生的任务就是教客户如何用烤箱做烤鸡，结果烤箱的销量一下子就上来了。

四、促销知识

客户买的不是便宜，而是占便宜的心理。促销活动是刺激客户购买的一个重要手段，那么客户对我们的促销套路到底了解多少呢？怎样的促销才能让客户为之心动呢？接下来我们做一个小测试，来看看你对促销了解多少。

□ 测试题

假如说我是商家，你是客户。现在，我将推出四个促销活动，你认为哪一个更划算？

促销活动1：全场产品买满1万元7折优惠。

促销活动2：全场产品买满1万元立减3000。

促销活动3：全场产品买满1万元立减3000，再加送豪华电饭煲一台。

促销活动4：全场产品买满1万元立减3000，再加送豪华电饭煲一台，再享受幸运大抽奖，有机会去韩国五日游。

每次我在课堂上做这个测试的时候，大家都会很兴奋，有一大部分同学都会拍着脑袋说："选方案四，选方案四，只要不是傻瓜都选方案四。"答案对不对呢？不对，站在客户的立场，你应该选方案一。没有几个人买东西正好买到1万块钱，如果我买到1万1000元，你打7折的话那1000块钱也跟着打了7折，客户就可以少付300块了。如果选方案二，你立减3000的话，那1000块钱可是一分折扣都没有，即使方案三和方案四又送电饭煲又抽奖的，可是这些东西怎么算起来都没有直接立减300块钱来得划算。这就是人的心理，立减3000的诱惑可比打折刺激多了。既然大部分客户都认为方案四更划算，而我作为商家也知道打折我的损失最大，方案四比方案一还能让我多赚一点，周瑜打黄盖，一个愿打一个愿挨，我当然就喜欢做方案四的活动了。

促销就是对人性的博弈，当我们理解了人性的弱点，稍微使用一些技巧就能引导客户成交，何乐而不为呢？当然也有销售的高手，把促销活动变成了一种商业模式。广东有一家生鲜店叫作钱大妈，打出的口号是"钱大妈不卖隔夜肉"，并设计了一套打折政策：每天19:00全场九折，19:30全场八折，20:00全场七折，依次类推，到23:30全场菜和肉免费送。就这么简单的一招，让钱大妈的门店生意络绎不绝，也让钱大妈找到了自己的商业模式。

五、自我知识

客户到底是感性购买还是理性购买？你去问任何一个客户，他肯定会告诉你他是理性购买，因为这样才能证明自己是个聪明人，做出了最精明的决策，可事实真的是这样吗？丹尼尔·卡尼曼在他的大作《思考，快与慢》中写道，我们每个人做决策都依赖于两套系统，即系统1和系统2，系统1是不经过理性思考的感性决策系统，系统2是经过理性分析、判断后再采取行动的决策系统。我们更多时候是使用系统1还是系统2做决策呢？是系统1。因为每个人都很懒，懒得去思考，就像你每天要吃什么、每天要走哪条路下班回家，这样的事情我们基本都不会思考，而是基于经验和习惯做决策，因此培养客户的习惯很重要。

☐ 实战案例

我做市场经理的时候，经常会接到一些广告业务员的推销电话，其中有一个叫王雪梅的女孩给我留下了深刻的印象。他们家是做户外高炮广告的，但是现在公司都投线上广告了，所以我们没有这块的预算。在被我拒绝了几次以后，她依然选择每个周四下午两点给我打电话，理由是做不做业务没关系，她想跟我学学如何做销售，想跟我请教一下。这一请教就请教了大半年，我的工作习惯就被王雪梅改变了，一来二去就经常想着怎么照顾一下她的生意，即使我们没有合作，我也愿意介绍一些朋友的生意给她。

面对我们熟悉的场景，我们会习惯依赖系统1做决策，面对不太复杂的购买决策，我们也会习惯依赖系统1做决策。那么是不是我们在不太熟悉的场景中进行复杂性的采购，我们就会依赖系统2做出理性的购买决策了呢？从理论上说是这样的，但是这种理性依然是要打引号的，因为我们每个人都是普通人，普通人就有人性的弱点。我举个例子：一家公益基金募捐，他们的募捐海报的内容是在非洲每天有多少人因为饥饿而死亡，收到的捐款杯水车薪。后来他们放了一张照片，一个骨瘦如柴的小女孩正无助地站在因为饥饿而刚刚过世的母亲身边，在不远的地方一只同样饥饿的老鹰正用热切的眼神看着她，看到这样的一幅画面，很多人被震撼了，纷纷伸出了援助之手。所以，客户的理性决策也不是真正的理性，而是理性选择、感性购买。

■ **刻意练习**

有一句话，“再小的个体也有自己的品牌”。在全新的销售时代，每名销售人员都需要打造个人品牌，也就是我们说的人设。请思考一下，你如何打造你的品牌？

第三节　客户风格

每个人都喜欢与自己有共同点的人相处，如果你遇到的客户是同学、同乡，甚至是同姓，很快就能够建立起信任关系，哪怕你只是在行为语言上跟客户保持一致，也容易与客户快速破冰。

□ 实战案例

我跟一个哥们儿去南京中山陵旅游，信步逛进了一家旅游纪念品销售商店。店的面积不大，只有一个二十来岁的女销售员，身子斜靠在柜台上悠闲地嗑着瓜子，我们进门她连个招呼都没打。逛了一圈没什么要买的，我们就开始往外走，这时候她对我朋友说了一句："帅哥，留步。"我朋友问："怎么了？""帅哥，你是湖南人吧？"一听这话，我们俩一愣，我们从进门一句话都没说，她怎么知道我朋友是湖南人呢？销售员说："哥，你想知道答案就在我店里买个东西，买个东西我就告诉你。"出于好奇，我们花了一百块钱买了个小手串，这女孩边给我们包装，边笑着说："哥，你们进店我虽然没说话，但是我用眼睛盯着你们呢。你一不小心裤子口袋露出一个烟盒来——白沙，白沙是湖南烟，我琢磨湖南人更喜欢抽湖南烟，在咱们南京这个地界没多少人喜欢抽白沙的，所以我就大胆地猜一下你应该是湖南人。"听到此处，我跟朋友不由得给她竖起了大拇指。

察言观色，望闻问切，凭着一个烟盒就能判断出我朋友是湖南人，这小姑娘看起来年纪轻轻，功力却十分了得。做销售就是要搞定人，而"搞定"二字首先要从对人的洞察了解开始，见什么人说什么话，关键在于我们得能够判断出对方是什么人。人分三六九等，鲁达与李逵同属鲁莽之人，但是鲁达之鲁莽实为阔达，李逵之鲁莽实为天真。

美国心理学家威廉·莫尔顿·马斯顿博士在1928年出版的著作《常人的情绪》中提出了著名的DISC理论，把人划分为四种类型：D型是支配型（Dominance），I型是影响型（Influence），S型是支持型（Steady），C型是思考型（Compliance）。乐嘉提出了性格色彩学，用黄色代表支配型，红色代表影响型，绿色代表支持型，蓝色代表思考型。也有国内的学者用动物对应四种人的行为特点，老虎代表支配型，孔雀代表影响型，考拉代表支持型，猫头鹰代表思考型。为了方便大家理解，我决定还是用西游记的四个角色来代表四类人的行为风格，孙悟空代表支配型，猪八戒代表影响型，沙僧代表支持型，唐僧代表思考型。

一、孙悟空型客户

孙悟空是个没爹没妈、从石头缝里蹦出来的小猴子，在菩提老祖那里学了一番本事以后，大闹天宫自称美猴王，后被如来佛祖压

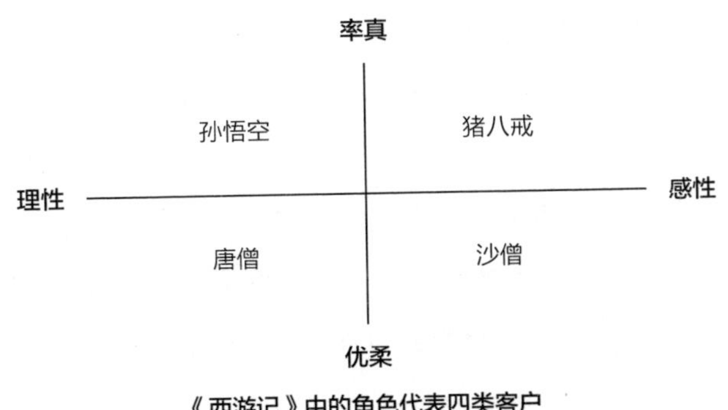

《西游记》中的角色代表四类客户

在五指山下，经观音指点协助唐僧西天取经，一路斩妖除魔，终于修成正果。孙悟空拥有火眼金睛和七十二变化，一个跟头十万八千里，本领过人。正是因为如此，孙悟空脾气火爆，眼里不容沙子，若非唐僧得观音姐姐赠送的紧箍咒，如何管得了这等泼猴。

孙悟空型客户大都骨子里有强烈的控制欲望，凡事都要在自己的掌控之下。他们做事情雷厉风行、追求效率，凡事必要求有结果，对目标的追求比较坚定，更多地专注在事情上而不太愿意关注其他人的感受。

□ 实战案例

周总是一家家具企业的销售总监，在送我去机场的路上，讲到了他是如何拿下孙悟空型客户的：

10年前，那时候我在卖办公家具，我们的家具价格比较贵。有一天我去拜访一个客户，一推门发现有个20多岁的年轻小伙子，留个板寸，手里拿个手机正在电话里骂人，看我进来也没理我。我一看这阵势，初步判断这是个孙悟空型客户，接下来这仗可不好打啊。等他电话打完了，问我:“你是干什么的？”“老板，我是卖办公桌椅的，您不是想买把椅子吗，我过来看看。”“哦，卖办公桌椅的，那椅子多少钱一个啊？”我想了想说:“老板，我们的椅子可挺贵的，一般人都买不起。”孙悟空说了:“挺贵的不得有个价吗？你就说多少钱一个？”“老板，

10万一个。”“10万也叫贵啊，给我来俩。”“老板来不了两个。”“怎么的，我买不起吗？”“老板，您肯定买得起，主要是以我的专业眼光来看，您的办公室放不下两个，两个的话有点拥挤。”孙悟空一听就不高兴了，说：“你什么意思啊，我就问你我这办公室摆两个够不够霸气。”“霸气是真霸气，人民大会堂也没您这标准啊，一个凳子就10万块。”“那不就得了，我要的就是霸气，拥不拥挤的跟你有什么关系，有钱我乐意。”

周总是怎么判断出客户是孙悟空型的呢？留着个小板寸，手里拿着大屏幕手机，电话里在大声地骂人。孙悟空型的客户一切都以结果为导向追求效率，对任何事情都要有掌控权。他们在穿衣打扮的时候也是比较干练的，穿衣服的原则是方便自己行动，不追求什么花里胡哨的款式，西装配运动鞋，怎么舒服怎么来；戴大块手表，说明他们对时间比较关注；拿着大屏幕手机，这样才有掌控的感觉；讲话的时候声音洪亮，跟你沟通不愿意再给你重复一遍。他们最讨厌感情用事，所有的事情都要对结果负责，不要浪费时间在风花雪月上面。

面对孙悟空型的客户，我们在沟通的时候一定要注意效率，言简意赅、一语中的，如果你总是喋喋不休地说个不停，孙悟空就会比较反感。要把决定权交到孙悟空的手上，你可千万不要帮孙悟空做决定。与孙悟空相处就事论事，不要谈关系、打感情牌。

在跟这样的人接触的时候一定不要越界，公私分明，打听孙悟空的私事无异于玩火自焚。

特别要注意的是，孙悟空型的客户总是认为自己是对的，他说的每句话都不太接受别人的反驳。在这个案例中，孙悟空说“多少钱一个啊”，周总故意咬牙切齿地说：“老板，我们这个价格可挺贵的，一般人都买不起。”周总故意说一般人都买不起，这样就把孙悟空骨子里的那份傲骄劲儿给激发出来了，一般人买不起的东西偏偏我买得起，因为我就不是一般人，我想要的东西就没有得不到的。周总报价10万一个，这时候孙悟空心里也会犯嘀咕，10万一个确实挺贵的，可是刚刚海口已经夸出去了，怎么办？“给我来俩”，如果是个菜鸟销售，很可能接一句：“好嘞！”那麻烦了，孙悟空就会说：“好什么好，我最反感你们这些做销售的满嘴跑火车，你看我这个办公室放得下两张椅子吗？”这生意谈不下去了。但是周总毕竟是身经百战的销售老兵，人家非常淡定，说“老板来不了两个”，然后说从专业的眼光看你办公室太小了，一下子再次把孙悟空骨子里的那种傲骄激发出来了，我有钱我就要来两个。面对孙悟空型的客户，你敢跟他对着干那是见光死，你总是顺着他说也未必就好，像周总这样欲擒故纵、见招拆招，才能做到有的放矢。

二、猪八戒型客户

我小时候看《西游记》，最讨厌的角色是猪八戒，最喜欢的角色也是猪八戒。猪八戒总是好吃懒做，好色，爱占小便宜，有好事第一个冲在前面，遇到坏事第一个撂下钉耙喊散伙。四圣试禅心，猪八戒不但要娶真真、爱爱、怜怜，甚至连丈母娘都想娶了；五庄观偷吃人参果，猪八戒怂恿孙悟空去偷果不说，分他的一个咕噜一下吃完了，还嘟囔着要再吃一个。一件件一桩桩，哪一件坏事糗事貌似都离不开这位二师兄。但是每次看到猪八戒出来我都很开心，因为猪八戒长得就特别具有亲和力，让你没有任何压力，你说他两句他也不在乎，打他两下他也不在意。孙悟空三打白骨精回到花果山，做说客的还得是猪八戒，插科打诨一路上谈笑风生的还得是猪八戒，猪八戒就是整个团队的开心果。

猪八戒型客户比较感性，更喜欢用感性思维来做决定，我们常说的"销售就是搞定人"这句话对猪八戒型客户来说是最合适的。猪八戒买东西从来都不在乎天长地久，只在乎曾经拥有。他们喜欢跟人交流，天生就是个社会活动家，如果你让他一个人生活，他得郁闷死。猪八戒追求时尚，穿衣打扮上喜欢追潮流，他们总有一些稀奇古怪的想法，特别爱表现，借用冯巩的一句台词：给点阳光就灿烂、给个鸡窝就下蛋。

□ 实战案例

某酒品电商平台的销售加了客户的私人微信号以后，就会高度关注客户朋友圈的状态，经常跟客户点赞评论保持互动。一天，销售人员发现一名女客户发朋友圈说自己几点几分生了个几斤几两的女儿，客户很高兴，销售人员就给客户点了个赞恭喜了一下。然后，她就把小孩的生日给记下来了，等到小孩还有一周左右快过百天了，她就自费花了98块钱给客户买了一双小孩穿的虎头鞋，跟公司申请了两瓶定制酒一起寄给了客户。客户收到这份礼物非常开心，被这名销售人员的用心所感动，此后一年的时间里她在这名销售人员手上买了58万元的酒水，而两个人从始至终连面儿都没见过。

加到客户的私人微信，然后用对话框和朋友圈跟客户保持高频的交流互动，这就是2019年社交零售领域比较火的一种玩法“私域流量”。用98块钱换来了58万元的订单，对于这名销售人员来说不仅赚了一笔丰厚的佣金提成，而且后来还被公司提升为销售主管。一双虎头鞋，两瓶定制酒，就足以感动一位从未谋面的女客户，我们可以确定，这名女客户就是典型的猪八戒型客户。他们非常在意人际关系，只要你真心为他好、为他着想，他就很容易被感动。

在与猪八戒型客户打交道的时候，我们应该意识到他们比较好表现，有的时候会不懂装懂，这时候我们就要顺着客户的思路走，让猪八戒型客户多说一些多讲一些。要理解猪八戒型客户的情感是比较外露的，高兴的时候就会兴高采烈，失落的时候就愁容满面，同时也要理解这种客户的多愁善感和喜怒无常，在他高兴的时候成交比较容易一些，在他伤心的时候及时的关心关怀能够建立长久的客情关系。

三、沙僧型客户

在《西游记》里，沙僧一直是一个可有可无的角色，因为他本事不如孙悟空，沟通不如猪八戒，挑着担默默地前行。在我们的客户中，沙僧型的客户大有人在，他们做事情比较优柔寡断，不太喜欢出风头，即便心里有一些想法了，也不会轻易地说出来。很多人都认为沙僧型的客户比较好搞定，恰恰相反，沙僧型的客户自己都不知道自己要什么，总是需要别人帮他做决定，销售人员如果跟着他的思路走的话迟迟无法成交，销售人员如果强势一点的话很可能就会伤害沙僧的玻璃心。

□ 实战案例

有位卖珠宝的店员，跟我分享了她是如何搞定沙僧型客户的：有一年的6月，她接待了一对准备给儿子买结婚钻戒的夫妻，结果老公为了讨好老婆，就顺便给老婆也买了一枚钻戒。第二天，这位女士就来到店里要求调换，她看了所有的款式，比较了所有的价格，最终在店员的耐心引导下才确定了一枚六爪皇冠的经典款。到了要成交的最后时刻，她又犹豫了说要再考虑一下，这个时候已经过去了两个多小时，店员都对这个单子不抱什么希望了，所以一旁同事赶紧倒了一杯水给她，跟她聊起了生活中的一些琐事，以此来转移她的注意力，她心情放松了决定就买这款，至此店员才松了一口气。可是等到付款的时候，她又反悔了，说万一自己付了钱后悔了怎么办？虽然她犹豫着不肯付钱可也没有离开的意思，店员就把她引导到休息区继续聊天，经过四个小时的努力，最后她终于交款了。

面对沙僧型的客户，我们需要理解他优柔寡断的性格，要有足够的耐心。正像这个案例中一样，客户经常变来变去、出尔反尔，但是销售人员始终耐心地跟她讲解，最终几个小时之后才成交。客户在成交之后也说了，就是因为店员的耐心讲解和真诚服务最终感动了她。

四、唐僧型客户

在《西游记》里，唐僧是做事比较严谨认真的，他对自己的目标非常清晰，就是要去西天取经，意志之坚定超乎常人。唐僧型客户逻辑思维能力很强，做事非常认真，对任何事情都要求很高、追求完美，销售人员面对这样的客户时，不要喋喋不休地说个不停，最好少说多听，用专业的销售表现赢得唐僧的认可。唐僧买东西不仅要知其然还要知其所以然，数据、证据、书面才是他们喜欢的沟通方式。

□ 实战案例

有一次，某地板销售员小黄接待了一位客户，客户走进门店以后一言不发，小黄问他什么客户都不回答。因此，小黄只好重点来讲产品，可是没等她讲完几句话，客户就开始反问她："你做销售多长时间了？""看样子你对地板也不怎么懂啊。"然后这位戴眼镜的中年客户给小黄讲了很多地板知识，听得小黄一愣一愣的。小黄出于好奇，问了一句："先生您是干什么工作的呀，看您对地板挺懂的。"客户回答："我是南京林业大学的教授。"小黄心里想：瞧，这回撞在枪口上了。

教授、医生、律师、会计师、设计师等职务，很多都属于唐僧型客户，他们对事情的研究比较深入，对任何事情都较真，眼里不容沙子，对其他人的感受不太关注。唐僧型的客户不管是着装还是言谈举止都非常严谨得体，做事情追求完美。面对这样的客户时，数据化和举例子通常比感性的说服更有效果。像这个案例中的小黄一样，遇到了大学的教授，小黄最后干脆不说了，抱着谦虚求教的心态向客户请教，客户的话反倒多了起来。论专业小黄肯定没有人家专业啊。

想要与客户快速建立关系，最好是能够与客户的沟通风格同步，当你识别出客户是哪种风格时，你也变成那种风格的销售人员，客户很快就能跟你聊起来。其实，还有一种更快建立信任关系的方法，就是把你变成客户最喜欢的那类人，比如在西天取经这个团队里，这四个人谁更喜欢谁呢？

唐僧最喜欢的是沙僧，因为唐僧和沙僧在性格上都比较优柔，只是在思考模式上唐僧理性而沙僧感性，所以唐僧最喜欢沙僧。在我们面对唐僧型客户的时候，我们要把自己变成沙僧型的销售人员。首先要学会闭嘴,唐僧型的客户在购买前会做大量的准备工作，在购买的时候比我们还专业，你能做的就是赞美和认同，用我们的热情服务得到他的认可。

沙僧最喜欢的是猪八戒，两个人都是比较感性的人，只是沙僧优柔、猪八戒直率，在取经路上每次遇到苦难时，沙僧都会问猪八戒："二师兄，我们该怎么办呢？"既然沙僧喜欢猪八戒，我们在面对沙僧型的客户时就要把自己变成猪八戒型的销售人员，用我们的热情感染和带动沙僧型客户。沙僧是一块冰，你得想办法把他焐化了；沙僧是一块炭，你得想办法把他点着了。成交之后沙僧拉着猪八戒的手说："兄弟，跟您做生意可真开心。"猪八戒呵呵一乐，说："人这一辈子不就图一个开心吗。"

猪八戒最喜欢的是孙悟空，这两人都很率直，猪八戒感性、孙悟空理性。猪八戒自己喜欢说、爱表现、不懂装懂，那在销售的时候我们就让猪八戒说个够，不要去试图指出猪八戒的错误，猪八戒是很任性的。在讲到专业的时候，我们要把自己变成孙悟空型的销售人员，一二三四五那么一说，猪八戒说："一听你就很专业，就在你这里买了。"因为你已经让他爽了，成交那都不是事儿。

在这四个客户里面最难搞定的是孙悟空，因为孙悟空是支配

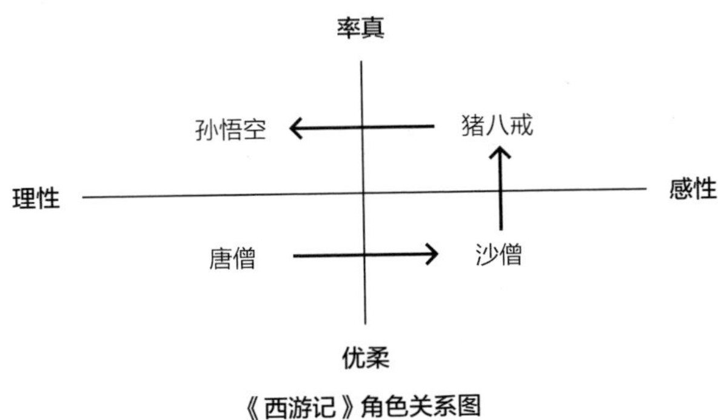

《西游记》角色关系图

型的客户，他谁都不喜欢，只喜欢他自己，觉得自己是天下第一，谁也不服谁也不理。你不要使用一些雕虫小技去说服他，孙悟空的报复性极强，当他识别出你的套路之后，你就“死无葬身之地”。面对孙悟空型的客户要认真倾听，高效沟通，讲话干净利落，不能拖泥带水。

刻意练习

肯定有些朋友想了解自己是什么风格的人，那么我们接下来做一个小小的测试，仅供娱乐，当然这个娱乐测试的准确率还是挺高的。

在正方形、长方形、三角线、圆形、曲线这五个图形中，凭第一感觉选出你最喜欢的图形，这五个图形分别代表了五种性格。

正方形：正方形四条边相等，所以正方形的人做事情中规中矩，不愿意打破规则，他们为人诚恳，任劳任怨。选正方形的人就是我们说的沙僧型的人。

长方形：长方形是一个过渡图形，也就是说目前没办法判断出选长方形的人是哪种行为风格。

三角形：在所有的图形里，三角形是最稳定的一个图形，同时也是一个最有效率的图形，三角形的人做事情追求效率、结果，有一定的影响力和领导力，掌控欲望很强。选三角形的人就是我们说的孙悟空型的人。

圆形：这个世界根本就离不了圆形，圆形的人天生有一种优势，他们能够洞察和了解到别人的情绪状态，天生就是社交活动家。选圆形就是我们说的猪八戒型的人。

曲线：曲线是一个较为开放的图形，因为更加富有创造力，曲线型的人一般智商比较高，善于思考，在做事时喜欢较真。选曲线的人就是我们说的唐僧型的人。

第四章　沟通技巧

“良言一句三冬暖，恶语伤人六月寒”，同样的一句话，怎么说才能说到客户的心坎里去，这是需要情商的。在销售中，并不是你说得越多越好，能说不代表会说，越是厉害的销售高手，反倒越不怎么喜欢讲话。他们在开口说话之前，每句话都经过了反复的思考，所以说出来的每句话都说到关键点上，让客户信服。

销售中的沟通主要分为听、说、问三个动作，会听排在首位，会问排在第二位，会说只排在第三位。做销售的人骨子里都是有着强烈的企图心的，凡事都想赢，这本身是个巨大的优点，如果你做什么事情都与世无争、毫不在乎的话，你最好还是不要做销售。可是这个优点恰恰也是很多销售人员的弱点，他们在面对客户的时候喜欢抢话说，没等客户讲完，马上接话说“这个我知道”“这个我了解”。当你没有用心倾听客户的时候，不仅会漏掉重要的信息，而且会让客户感觉你不尊重他，所以我们把会听排在第一位。

会问是要激发客户说出更多的信息，有些问题你问了客户也不会回答，但是你如果不问的话又搞不清楚客户内心的真实想法。我们想要向客户提问的时候，每个问题都需要经过设计。会说排在第三位，我见过很多销售人员特别爱说，但是他说的很多内容都是自己很兴奋，客户一点兴趣都没有，怎么说也是需要进行练习的。

第一节　销售人员的聊天技巧

大凡做过销售的人都知道，我们在跟客户沟通的时候，80%的时间都在闲聊，只有20%的时间在谈专业。如果反过来，20%的时间闲聊，80%的时间谈专业的话，反而很难成交。因此，大家都说做销售就是要会聊天，闲聊就是我们专业能力的表现。什么才叫专业的闲聊？这还真是个专业的技术活儿，所以很有必要跟大家谈谈什么叫作专业的销售聊天。

一、销售人员不会聊天的九种表现

□ 实战案例

有一次在厦门上课，晚上七点从酒店到机场的路上，司机播放着厦门某个电台的节目，一个男播音员在回复听众的微博，他说收到了很多听众留言，还有听众留言说快过年了，希望主播给他发个红包。本来挺喜庆的节目，接下来播音员的回复让我五脏六腑都翻腾了起来，如果我是那名留言的听众，我肯定要冲到播音室打他。他说，我凭什么给你发红包？我是你爸、你大爷、你爷爷、你舅舅吗？因为过年只有长辈给晚辈发红包啊。再说了，如果你说我是你爸、你大爷、你爷爷、你舅舅的话，你叫一个听听，你叫我就答应，答应就给你发红包。我不是你爸、你大爷、你爷爷、你舅舅的，凭什么让我给你发红包，你算老几啊？

听主持人说到这里，不要说当事人，就是我这一身热血的路人都想上去揍他，让他下岗，不会聊天还做什么主播呢？人家跟你要红包，你就开心地说一句“红包红包，只有红人才能发红包，我又不红拿什么包呢？”一句话就遮掩过去了，至于上纲上线把长辈都搬出来吗？我觉得光声音好做不好主播，情商高更重要。

销售人员会不会聊天，这是一个大问题。在我接触的众多销售人员之中，会聊天的人确实寥寥无几。不会聊天主要表现在以下几个方面：

一是不愿意倾听别人说话。不管人家在说什么，销售人员就是喜欢打断别人，喜欢抢话说。遇到这样的销售人员，我的做法是直接闭嘴，让他一个人说个够。

二是不管对方说什么永远跟对方对着干，永远说“你说的不

对”。通过反对别人来证明自己见多识广，争强好胜这四个字用在这些人的身上最合适不过。

三是永远自说自话，根本不考虑别人的感受。有些销售人员一旦话匣子打开了就关不上，越说越兴奋，唾沫横飞全然不顾，即使客户多次看手表看手机提醒暗示也没用，他非要把憋了很多的话一股脑地倒出来不可。

四是生性木讷，不知道怎么跟客户接话。当客户兴高采烈地说完一件事情之后，销售人员不知道怎样去接话迎合，好像这件事情根本和自己没有关系一样，就像一场精彩的演出结束后台下没有掌声，你说演员们是什么样的心情呢？

五是喜欢单刀直入，跟客户没有废话。这种人在做销售的时候是不太会跟客户建立关系的，因为除了谈论自己的产品，他们没有任何谈资，不管客户谈什么他都没兴趣，你说客户跟这样一个无趣的人去谈下去的可能性有多大呢？

六是不管你说什么他永远都说对，毫无原则地拍马屁献殷勤。自己明明对某件事情不了解，却非要不懂装懂地去迎合客户，除非客户和你一样也是半斤八两喜欢炫耀的人，否则客户如果是真专家的话，对这些阿谀奉承的行为会相当反感。

七是聊天时逻辑不清晰、表达不清楚，经常答非所问。你问销售这个东西多少钱，他非要跟你说这个东西是在非洲生产的，你说东他说西，跟这样的人沟通起来特别累，半天也说不清楚一件事情，沟通成本太高。

八是不管见什么人都是一个沟通模式，不会变通。我们说做销售就是要见人说人话，见鬼鬼说话，但是有一种销售人员，不管面对什么类型的客户都是一种沟通模式。

九是自以为很聪明，不管客户说什么，总是喜欢说“这个我知道”“这个我懂”。这种销售人员骨子里盲目自大，总是认为自己无所不知。

二、少说多听避免踩雷

很多销售人员错误地把“销售就是能说会道”当成了销售的成功法则，他们在面对客户的时候，总是习惯滔滔不绝地表达自己的观点，生怕他跟客户之间出现真空时间。但是当他们充满激情地表达自己的时候，却忽视了客户的感受：你说的客户根本就没兴趣，你说的客户根本就听不懂，最可怕的是你说的跟客户想要的南辕北辙。

能说会道，关键不在说、道二字上，而在能、会二字上，能说会说是指你说的每句话都能说到客户的心坎里去，说得人家认同你的观点、接受你的说法。在我们跟客户交谈的时候，我们把销售人员的语言分为四种交谈层次。

1. 信息性交谈

信息性交谈是谈话的起点，我们用语言获得了人和人沟通的起点。信息性交谈更多的是一种信息的传达，我们的产品话术、销售话术很多都只能算作是信息性交谈。但就算是最基础的沟通能力，有些销售人员仍然说的有些牵强，甚至连最基本的产品知识测试都通不过，更不要去谈使用一些销售技巧和销售工具了。

2. 情绪性交谈

加州大学洛杉矶分校（UCLA）的艾伯特·梅拉比安教授于1971年所做的一项研究表明，在一个有效的沟通中，肢体语言占55%、声调占38%、说话内容占7%。语音语调能够传达一种情绪，而没有情绪的谈话是让人感觉比较枯燥的。为什么在销售的过程中，有些客户对销售人员不感兴趣呢？我发现这些销售人员总是死气沉沉的，说话的时候心不在焉，貌似在应付客户，导致了客户的离开。请记住，你的热情可以感染对方，说什么不重要，重要的是你怎么说。如果你对自己的产品都没信心，都不够热爱，你怎么可能会把它成功地推荐给你的客户呢？

3. 探索性交谈

为什么要有诗歌、音乐和书画，因为这些都是我们的审美需求，都是作者内心思想的表达。语言本身是有魅力的，同样的一句话在不同的人说来是有区别的，而有些话只能意会不能言传，你可以选择大声地喊出“我爱你”，也可以选择委婉地说出“你好坏”。在销售的过程中，我们经常说“点到为止”，说话要说到点子上，说到客户的心窝子里去。隐喻和讲故事是探索性谈话的一种形式，当客户说“你们的东西真贵”，有的销售人员就去解释我们的东西为什么贵，贵在哪里，而销售高手则会心一笑，然后讲一个有人因为买了便宜货而后悔莫及的故事。

4. 整饰性交谈

没有一种成交是在销售人员和客户都特别理性，大家谈判谈到了剑拔弩张的状态下签约的，相反，每次成交都是在一种轻松幽默、特别友好的状态下成交的，所以销售交谈的氛围非常重要。整饰性交谈正是营造氛围的语言技巧，它是语言的四种功能里最重要的一种，也是我们在销售过程中使用最多的语言技巧。什么叫作整饰性交谈？就是毫无意义的、礼貌性的闲聊。这种谈话与重要的思想或信息交流无关，不表现谈话人的情绪，也没有美的愉悦感，其作用是加强见面时微笑的效果，维持社会亲和力。我们跟客户见面以后，首先进行的就是整饰性交谈，随着关系的深入才会决定是否进行另外三种形式的交谈；交谈结束的时候，我们又会进入到整饰性交谈，从而给对方留下深刻的印象。

□ 实战案例

曾经我去南京给一家女鞋企业培训，客户很客气，到酒店的第一天晚上安排了人事总监、培训经理接待我们，因为是女鞋企业，企业方的几位重要人物都是年轻的女孩。大家吃饭聊天本来是很开心的事，人事总监问我说："李老师，你们这个行业还是挺好的，自由讲师，赚钱不说，还能全国各地旅游呀。""好什么呀，我们这个行业也很辛苦的，我打算转型去给退伍兵做心理培训了。""为什么呢？""你想啊，每年退伍兵退伍要不要做心理辅导工作，引导他们以正确积极的心态重返社会？你知道每年有多少退伍兵吗，这个工作赚钱而且可重复。”“可是我觉得退伍兵心态都很好啊，不需要你的心理辅导课程。”“怎么可能呢？我们读书那会儿坐绿皮火车，列车员把车厢之间的门给锁了，跟我们说隔壁车厢一帮退伍兵心情不好正喝酒呢，你们这帮学生不要过去，小心挨打。”“您那是哪年的事情啊，现在都没有这样的事情了。”聊到这儿，我发现人事总监的脸色越来越难看，便问道：“您以前做什么工作的呀？”“老师，我以前就是个退伍兵。”话说到这儿，只能是尬聊了，当天晚上的饭吃得也味同嚼蜡。

正是因为我没加思索满嘴跑火车，伤害了一个退伍女兵对部队的感情，而这种伤害显然是非常深重的，你没有当过兵，也就很难理解军人对部队的感情。**交浅言深，是我们做销售的大忌**。怎么把握好自己聊天的度，不要伤害对方，特别是大是大非的价值观问题，在销售中最好不要轻易去触及。一旦大家在这些问题上意见相左，就真的进入到话不投机半句多的局面了，因此聊天是销售人员的必修课。

三、聊天接话的三种技巧

聊天谁不会，有来言必有去语，可问题是如果客户没有来言，你如何去语呢？特别是当我们遇到一个沉默寡言、不愿意说话的客户，我们又该怎么样去撬开对方的金口呢？我想跟大家分享接话聊天的三个基本技巧，不管客户怎么说，我们都能接得住。

1. 垫　子

什么叫作垫子？我们大家都开过车吧，夏天的时候座位上有个冰垫子坐着凉快，冬天的时候座位上有个棉垫子坐着暖和，垫子就是让我们坐着舒服。在沟通交流中的垫子就是要营造一种舒服的氛围，而这种氛围首先是要让客户感觉舒服。我在前文写到语言的四种功能，其中一种叫作整饰性交谈，这种整饰性交谈就是垫子。

当客户说："你们这个产品怎么卖这么贵啊？"不会聊天的销售人员立马就会解释说一分价格一分货，我们的东西为什么贵，贵在哪里。会聊天的销售人员会接话说："您这个问题问得可太好了，您不问我也正想跟您聊聊我们的东西为什么卖得这么贵呢。"请注意，当你这样来回应客户的时候，客户是不是感觉很开心啊。第一种方法有点像在打乒乓球，你来我往硬碰硬；第二种方法有点像在放氢气球，给足动力腾空而起。

2. 盘　子

越是销售高手，越是惜字如金，他们发现说得越多可能错得越多。正像我在前面的案例中讲到的那样，我的一番高谈阔论伤害了女鞋企业人事总监对部队的感情，自然也就伤害了后续合作的可能。我们可以少说甚至不说，但是千万不能踩雷。

客户说："上海这天可够冷的啊。"这就是一句典型的闲聊，也符合中国人聊天气、聊饮食的习惯，此时你该如何接住这句话呢？

"是啊，是挺冷的。"复读机模式开启，不管客户说什么你都跟着重复一句，客户其实挺反感的。我们前面写到过刻板印象，客户会觉得你这就是套路。"是啊，那您可真得多穿点。"这是我们给客户提出的一种建议，这个建议好不好呢？我来问问大家，上海这天可够冷的，这是一个观点还是一个事实？客户真正想要表达什么意思，其实你并没有听懂，因为客户的下半句他没说出来，如果客户接着说："不过跟我们内蒙古比起来还是暖和多了。"你踩地雷了吧，你给别人多穿衣服的建议是不是不合适？如果客户接着说："比我们广东可冷多了。"这个时候你的回答就是对的。

在没有弄清楚客户的真实想法以前，不要轻易发表你的观点，既然客户的这句话是个观点那我们就可以接一个事实。客户说："上海这天可够冷的啊。"你可以接："是啊，早上查了一下天气预报，天气预报说今天只有三摄氏度啊。"你看，天气预报说只有三摄氏度这就是一个事实，至于三摄氏度是冷是热，每个人的感受是不一样的，冷暖自知。那么如果客户说一个事实呢？客户说："早上查天气预报说，上海今天只有三摄氏度。"这个时候你可以接一个观点，"是啊，很多人都觉得今天挺冷的"。注意，是很多人的观点而不是我的观点，做销售的时候尽量少发表自己的观点。

客户说观点的时候，我们接事实；客户说事实的时候，我们接观点。可万一客户连观点带事实都说了呢？客户说："上海的天气可够冷的，早上查天气预报说今天只有三摄氏度啊。"这时候我们可以说一个自己观察到的现象，用来印证客户说的是对的，你可以说："是啊，我发现马路上大多数人都穿羽绒服了。"

北京潭柘寺弥勒佛像两边有一副楹联：大肚能容，容天下难容之事；开口便笑，笑世间可笑之人。做销售同样需要容人，不仅仅是包容人性的弱点，而且在聊天的时候能接话，不管客户说什么咱们都能接得住。盘子能装各种菜肴，因此我把这个接话技巧比喻为盘子。

3. 锤　子

在锤子的眼里，不管看到什么东西都是钉子，都想用力地砸下去。在销售人员的眼里，不管客户是什么样的心态，都要想尽各种办法去跟他成交。

□ 实战案例

到小商品市场去买东西，最大的乐趣就是跟商贩老板讨价还价。我去买一双运动鞋，问："老板，运动鞋怎么卖？""200。""便宜点你卖不卖？""您出个价吧！""150。"老板看了我一眼，说："成交！"如果你是我的话，你是怎样的一种心情，是不是想死的心都有了，这明显是自己给高了吗，给他50好了。

"老板，运动鞋怎么卖？""200。""便宜点你卖不卖？""您出个价吧！""150。"老板说："走走走，小伙子有你这么还价的吗，张嘴还我150，大清早找我不开心啊，小商品市场本来就薄利多销，一双鞋就挣个十块八块的，你怎么想的！跟你说给我200也不做你生意，你去别家转转去。”“大哥，我不了解行情，我真心买，我加点，160卖我一双吧。”“开什么玩笑，小伙子你10块10块加啊，我跟你说大清早第一单生意，你也别耽误我干活。这样，这有双样鞋，不瞒你说很多人都试过了，你试试合不合脚，合脚的话最低价190，不合脚就算了。”我试了一下，合脚，赶紧说：“大哥，合脚是合脚，您这样鞋190也太贵了。这样，170卖一双给我吧。”“小伙子，你别还了，190能拿你就拿走，不能拿就算了。”“大哥，这是样鞋啊，190太贵了，再说我还有一帮兄弟呢。这样，你这鞋170卖给我，我回头给您带一帮兄弟过来，薄利多销吗。”“你有几个兄弟？”“哥，五个兄弟呢。”“那行，我挣你兄弟的钱，这双鞋最低价180卖给你。”接下来店老板说了一句话我一分钱都还不了了，他说的什么话呢，他说：“骗你我都不是人。”

“骗你我都不是人。”鞋店老板把生意谈到了道德的高度，用人格做了担保，你还怎么跟他还价呢，再还他就不是人了。我最怕这种无赖式的还价方式，把生意谈到道德的高度，你会发现这个时候，什么谈判方法销售技巧统统都用不上了。这就是接话聊天的最高境界，超越现有话题，提高到一个更高的层面。卖钻石的说了：“我们卖的不是钻石，是爱情。”卖化妆品的说了：“我们卖的不是化妆品，是美丽。”……当我们在跟客户聊天的时候，从生意聊到了价值观的高度，这就是销售中的升维打法，“不聊生意聊感情”，更容易推进成交的速度。

■ **刻意练习**

找一个销售伙伴，一起演练聊天接话的三种语言技巧。

第二节 销售人员的提问技巧

中医看病讲究“望、闻、问、切”，只有摸准了病人的病症病因才能对症下药。做销售也不是一见着客户就掏产品，而是应该先收集了解客户的信息，然后才能制订出下一步的行动计划。对于销售来说，会问比会说更加重要，你问的问题能不能精准地抓取到客户的真实想法，决定了能否成交和成交的质量。

□ **实战案例**

走进一家服装店，店员热情地打招呼说：“先生，您好，请问有什么可以帮您的？”这时候，你会怎么回答呢？100个客户99个都会回答说：“不需要，我先看看。”

我去给一家企业培训，中午去吃饭的时候，在电梯里遇到一名女同学。她说：“李老师，您上午的课程对我帮助很大，方便加您个微信吗？”我怎么回答呢？“不方便！”

我去电子市场买电脑，跟一个卖电脑的小伙子聊了一个来小时，他直接来一句：“李先生，这电脑您今天买吗？”“不买，我先看看。”

为什么销售人员每次都会被客户拒绝呢？为什么明明知道会被拒绝，我们依然喜欢这么问呢？因为我们缺少销售常识，总是在同一个犯错误的地方原地踏步。

每个人活在世界上都想证明自己比别人更优秀，证明自己比别人更优秀的方法一共有三个，一是我比别人更有钱，二是我比别人更有权，当钱和权都没有的时候还有第三个，那就是我比别人更聪明。怎么证明你比别人更聪明呢？两个字：“逆反”。不管

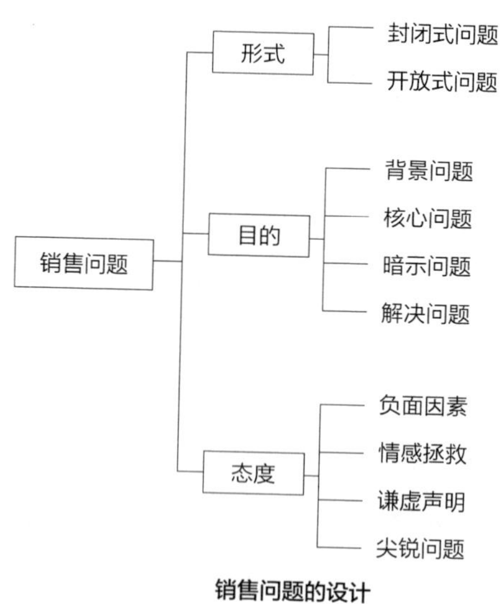

销售问题的设计

别人说什么你都会提出反对意见，从而证明你有独立的思考能力、你很聪明。逆反是人的本性，我们会逆反别人，同样也会被别人逆反。正因为逆反的存在，当你问他需要帮忙吗，他会回答说不需要；当你问他加个微信方便吗，他会回答说不方便；当你问他今天买吗，他会回答说不买。

当你具备了销售的常识，了解到逆反是人的本性时，你下次就再也不会这样向人家提问了。怎么问才能让客户不逆反，怎么问才能得到真实的信息，这就是我接下来要讲到的重点了，如何设计我们的销售问题。

一、问题的形式

同样的一个问题，你怎么提问才能得到更多的信息呢？我们接下来就要讲讲问题的形式了。我们把销售问题分为两种形式，一种是封闭式问题，一种是开放式问题，有一定销售常识的同学对于这两种类型的问题并不陌生。因此，在讲这个问题之前，我们先来做一个小测试，请你判断以下十个问题，哪些是封闭式问题，哪些是开放式问题。

（1）您今天买吗？

（2）您预算多少钱？

（3）您以前听过我们这个品牌吗？

（4）您都有哪方面的顾虑呢？

（5）除了您，还有谁会参与购买？

（6）您是想要更大规格的产品吗？

（7）您更喜欢红色的还是蓝色的？

（8）您希望我们什么时间送货？

（9）您需不需要再来点其他的？

（10）您对我们的服务还满意吗？

好了，现在请放下你的笔，我们来公布一下答案，（1）（3）（6）（7）（9）（10）是封闭式问题，（2）（4）（5）（8）是开放式问题。你都答对了吗？

1. 封闭式问题

在提问的时候，问题本身就包括了答案，客户必须按照我们的问题来回答，这类问题就叫作封闭式问题。您今天买吗，客户只能回答买或者不买；您更喜欢这个红色的还是蓝色的，客户只能回答红色或者蓝色，或者都不喜欢，或者都喜欢。正是因为封闭式问题对于客户的答案进行了圈定，因此封闭式问题对于销售的推动作用比较大，客户必须按照我们的游戏规则来玩，那么我们就能快速地收集到客户的信息。不过封闭式问题也有一个致命的短板，就是客户感觉压力很大，心里面不太舒服，有点类似于警察审问犯人的感觉。

2. 开放式问题

开放式问题是说问题本身不包含答案，我们也不清楚客户会怎样回答。“您预算多少钱？”我们根本猜不出客户的预算是多少钱；“除了您，还有谁会参与购买？”我们也不知道都有谁会参与购买决策。因为我们猜不出客户的答案是什么，客户的回答范围非常广泛。客户在回答开放式问题的时候比较自由，没有任何的心理压力，一般客户比较愿意回答这样的问题。正是因为开放式问题的答案没有被圈定，因此我们没办法知道客户的答案范围，开放式问题对于销售的推动作用就比较小，销售效率比较低。

□ 实战案例

我走进一家汽车4S店，一个小伙子热情地接待了我。刚进门，他就问道："先生，这车是您开还是您太太开啊？""我开。""哦，先生，那您是喜欢运动款的还是商务款的？""嗯，我先看看。""先生，那您是喜欢两厢的还是三厢的？""……""先生，您是喜欢黑色的还是白色的？"我说："我再转转吧。"于是，我转身离开了。

我刚一进门，这名销售顾问就连续问了我四个封闭式问题，让我感觉压力很大，凭什么只是他问我来回答呢？谁给他这么大的权力！我们来到店里买东西就是要买得轻松愉快，他这大有速战速决的态势，我们又不是来买罪受的。虽然封闭式问题对于销售的推动作用比较明显，但是客户会有很大的压力，因此我们应该学会封闭式问题和开放式问题交叉使用。

二、问题的目的

我们很多人都听说过封闭式问题和开放式问题，也有很多人在销售中经常会使用这两类问题。但是我在这里需要指出的是，不管是开放式问题还是封闭式问题其实都是问题的形式，问题的形式固然重要，却并不是销售问题设计的核心，问题的目的才是。我们为什么要问这个问题，通过这个问题我们希望得到什么信息，想好了才去提问，绝不能乱问瞎问。

1. 背景问题

提问的目的是为了达成销售，所以提问的内容会直接影响信息收集的有效性，在不同的销售阶段销售人员应该提出不同内容的问题。刚刚开始与客户建立信任关系的阶段，是不适合谈论太深入的问题的，了解一下客户的背景信息、询问客户的现状是这个阶段提问的重点。比如，汽车销售人员会问："您都看过哪些汽车品牌？""您在选择汽车时，有什么特别的要求吗？""除了您，谁还会经常开这辆车？"背景问题是向更深层次提问过渡的踏脚石，有助于建立基本的信任关系。如果不经过背景问题的提问，客户就会认为销售人员是单纯地以利益为导向的，很难真正帮助自己。

2. 核心问题

在建立了基本的信任关系以后，销售人员就需要向客户提出专业性的问题，了解客户的需求和核心关注点。比如，你可以询问客户："在这些因素里，哪个因素是您最看重的？""您觉得款式是不是您选购的一个重要问题？"在这里要特别指出一个重点，就是销售人员需要从客户的积极购买动机和消极购买动机两个方面来设计问题，所谓积极购买动机就是客户期望产品带给自己的好处，比如舒适的感觉、品牌价值等；所谓消极购买动机就是客户购买产品的目的是为了消除某些不利因素，获得安全保障，比如没有甲醛、不易破损等。

3. 暗示问题

一旦发现了客户的核心问题，你接下来要做的就是确认这个问题，并就这个问题的细节与客户交流。比如，客户说自己对汽车的安全性很看重，那么接下来的提问就应该是："您说汽车的安全性特别重要，您为什么特别看重这个问题呢？""您认为如果要提高安全性能的话，哪些方面特别重要呢？"暗示问题实际上是在挖掘客户的核心需求，放大他在某个问题上的关注点，也就是我们常说的抓关键问题。客户的期望值有很多，如果你每个都想满足的话，最终会顾此失彼，不如在交流中引导客户聚焦在一个关键问题上，然后在这个问题上说服客户，打动客户。

4. 解决问题

在某一点上跟客户达成共识以后，在产品演示过程中就要突出客户关注的这一点，然后询问对方："如果价格合适的话，您会买吗？"解决问题就是在鼓励客户成交，不要再去纠缠各种细节，让客户对成交做出承诺。很多销售人员不敢询问客户对公司产品的态度，认为客户如果给出一个不好的评价，常常会丧失销售机会。不管怎么样，都要跟客户要一个结果反馈，因为如果客户真的不满意，即使嘴上不说，他一样可以选择离开。

在讲客户需求管理的时候我写过，有些客户的需求是刚需，他们马上就可以做出购买决定，而有些客户的需求是弹性的、隐性的，客户根本意识不到自己要改变，就算意识到了他也不着急。这个时候怎么办？我们就需要用到专业的销售策略SPIN顾问式销售了，其实SPIN也就是这四个问题的展开应用。先问客户背景性问题（Situation Questions），建立信任关系，收集客户的基本信息；接下来挖掘客户的痛点，问到客户的核心问题（Problem Questions）；问到核心问题之后再向客户询问暗示性问题（Implication Questions），到这个阶段你其实已经开始跟客户探讨业务，此时客户已经忘记你是一名销售人员，他把你当成他的合作伙伴，销售人员至此也就变成了顾问；最后问到客户成交类的问题，解决问题（Need-Payoff Questions）。

□ **实战案例**

我参加了一场英语培训机构的沙龙活动，活动结束，课程顾问把我邀请到一间办公室，跟我展开了一对一的销售攻势。她问："李先生，您是做什么工作的？""您的工作中需要用到英语吗？""有没有想过进一步地提升一下自己？"当她了解到我在民营企业工作的背景后，她接着问："您有想过5年或者10年以后的职业方向吗？""您觉得学习英语对您来说最大的挑战是什么？"她说其实外语是进入外企的一把钥匙，只要外语好就多了一种可能。在得到我的肯定回答后，她接着问道："您是周末有时间还是工作日的晚上有时间呢？”“您是希望半年内学完还是在三个月内突击一下？”最后，她问道：“原价29 800元的学费，如果今天报名的话，我们给您8折的优惠，您今天能做决定吗？”

本来我只是抱着一种观望的心态去参加他们的沙龙活动，结果课程顾问的一番引导竟然把我说动心了。

我们接下来拆一拆这个案例：

背景性问题（S）——“您是做什么工作的？”“您的工作中需要用到英语吗？”

核心问题（P）——“您觉得学习英语对您来说最大的挑战是什么？”

暗示性问题（I）——“您是周末有时间还是工作日的晚上有时间呢？”

解决问题（N）——“如果今天给您打8折，您能做决定吗？”

只要你掌握了这四类问题，那么下一次在面对客户的时候你也可以循序渐进，慢慢把自己修炼成顾问式销售高手。

三、问题的态度

在提问的时候，是提问的人更有主动权，还是被提问的人更有主动权呢？很显然，提问的人更有主动权。正是因为提问的人更有主动权，所以被提问的人就会处处小心谨慎，不愿意回答提问人的问题，被提问的人总是担心提问的人在给他下套。怎样设计一个好问题，让被提问的人觉得这个问题是你好我好大家好的好问题，从而让被提问的人愿意回答呢？我们在设计完问题的目的、形式以后，就需要考虑问题的态度设计，就是要让这个问题看起来更加客观中性，让被提问的人放下戒备心理。

1. 负面因素

我们在这部分内容开始的时候谈到了客户的逆反，当你问客户："您今天买吗？"客户一定会说："不买，我先看看。"知道逆反重要，怎么消除客户的逆反更重要。怎么问我们才能得到一个肯定的答案，让客户说"行，我今天就买"呢？我们试着这样问："先生，您今天不买吧？"客户会怎么回答？按照逆反的习惯，客户会说："那不一定，看的好我就买了。""谁说我不买，不买我今天干吗来了。"你知道客户会逆反，那么我们为什么不用逆反来提问呢？"先生，您别生气，一台电脑一万多块，大部分人买电脑都要比一比、看一看。我不确定您是今天就买还是只来看看，所以才这样冒昧地问您，以便更好地给您介绍产品。"

什么叫作以客户为中心？我们原来做销售的习惯都是直线思维，问客户："您买吗？"客户当然就会逆反你、怼你。以客户为中心，我们转换了一个角度问问题："您不买吧？"欲速则不达，这么简单的销售常识却被我们很多销售人员忽视了。

学东西就要活学活用、举一反三，等到下午下电梯的时候，我又遇到了中午在电梯里碰到的那位女同学，她笑呵呵地问："李老师，像您这样东奔西跑四处讲课的人，加您微信不方便吧？"高手！果然是教会了徒弟，饿死了师父。

2. 情感拯救

当客户把所有的产品都选购完了，也就进入到了我们很多销售人员最怕的价格谈判环节。客户说："小李，如果我这6件产品都在你们家买，你给我算算一共多少钱吧。"各位看官，你怎么报价呢？如果你报原价，客户就会说你没诚意，谁家做生意不打个折呢？如果你说："王哥，原价一共16 000，打个折今天15 000给您。"客户怎么说呢？客户说："15 000啊，我今天还定不下来，就是问问，我明天过来吧。"你认为他明天会给你付15 000吗？客户说："15 000啊，我今天钱没带够，我明天过来吧。"你认为他明天会给你付15 000吗？客户说："15 000啊，这事我一个人定不下来，我得和你嫂子商量一下。"你认为嫂子会付给你15 000吗？客户并没有说可以开单了，只是让你报个价，你就有点兴高采烈忘乎所以了，游戏才刚刚开始，离今晚"吃鸡"还远着呢。

面对客户要求报价的请求，你应该用TMD策略反问客户三个问题：

T（Today，今天）："如果价格合适，您今天定吗？"话外音：您今天定的话我价格就一步到位，咱们后面就没谈判空间了；您要是不定的话，我这个报价还有谈判回旋的余地。

M（Money，钱）："如果价格合适，您现金还是刷卡？""如果价格合适，您是全款还是预付款？”

D（Decision，决定）：“如果价格合适，您一个人就能做决定吗？”

客户的异议通常就摆在那里，与其被客户拒绝，还不如自己大胆地提出来，只有我们能够预见到客户的异议才能有效预防客户的异议。

3. 谦虚声明

“李先生，你预算多少钱？”关于客户预算的问题可不可以问？答案是当然可以，但是你得到的答案不一定是真的。更何况你这样问一个致命的问题，那就是伤害了客户的自尊，客户心里会想：“你什么意思，瞧不起我，我买不起吗，还问我预算多少钱？”其实，这个问题只要经过设计，就完全可以消除客户的这种不满情绪。“李先生，我知道有个问题不该问，可是为了尽快促成咱们的合作，我想冒昧地问一下，您预算多少钱？”经过这样的设计之后，是不是感觉这个问题就变得特别有人情味、特别能接受呢？明明是一件好事，正是因为我们没有经过思考，反倒惹得人家不开心。所有的问题经过设计，客户接受起来就容易多了。

4. 尖锐问题

既然生意能否达成取决于是否制造了双赢的结果，那么站在客观的立场上，你也可以向客户提出一些针锋相对的问题。“先生，是不是因为我的原因，你才不考虑购买我们的产品了？”“先生，如果换作您是我的话，面对这种情况，您会怎么做？”询问针锋相对的问题并不是在给客户施加压力，而是在了解客户的真实想法。当然，提问时你的态度会影响到这个问题的中性化程度。

在销售中，我们问的问题越多越好，还是越少越好？你问得太少的话，就很难收集到客户的真实想法；你问得太多的话，客户又会很反感，应该是用最少的问题问到最多的信息。因此，每个销售问题都需要经过设计，好钢用在刀刃上，绝不要轻易浪费提问的机会。

虽然提问是销售人员必备的销售能力，但是提问也不是万能的，因为有时候客户会不愿意告诉你答案，或者即便告诉你也是假的。在销售中特别敏感的问题就是客户的预算问题，没有客户愿意告诉你他的真正预算是多少，这时候就需要你察言观色通过其他方法来判断了。“望、闻、问、切”，客户不配合你，但是你可以望和闻啊，观其人知其行。

■ 刻意练习

如果你有兴趣，可以结合自己的产品特点，设计你的产品销售必问的20个问题。

第一步，从问题的目的开始，哪些问题是必须要问的，哪些问题是可问可不问的，必须要问的问题就一定要问到，可问可不问的就坚决不问。

第二步，确定了四类问题的目的以后，我们接下来要设计问题的形式，这个问题用开放式问题来问更好，还是用封闭式问题来问更好。我的建议是最好每个问题都要设计一个开放式的形式，同时也要设计一个封闭式的形式。

第三步，我们需要做的是消除问题的感情色彩让问题变得客观中性，这个内容可以通过情景演练的方式习得，一个扮演销售人员，一个扮演客户，问题问完了，“销售人员”就问“客户”，你觉得舒服吗？舒服，这个问题就可以通过了；不舒服，说明这个问题设计得不好，需要用我们讲到的四个方法消除问题的感情色彩。

第三节　销售人员的倾听技巧

有一个小故事说的就是会听的重要性。古时候有个小国给中国进贡了三个小金人，然后让皇帝猜哪个金人最值钱。三个金人一模一样，大家谁都猜不出来。最后，一个退位的老臣拿着一根稻草往三个小金人的耳朵里一插，结果就立刻鉴别出来了。第一个金人，稻草从左耳朵插进去后从右耳朵出来了；第二个金人，稻草从耳朵插进去后从嘴巴里出来了；第三个金人，稻草从耳朵插进去掉进了肚子里再也没出来。老臣说，第一个金人听东西左耳朵进右耳朵出，不值钱；第二个金人听东西听完就给其他人说了，也不值钱；第三个金人耳朵听进去了并且能够保守秘密，最值钱。

这个故事告诉我们，在日常的沟通中，会听特别重要，人类之所以有一张嘴巴两个耳朵，就是让我们少说多听。如果说日常沟通中，会听都这么重要，那么在销售中“会听”的重要性就更加可想而知。

□ 实战案例

飞机晚点对于培训老师来说已经是家常便饭，我早就已经习惯了晚上12点钟到酒店的生活节奏了，如果有一次飞机能够准点起飞、晚上十点左右到达酒店，对我来说是像中奖一样的幸运。晚上9点钟左右到达郑州机场，下了飞机给客户打电话，问他们到了没有，客户说："早就到了，我们就在出口正中间等您。"可等我出来了也没有见到接我的人，跟他们沟通了很久终于说明白了，原来他们是在南阳机场，而我的飞机却落在了郑州机场。因为我白天有课，所以没办法赶上白天飞南阳的飞机，只能晚上飞到郑州，然后客户开车来郑州接我，所以助理便帮我定了飞郑州的机票，谁知道接机人员以为我飞机直飞到南阳机场，就跑到了南阳机场。

由于我的助理跟客户沟通得并不是特别到位，结果闹了个大乌龙，我当天晚上坐顺风车到南阳的时候已经是凌晨一两点钟了。在生活中，因为一句话没说到位结果闹出乌龙的事件层出不穷，我们很多人应该都经历过，如果销售人员因为沟通不到位造成了乌龙，那么损失可就惨重了。

我们总是以为听懂了客户的意思，可是我们真的听懂了吗？我用一个漏斗来说明我们听懂了多少。

客户内心想说的内容是100%，但是当他说出来的时候可能只

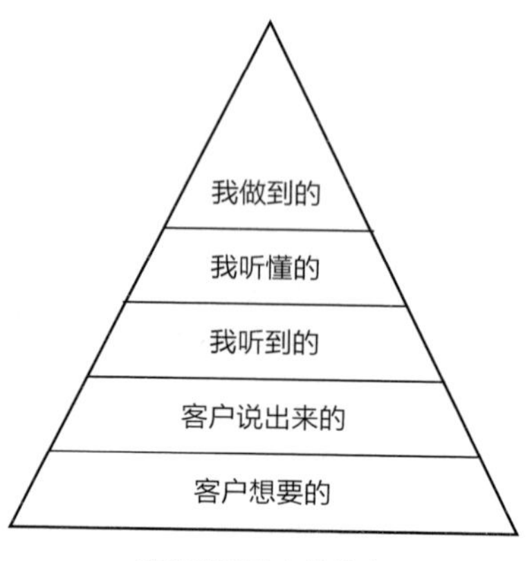

我们听到的有效信息

说出了75%，这种情况有很多种原因：

（1）客户本身就是个沉默内向不善于言辞的人；

（2）客户出于自身利益的考虑，说话的时候有所保留；

（3）每个人的性格特点、家庭背景、社会文化和自身经历的差异化，造成了对同一件事情大家有不同的理解视角；

（4）客户跟你的关系并不是特别熟悉，讲话的时候有所保留，希望你自己能够悟出他的真正想法；

（5）客户使用了一些谈判的技巧，他所说的和他内心真实的想法刚好相反。

客户只说出了75%，可是我们听到了多少呢？50%。当客户在说的时候，你有没有用心在倾听：

（1）你可能只是看起来在听客户讲话，可是你内心却想着其他事情；

（2）当你听到一半的时候，手机电话铃声响起把你们的沟通打断了；

（3）客户说的并不是你在意的，你总是想着自己的销售目标，想着怎样能够快速进入正题；

（4）客户就是一个喜欢喋喋不休、讲个不停的人，虽然有些内容你听不太懂想要跟客户确认一下，但是客户不给你插嘴的机会。

如果说我很努力地听到50%，我听懂的就只剩下25%了，因为我们的文化背景、人生经历不同，销售人员与客户之间利益需求不同，我们总是想着怎么去回应对方，从而为自己争取到最大的利益。现在大家可以思考一下，你对客户真实意思的理解还剩下多少呢？

一、倾听的五个层次

1. 听而不闻

所谓听而不闻，可以说是不做任何思考地去听。我们不妨回忆一下，在销售工作中，你身上有没有发生过听而不闻的情况。比如，我们去拜访一位重要客户张总，事前都会做很多的准备工作，可等你到了客户办公室，发现他的办公室还有一个人，张总给你介绍说："这是我的好朋友李××。"然后你就和张总进行了热烈的交谈，交谈过程中，你怎么努力都想不起来刚刚张总给你介绍的那个人叫什么，因为张总在跟你介绍李先生的时候，你就没有当回事儿，因为李先生跟你的销售没有关系，这就是我们说的听而不闻。

2. 假装倾听

假装倾听就是要做出认真听的样子让客户看到，这样客户就觉得你对他有足够的尊重，事实上客户都说了些什么，你根本就没有听进去。假装倾听的人虽然努力做出了认真倾听的样子，身体大幅度的前倾，甚至用手托着下巴，但是眼神却是空洞茫然的，这就是我们常说的身在曹营心在汉。

3. 选择性地倾听

我在讲课的时候就发现有些同学经常会出现这种状态：当我讲到一些概念、模型的时候，他的心思就飞到了九霄云外；当我讲到一些故事、笑话的时候，他就开始全情地投入进来了。做销售就怕你抱着急功近利的心态，只有涉及跟自己有关的事情才会认真地听，跟自己无关的就无所谓。对于眼前的这个人不关注的话，很可能会丢单，就算销售之神乔·吉拉德也因为没有关注客户谈到他的孩子成绩时的心情而失去了一个大单。

4. 专注地倾听

全神贯注地去倾听客户所讲，去思考客户每句话的真正意思，并且会通过点头、迎合等方式鼓励客户多说一些，遇到自己听不懂的意思时找机会跟客户确认。专注的倾听是我们用大脑在思考，跟着客户的节奏不抢话，并且会用纸笔记录下客户所说的每句话，在结束面谈之前跟客户做进一步的信息确认。

5. 有同理心地倾听

有同理心地倾听是心脑同步，在内容上用脑思考，在情绪上用心回应，站在客户的角度上去听，去理解他，这才是真正的、设身处地的倾听。有同理心地倾听是为了理解对方，更多地从对方的角度思考：他为什么要这么说？他这么说是为了表达什么样的信息、思想和情感？当客户在跟你沟通的时候，声音低沉情绪低落，那么我们就不应该表现得兴高采烈；当客户和你沟通的时候，频繁地看表，那么我们就应该早点结束这场面谈。

二、倾听的六大原则

为了提高销售沟通的效率，在倾听的过程中，我们需要遵循以下六个原则：

1. 适应客户的风格

每个人发送信息的时候，他说话的音量和语速不一样，你要尽可能适应客户的风格，尽可能接收到更多、更全面、更准确的信息。

2. 眼耳并用

你耳朵听到的仅仅是一些信息，而眼睛看到的是客户传递给你更多的思想和情感，因为这需要更多的肢体语言去传递，所以听是耳朵和眼睛在共同工作。

3. 首先寻求理解他人，然后再被他人理解

听的过程中一定要注意，站在对方的角度去想问题，而不是去评论对方。

4. 鼓励他人表达自己

在听的过程中，看着对方保持目光交流，并且适当地去点头

示意，表现出有兴趣的聆听。

5. 倾听全部信息

倾听对方的时候，要倾听全部内容，而不要自己感兴趣的就听，没兴趣的就不听，这样很可能会漏掉一些重要信息，造成损失。

6. 表现出有兴趣倾听

你的点头、微笑是对说话者的鼓励，你只有给对方一定的反馈，才能让对方感觉到你在积极地聆听，而不是在应付差事。

三、倾听的四个步骤

步骤一：准备倾听

首先，你给客户一个信号，说我做好准备了，给客户以充分的注意。其次，准备倾听与你不同的意见，从客户的角度想问题。

步骤二：发出准备倾听的信息

通常在听之前会和客户有一个眼神上的交流，显示你给予了客户充分的注意，这就告诉对方：我准备好了，你可以说了。要经常用眼神交流，不要东张西望，应该看着对方。

步骤三：采取积极的行动

积极的行为包括我们刚才说的频繁地点头，鼓励对方去说。那么在听的过程中，也可以身体略微地前倾而不是后仰，这样是一种积极的姿态，这种积极的姿态表示着:你愿意去听，努力在听。同时，对方也会有更多的信息发送给你。

步骤四: 理解对方全部的信息

倾听的目的是为了理解对方全部的信息。在沟通的过程中你没有听清楚、没有理解时，应该及时告诉对方，请对方重复或者解释，这一点是我们在沟通过程中常犯的错误。所以在沟通时，如果发生这样的情况要及时通知对方。

四、倾听反馈技巧

有没有做到高效的倾听，取决于你的回应。回应的目的一是需要确认你收到的信息跟客户所表达的信息是否一致，二是表示你对客户的尊重，你认真地倾听了客户。怎样回应客户是销售人员倾听能力和沟通技巧的体现，接下来我跟大家分享五个高效倾听的技巧:

（1）复述

（2）感性回应

（3）假借

（4）先跟后带

（5）隐喻

为了帮助大家更好地理解应用这五个倾听反馈技巧，我会采用情景剧的方式，呈现这五种技巧的应用场景。在以下的对话中，假设角色A是销售人员，角色B是客户，我们看看A是怎么使用倾听反馈技巧的。

技巧一：复述

应用要点：重复对方刚才说话里的重要文字，加上开场白（如："你是说……""你刚才说……"）。

B：我想买一款功能多点儿的手机。

A：小姐，您刚刚说您是想买一款功能多点儿的手机，对吗？

使用复述技巧，首先，可以让客户有被尊重的感觉，说明销售人员在认真倾听客户的讲话，并且及时地跟客户进行信息确认，以防自己漏听了重要信息或者听错了客户的意思；其次，可以为销售人员赢得更多的思考时间，不随意地回答客户的问题，以免误会客户的意思；再次，还会让客户感觉销售人员在人际沟通方面不是特别的精明，客户越来越不喜欢从那些能说会道的销售人员手上买东西了。

技巧二：感性回应

应用要点：把对方的话加上自己的感受再说出来，感受分享是一个人接受另一个人的表现。

B（怒气冲冲）：气死我了，我要投诉，大热的天，害的我又跑一趟。你们xx品牌怎么回事，说好了昨天给我送货的，今天早上安装师傅都到了，你们的货怎么还没给我送过来呢？

A：这位先生，我非常理解您现在的心情，实在对不起，这种事情发生在谁的身上谁都会发火。您稍等片刻，我马上帮您处理，看看到底是哪个环节出了问题。

很多销售人员都有过类似的经历，当客户怒气冲冲向你投诉的时候，即便你连声说“对不起”也无济于事，你越是解释客户反而越是生气，这是因为我们在就事情谈事情，忽视了对客户情绪情感的安抚。在企业里，有些领导经常跟自己的下属发火，发完火以后说：“我是对事不对人。”可不管你怎么说对事不对人，你的火已经发过了，对员工的伤害已经造成了。**所以在沟通中不管什么事，必须要对人，只有搞定了人才能搞定事，这就是销售的常识。**当客户有情绪的时候，我们应该使用的是感性回应的反馈技巧，情感情绪跟客户同步。“我理解您的心情。”“我了解您的这种感受。”客户看一下你的报价单说：“你们的价格可够贵的啊！”客户有没有情绪？有！你怎么回应？“我非常理解您的这种感受，很多人刚看到我们的报价单都觉得挺贵的，可是最终依然选择了我们，您知道为什么吗？”

有同学可能会问，那么针对这个场景我可不可以使用复述的技巧呢？我们试试看，“气死我了，我要投诉。”“先生，您刚刚说您很生气，是吗？”我敢打赌，客户非抡起胳膊抽你大嘴巴不可。只有当我们不理解客户所说的是什么意思的时候，我们才能使用复述的技巧。在沟通中，情绪占比55%，当客户有情绪的时候，我们应该使用感性回应的技巧。

技巧三：假借

应用要点：把想对他说的话转化为另一个人的故事（如：“有

个朋友……”“听说有一个人……”)。

B：你们这种促销活动都是骗人的，我就不信等到我要买的时候，你不给我这个优惠。

A：这位先生，您说得很对，很多人都有您这样的想法。前些日子有位李先生，他也认为活动只是个噱头，怎么都不肯参加，结果，您猜怎么着？等李先生真要买的时候，已经过了活动的期限，我跑断了腿去跟公司申请，最后还是没有申请下来。公司说这种活动属于专项促销支持，不可能什么时候都有的，那样的话公司就要亏钱了。您说有哪家公司会真的亏本赚吆喝呢？

客户有异议是再正常不过的事情，很多销售人员就是喜欢跟客户讲道理，最终的结果通常是道理上赢了，生意上却输了。每个人都想证明自己比别人更聪明，你千万不要试图当老师去教育客户，那怎么办呢？假借，把你想说的话用别人的嘴说出来，点到为止。销售人员的语言艺术就像倒一杯啤酒一样，真正的味道不在于酒杯里那点液体，关键还是上面的啤酒花泡沫。啤酒花泡沫才是喝啤酒的乐趣，需要去品去体味，咕咚一杯啤酒下肚那叫牛饮。假借就是啤酒花泡沫，从客户的故事中自己品味，让他们自己说服自己。

技巧四：先跟后带

应用要点：先认同对方的观点，然后把他的观点放到一个大框架中，寻找和其他观点（事物）的共同点，最后再引导他认同你的观点，求同存异。我用一个公式来说明就是：A–AB–B。

B：老板，给我来两斤苹果。

A：好嘞！小伙子难怪你保养得这么好，多吃苹果好啊，苹果富含维生素。年轻人就是要多吃水果，像苹果、梨、香蕉各有各的营养。您这经常吃苹果的，要不要试试我们今天刚到的砀山梨，生津止渴、润肠通便。

B：好吧，那就来两斤梨。

没有经过培训的老板就会直接告诉客户说："小伙子，苹果卖没了，要不来两斤梨吧，梨是刚到的。"销售人员永远也不要跟客户说"没有"，去逆反客户，不是我们没有苹果，是我想给你更好的，我建议你吃梨，梨比苹果好。先认同客户说吃苹果好，然后偷换概念放大概念，从苹果上升到了水果，最后再把客户带到了梨上。

技巧五：隐喻

应用要点：隐喻就是我们通常说的打比方，借用完全不同的事物去含蓄地表达你的想法。

B：小姐，你给我推荐的这款产品跟xx品牌比起来价格太贵了。

A：是的，这位先生，我们的产品价格确实有点贵，不过您不能用买奇瑞QQ的价格买一台奔驰啊。

隐喻就是打比方，我发现每位沟通大师都是隐喻的高手。哲学家叔本华曾经说过一个隐喻，他说很多人寂寞的时候就去买醉，这种排遣寂寞的方法有点像口渴的时候喝了一杯海水，虽然当时感觉不错，可是过后会越来越渴。对于任何一名销售人员来说都需要学会使用隐喻的技巧，客户说："张经理，代理你们家这个品牌是个大事，你给我点时间，我考虑考虑。"张经理回应："李总，考虑考虑是对的，这个事情不仅您要考虑考虑，其实我们也要考虑考虑。"客户一愣："你们有什么要考虑的？""您想啊，我们找您做代理，这就跟给女儿找婆家一样。等女儿嫁过去和您儿子开开心心过日子，将来再生个孩子，您这婆家人开心，我们娘家人也开心。可万一这小两口过到一半过不下去离了，您说对我们娘家人伤害更大还是对你们婆家人伤害更大呢？当然对我们娘家人伤害更大！这个社会男方家里有钱有势的，离了婚再结个婚不难，可是对我们娘家人来说呢，当年嫁过来的是个大姑娘，想再找婆家可就有点难喽。"张经理话粗理不粗，他把给自己的产品找代理商形象地比喻为给姑娘找婆家，你不要以为自己有钱就了不起，我们一个品牌交给你来代理也是瞧得起你，这就叫作有理有据、不卑不亢。这样的隐喻客户也比较容易接受。

□ 实战案例

朱经理（女）曾经给我讲过一个关于兰蔻导购员的故事，我听了以后觉得很有必要跟大家分享，让大家见识一下真正会倾听的销售人员是怎样沟通的。为了让大家更好地理解这个故事，我将采用第一人称“我”（指朱经理）的方式来叙述。

有一天，我下班回家，我妈说给我买了一套兰蔻的化妆品，我一看价格一万块！这简直是天价，当时就感觉我妈被人宰了。第二天，我便拿着这套化妆品来到了兰蔻专柜，准备把它给退掉。

我怒气冲冲地跑到兰蔻专柜，对导购员说：“我要退货，你们这是什么化妆品啊，卖一万多块钱一套，欺负老人不懂吗？”

接待我的导购非常冷静，马上过来对我说：“美女，我非常理解您的心情。这样，您先喝杯水消消气。”说着一杯热气腾腾的茶水就递到了我的手上，她接过我的销售单，非常认真地看了一下说：“这套产品确实是昨天我卖给一位阿姨的。”

“美女，您是在红星美凯龙上班吧？”我当时一愣，她怎么知道我在红星美凯龙上班呢？导购微笑着说：“美女，您可能工作太忙了，您的胸牌还没摘呢。”我低头一看，果然下班走得匆忙，忘记了摘胸牌。

“美女，你们红星可是大品牌，上次我家表哥装修本来打算去你们商场买东西的，可是你们商场可都是些高端大品牌，价格太贵后来就没买成。红星是家居建材流通领域的领军品牌，您在里面工作真的很了不起。其实，我们兰蔻跟红星很像，我们就是化妆品行业里的红星，我们也是化妆品领域里的领军品牌。”

听到这里，我不由得心里暗爽，气也消了不少。我跟她说：“我不要你们家一万块钱的产品，我原来就买你们家的产品，原来用的都是基础护肤产品。”

“您刚刚说您原来用的是我们家的基础护肤产品，对吗？”

“是的，效果还不错。”

“基础护肤产品也挺不错的，您用过我们的产品我就不用多介绍了。阿姨来到我们店里，说她女儿特别忙没时间打扮自己，甚至连买化妆品的时间也没有，所以我们就推荐了这套礼盒给她。因为我们觉得像您这么忙的人，除了基础护肤，肯定对保湿、美白等方面也有需求。

“美女，您在红星美凯龙上班，肯定认识顾家家居的白总。”白总我当然认识，她是我所负责楼层的一位商户。“对，我认识。”“那您有没有发现白总最近变漂亮了，而且气色也比以前好很多。”我仔细想了一下，好像白总是比以前漂亮不少。“美女，白总就是在我这里买的这套礼盒。”

经过她的这番引导，我忽然觉得自己好像还真需要这个套装礼盒。这时候，导购员说了句更有分量的话：“美女，其实这不单是一套化妆品，更是您母亲的一份心意和一份沉甸甸的爱啊。”

至此，我已经完全被导购员所说服，不但没有了退货的意愿，还满心欢喜地拿了产品回家。

现在，让我们来看看兰蔻的导购员是如何应用我们的五大倾听反馈技巧来搞定朱经理的。

感性回应： 当顾客怒气冲冲地走到门店要求退货的时候，导购员没有大吵大叫，没有慌乱不堪，而是非常从容地说出了顾客的感受："我非常理解您的心情。"有很多人面对顾客退货的要求时，通常第一句话会说"您别生气""您别着急"，这无异于火上浇油，而适当地说出顾客的感受，通常能够赢得顾客的好感。这也就是我们所说的同理心沟通，感同身受。

隐喻： 当导购员了解到朱经理是在红星美凯龙上班时，她在适当赞美了朱经理的同时，巧妙地使用了隐喻的技巧，将红星和兰蔻联系到一起，指出两者都是各自领域中的领军品牌。隐喻是指借用打比方、比喻的做法，从而让客户更好理解。

复述： 当朱经理说"我原来就买你们家的产品，原来用的都是基础护肤产品"时，导购员没有抢话说"您原来用的还不错吧，感觉怎样？"她想鼓励客户说出自己对产品的评价，所以她使用了复述的技巧"您刚刚说您原来用的是基础护肤产品，是吗？"所谓复述，就是当我们不了解客户想要表达的真正意思时，可以采用的技巧，重复客户刚才说过的话的重点内容："您刚刚说""您刚才说"。

先跟后带：当得知顾客以前用的是基础护肤产品后，导购员没有说基础护肤产品不好、有什么不足，而是采用了先跟后带的技巧，先认同了基础护肤产品的好处，然后再说了由于工作的原因，顾客应该采用多种效果的组合产品。先跟后带的技巧，是先认同对方然后找到一个共同点，再把客户带到你想要的结果上去。

假借：假借的技巧就是我们常说的讲故事，"我有一个客户""我有一个朋友"是常见的开场白。在这个案例中，导购员讲了红星美凯龙白总的故事，我们的主人公觉得导购说得十分在理，最终认同了导购的说法。

■ 刻意练习

请你跟销售伙伴一起，两人一组，一人扮演客户，一人扮演销售人员，结合公司的销售场景演练五种倾听反馈技巧并写下你的感想。

第五章　建立关系

20世纪初，福特公司的电机出了故障，公司找了很多人都修不好，后来请了著名物理学家、电机专家斯坦门茨帮忙。斯坦门茨仔细检查了电机，然后用粉笔在电机外壳画了一条线，对工作人员说："打开电机，在记号处把里面的线圈减少16圈。"工作人员照办了，故障排除生产恢复。福特公司经理问斯坦门茨收多少酬金，斯坦门茨说："不多，只需1万美金。"画一条线就要1万美金，这收费也太高了吧？面对人们的不解，斯坦门茨说，画一条线1美金，知道在哪里画线9999美金。

做销售光勤奋还不够，你还得知道劲要往哪里使，能不能找到精准的目标客户，并快速与客户建立关系，这是销售高手与菜鸟选手的一个重要区别。销售菜鸟总是把无效的拜访与勤奋画上等号，而销售高手跟斯坦门茨一样知道该在哪里画线。

谁是我们的目标客户？这是我们在销售中首先要思考的问题，

把梳子卖给和尚，把冰卖给因纽特人，这些都是狗血的销售故事而已。我们为什么放着那么多的目标客户不去寻找，非要干这些事倍功半的事情呢？所以销售人员不但要求追求成交的结果，还要提升成交的效率。

在找到目标客户以后，我们就需要想办法积极地与客户建立关系，这里面有两个难点：一是如何与陌生人破冰，二是如何在竞争中胜出。你瞄准的客户，你的对手也在跟进，怎样让客户对你产生更多的偏爱，这就是我们本章需要讨论的内容。

第一节　寻找目标客户

农民种地想要提高产量主要有两个方法：一个是增加田地面积，二是提高亩产量。对于销售人员来说，提升业绩也是这两个思路，增加客户数量或者提升单一客户的采购数量。客户资源的稀缺性是导致企业开展营销活动艰难的主要原因，寻找目标客户成为销售工作的重点。

一、谁是你的目标客户

很多销售人员对销售中的很多概念定义得并不是特别精准，比如谁是我们的目标客户，有人喜欢用客户这个词，也有人喜欢用顾客这个词，还有人喜欢用用户这个词。那么问题来了，客户、顾客和用户之间是什么关系，他们之间有区别吗？答案是肯定的。

顾客，是指搜索了你产品信息的那个人；

客户，是指能够帮你带单赚钱的那个人；

用户，是指正在使用你的产品的那个人。

顾客，顾名思义，凡是光顾我门店的人就是我的顾客。但是在移动互联网时代，你会发现很多人不来门店了，他们会在网上搜索，了解你的品牌、产品信息。只要顾客完成了对你的品牌和产品信息搜索的这个动作，我们就可以把这类人叫作顾客。

客户，购买你的产品并不是用于最终的消费，而是用于再生产或者用来二次销售。比如你把农药卖给了承包一块果园的果农，这个果农就是你的客户；你把产品卖给了汽车经销商，这名汽车经销商就是你的客户。在今天这个销售模式越来越多元化的时代，还有一些隐性的销售渠道，比如机场巴士可以向游客推荐当地的旅行社,这个时候机场巴士就是旅行社的客户。客户的概念扩大了，凡是能够给我们带单、帮我们赚钱的人都是我们的客户。

用户，是指曾经使用过你的产品和正在使用你的产品的人。相比于销售人员，企业的产品研发人员更加关注用户，他们会根据用户对产品使用的反馈再研发更适合市场需求的新产品。

你用什么样的思维理解顾客、客户、用户，就会采取什么样的销售行为，这是销售的常识。

为什么客户对于销售人员特别重要呢？激发顾客的兴趣，让顾客完成对品牌信息的搜集，这是市场营销部门要做的事情；了解用户的产品使用情况，对产品不断地迭代升级，这是产品研发部门要做的事情；寻找目标客户并且最终成交，才是销售人员要做的事情。

二、目标客户的选择标准

每个企业对于选择目标客户的标准都不太一样，如果仅仅从做销售的角度去思考的话，我们对目标客户的选择有一个“MAN原则”：M—money，代表金钱，指目标客户首先得有足够的购买能力；A—authority，代表决策权，指目标客户是能够独立做出购买决策或者拥有决策的绝对话语权；N—need，代表需求，指目标客户对你的产品有需求。但是，有些企业在开发客户的时候也会另辟蹊径，打破仅仅是MAN原则的判断标准。

□ 实战案例

为了快速在上海开发出一名工程项目代理商，我们三个人没日没夜地跑了三个多月，市场总是看起来充满了希望，却让我们最终跌下深渊。终于，我们找到了一个非常有意向的代理商谢总，谢总原来是做五金批发的，手里有大把的资金而且具有强烈的转型意愿。他说，只要公司愿意，打多少钱的合作款项都不是问题。起初，我们都非常兴奋终于可以完成任务了。回到公司开会的时候，杨总一句话给我们泼了一瓢冷水：“他有工程项目的操作经验吗？”谢总没有工程项目的经验，他只拿钱过来就能把这个事情做起来吗？显然不行，最终我们只能放弃了谢总。

MAN原则只适合针对有行业经验的客户，如果你的产品是比较复杂的产品，光有意向、有钱是没用的，这样的客户拿到你的产品以后只能把你的产品做死，谢总就是典型的案例。隔行如隔山，有些行业客户一旦跨界过来的话，会弄得两败俱伤，因此在开发客户以前，你真的需要对你的行业进行认真的分析，跨界的客户很多时候都不是最优选择，反倒是在开发客户过程中迟迟打不开局面的无奈之举。

□ 实战案例

德高防水在开发市场的时候，发现现有市场中的经销商普遍存在着规模小、思路守旧等问题，于是他们大胆创新找到了新的一类人群——其他产品的厂家销售人员。这些销售人员大学毕业两三年的时间，有思路、有想法，唯一欠缺的就是手上的资金不是特别充裕。好在自己的产品是防水和辅材类产品，对零售商的资金投入要求不高，开一个店的话也就二三十万的启动资金。方向一旦确定了，公司就大举推进，德高防水把很多业务员转化成了自己的经销商。

正是因为这些经销商有思路、有冲劲，而且还有创业的压力，短短几年时间就做出了一定的规模，德高防水的销售额也从几个亿增长到几十个亿。产品不同对目标客户的选择标准也不一样，因为防水这种产品对客户创业的启动资金要求不高，所以，德高防水打破了撬竞争对手的常规市场开发手段，从业务员入手然后扶植，一下子不管是客户的生意还是总公司的销售都上了一个新的台阶。

在选择目标经销商的时候，遵循MAN原则仅仅是个底层逻辑。按照菲利普·科特勒先生在《营销革命3.0：从产品到顾客，再到人文精神》一书中的观点，企业在新时代的营销应该更加关注与渠道商、合作伙伴在精神文化上的一脉相承，也就是说我们在开发客户的时候越来越重视价值观的一致。两家同样追求狼性文化的企业更容易找到合作点，两家同样执行儒家文化的企业更容易找到共同的语言。

当然有时候开发客户，为了完成销售目标销售人员可能会仅仅以MAN原则作为开发客户的准则。不过如果客户选择得不对，很可能会得不偿失给自己留下很多的后遗症，就像两个年轻人在互相不是特别了解的情况下闪婚，最后无疾而终一样。

三、开发客户前的准备工作

《孙子兵法》有云："夫未战而庙算胜者，得算多也；未战而庙算不胜者，得算少也。多算胜，少算不胜，而况于无算乎？"大概意思是说两军打仗，还没打之前就要进行周密的计划，计划周密的仗才有可能打赢，计划不周密的仗赢的概率就很小，至于连计划都不做的仗怎么能够打赢呢？在开发客户前，我们同样需要有周密的计划，知道目标客户画像，他们在哪里，然后接下来就是安排拜访，最终怎样说服他成交。"知己知彼，百战不殆"，唯有对敌我双方了如指掌，才能百战百胜，我们在开发客户的时候对自己、对客户了解多少决定了我们的成功概率。

我们先从自己说起，有些事情就是因为天天在你的身边，你就忽视了它的重要性。就因为我们每天都会烧火做饭，我们从来也没觉得火是多么危险、多么可怕的事物，直到有一天疏忽大意酿成了火灾，我们才追悔莫及。开发客户的时候，对客户的了解固然重要，可是排在第一位的应该是对自我的了解。有人说我对自己挺了解的啊，可是一较真就会发现我们很多人都对自己了解得不够。这里有一个工具，能够帮我们分析自己的优势和弱势，以及外部市场的机会和威胁，这个工具就是SWOT分析。

S—优势	W—弱势
O—机会	T—威胁

开发客户SWOT分析表

S—strengths，优势，是指我们公司内部在开发、寻找目标客户的时候都有哪些优势，比如我们的产品、价格、服务优势，我们的品牌、文化、实力优势，也包括我们的团队优势，等等。

W—weaknesses，弱势，是指我们在开发、寻找目标客户的时候我们有哪些短板和不足，我们的品牌知名度、价格、政策，等等。对于自己弱势的分析能够让我们提前做出准备，遇到客户拿这些弱势的问题来追问我们的时候，我们知道应对之策。

O—opportunities，机会，一般来自于市场环境，比如国家放开二胎政策之后对于母婴行业就是一次较大的机会；受到2020年年初疫情的影响，社交零售和直播带货等新零售模式井喷，这就是这些行业的机会。

T—threats，威胁，外部的市场环境、国家政策和竞争对手带给我们的威胁都有哪些。国家在大力倡导青山绿水的环保政策，对于那些高污染、高能耗、高排放的企业就是一个威胁；如果在电动汽车领域的投入越来越大，那么对于传统汽车企业就是威胁。

每个狙击手在出发以前都会精心地准备自己的武器、测距仪、伪装设备、光学瞄准设备和食物、水等物品，如果需要长时间野外行军或者潜伏的话，还要准备睡袋、保持枪械状态的维护工具、头盔、导航设备、防毒面具、子弹袋、手持无线电台、匕首、小型望远镜、杀虫剂、温度计、伪装油、军用闪光灯、小型医疗箱等物品。如果狙击手准备不够充分的话，不要说被敌人发现，首先恶劣的自然环境就把他们给征服了。请问我们的销售人员在拜访客户前，用心地检查过你的武器装备吗？实物装备可能没有狙击手这么多，但是我们有没有把客户可能对付我们的谈判筹码以及我们的应对话术准备好呢？

我举一个例子，我们开发客户之前，有没有想过自己企业的优势都有哪些？有些同学列出了自己公司的15条优势，但是你有15条优势依然不能叫作优势，因为你的对手可能也有15条优势，我们的这个优势叫作比较优势，大家都有15条那你就没办法胜出。重要的不是你有多少条优势，而是你一定要比对手多一条，这就要求我们平时就不断地总结，在开发客户的时候，多留意观察客户对哪种类型的优势更有兴趣。

接下来，我们再梳理一下大家的话术，有的同学说：“我们家企业品牌知名度比较高。”这样的话术是没有任何说服力的，什么叫作你们的品牌知名度比较高？你这样说的时候，你的对手一样可以复制粘贴说他们家的品牌知名度也很高。我们需要把这句话换成客户听得懂能够理解的语言，“我们的品牌成立于1945年，领先整个行业20年”。这样的话术是不是客户就会有直观的感受了呢？“我们的工厂占地面积有150亩。”这条话术看起来还不错，但是150亩到底有多大，客户是完全没有概念的，所以这条话术也需要重新设计一下，相当于10个足球场的大小，或者说比行业第二名到第五名的工厂总面积加起来的总和还要大，只有这样的表述客户才有兴趣。当然，不仅仅是我们的优势需要按照这样的方式去做设计，我们的弱势、机会和威胁也需要。

四、销售线索收集

去哪里寻找我们的目标客户？关于这个问题最好的答案就是跑到市场上去，客户在哪里我们就去哪里找他们，听到一线的炮火声。阿里铁军在开发市场的时候采取的就是扫街地推模式，到了一个工业园区，这条街马路两边这边归我那边归你，一家一家地扫过去。有些销售人员对于陌生拜访是比较有恐惧心理的，但是一旦你开始行动以后，你会发现也没有想象中的那么难。

扫街地推是比较传统的客户开发模式，今天移动互联网这么发达，我们开发客户完全可以借助这些现代化的工具。想要了解一个客户的实力，只要你上天眼查、企查查，那么所有的注册信息、资金、法人等情况一目了然，接着要做的就是设计出一套电话预约的话术而已。当然,你也可以去一些跟客户业务相关的行业、企业去收集客户信息，比如银行、保险、物流、招聘网站，等等。

第三个收集客户信息的方法是反向做市场，找到客户的最终用户。比如你要开发省级或者市级代理商，那么我们就可以先跑到县城或者乡镇，找一些门店老板了解他们的拿货渠道，这样顺藤摸瓜你就会找到上游的供应商是谁。

第四个收集客户信息的方法是利用一些人脉圈子，比如在各个城市的商会、协会等资源，如果你能够混到一个商会里面，就会发现做鞋的老板很多都是温州人，卖石材的很多都是福建人。只要商会会长愿意帮你引荐，圈子一下子就能够打开了。

第五个收集客户信息的方法是从客户的团队入手，即便潜在客户拒绝了跟你的合作，那么他手下的经理人、销售骨干有没有想出来创业的呢？对于有些行业来说，找到年轻、有想法的客户合作更加容易成功。

通过这五个途径找到目标客户之后，接下来就是我们如何去接近这些目标客户了。相比于你的突然陌生拜访，提前电话、微信预约成功的概率更大一些，相比于电话或者微信预约，有人帮你做推荐成功的概率更高。就像我们在开发谢老板的时候，就是有拒绝过我们的客户帮我们做了引荐。

☐ 实战案例

张经理是某电动车品牌的销售经理，负责浙江地区乡镇市场客户的开发工作。一个女孩顶着三十八九摄氏度的高温在乡镇跑客户，辛苦不说，而且开发效果很不理想。在跑业务的过程中，她发现乡镇客户对县城代理商都高度信任，代理商向他们推荐什么产品，他们就卖什么产品。于是，张经理找到了一家县城代理商，跟县城代理商说只要他打个电话给乡镇客户，说："张经理到他这里谈合作了。"打一个电话给代理商20块钱的提成。结果代理商安排助理给乡镇客户一一打了电话，等张经理再去跑客户的时候，乡镇客户的态度一百八十度大转弯，对她特别的热情。

销售人员有两种成功的路径，一种就是埋头苦干，靠勤奋跑市场跑出来的；还有一种就是借势整合资源做市场的。像张经理这样先跑了一圈市场发现收效甚微，于是她转变了思路找到代理商，代理商一个电话轻轻松松帮她搞定了目标客户。人与人之间最难的就是信任关系的建立，如果有一个中间人愿意从中帮我们引荐的话，那么彼此之间建立信任关系相对就容易多了，空口白牙地跑到我这里来谈合作，我凭什么相信你呢?

■ 刻意练习

请你对本公司产品客户开发时的优势进行梳理，不少于15条。

第二节　建立信任关系

销售中有一个大家都耳熟能详的词叫作“破冰”，意思就是说两个陌生人之间如何打开话题开启对话。但是我个人特别不喜欢“破冰”这两个字，因为当我们说破冰的时候，代表着一种我们和客户之间是存在着隔阂的、对话被中断的状态。实际上，我们还没有见过客户，根本谈不上破冰，只是我们如何寻找话题跟客户开启对话而已。

对于陌生人你如何开启对话？首先需要我们引起客户的注意，你跟其他销售人员到底有什么不同？

一、拜访客户谈什么

“李总，你好，我是 × × 公司的，我们公司主要销售各种酒水，白酒、红酒、洋酒、香槟都有，我们的品牌是咱们地区知名度最高的，我们公司的规模是最大的，我们的价格是最公道的。”客户说：“嗯，我知道了。”“不知道你们这边有用酒水的需要吗？”客户说：“暂时没有，你留个电话给我，等有需要了我再打电话给你。”……见到客户马上就做销售是销售中的大忌，就像见到一个美女就想跟人家结婚，连恋爱都没谈一样。那么见到客户我们该聊点什么呢？总不能两人哈哈一笑，说：“今天天气不错吧？”

从客户感兴趣的话题谈起，一天之计在于晨，在见到客户之前，你对客户有没有做过充分的调研决定了你们开启和结束对话的时间。你对客户了解得越深入，你们开启对话的时间越早，结束对话的时间越晚。客户对什么样的话题更感兴趣呢？

1. 给他带来直接利益

当你知道我是内蒙古人的时候，你来拜访我的时候顺手带上两包牛肉干，说："李总，听说您是内蒙古人，正好前几天我老婆去内蒙古旅游，我就让她买了两包牛肉干回来，您尝尝是不是正宗的内蒙古味儿。"你说我是把你赶出门，还是客气地请你坐下跟你聊聊。罗伯特·西奥迪尼在《影响力》一书中谈到了互惠原则，要想让别人给我们回报，我们首先得付出。让客户愿意拿出时间来跟我们交流，我们也要付出，给客户带点小礼品，是赢得客户好感、开启对话的一种方式。我见过比较疯狂的礼物，有一次我去给一家门窗企业培训，结果企业老板一见面给我和助理们每人发了一个大红包，我们执意不收，但是他坚持要给，弄得我们每个人都很尴尬。

直接的利益是给客户送一个小礼物或者帮个小忙，深层的利益是你能够给客户带来什么价值，也就是说你的产品能够比别人更快更好更省地帮助他解决问题。

2. 给他被尊重的感觉

销售就是要把客户的事儿当成自己的事儿，把自己别太当回事儿。当我们把别人的事儿当成大事来对待的时候，我们就会处处小心留意，当你把全部的精力都放在一个人的身上，让他感觉舒服了的时候，你们的对话就开启了。2019年元旦，我带孩子去哈尔滨旅游，在公交车上遇到一位大姐，大姐很热情地跟我七岁的儿子聊了起来，一直聊到了中央大街大姐下车。我就想东北人为什么这么热情呢？东北人有个习惯，就是喜欢称呼别人"哥""姐"，这么家长里短的称呼一下子就把彼此之间的距离拉近了。我们跟客户的关系也是一样，最开始的时候都是称呼职务“张经理”“王总”，等时间长了以后就称呼“张哥”“王哥”了，一个称谓的变化反映的是人们之间关系的深浅。

早上的时候在楼梯里学员跟我打招呼：“李老师，早上好。”还有学员说：“早上好，李老师。”这两句话从内容上看没有什么区别，但是我们再深入地感受一下，现在请闭上你的眼睛，想象着有人在跟你打招呼，

“××，早上好！”

“早上好，××。”

各位，有区别吗？是不是觉得当对方跟你说“××，早上好”的时候，你的感觉会更加舒服一些呢？当我们跟别人打招呼说“早上好，××”的时候，我们就是在说一句客套话而已；当我们说“××，早上好”的时候，注意是称呼在前、你好在后的，称呼是人，你好是事，人+事=人事。当我们跟别人打招呼的时候先关注人再来谈事，别人就会有被尊重的感觉。记住，当你拜访客户的时候：

（1）千万不要叫错别人的名字；

（2）请先称呼对方再开启对话；

（3）如果有可能请多称呼几次。

赞美是开启对话的另一个方法，究竟该如何赞美客户呢？上来直接说：“李总，您这么年轻就能做这么大的企业，真了不起。”这种赤裸裸的奉承不叫赞美，只能叫作拍马屁。那么怎样才叫赞美呢？“李总，您这么年轻就可以把企业做到上亿的规模，员工人数上千人，您可真了不起。”有什么区别呢？赞美是具体化的，

而拍马屁则是泛化、官化的。

赞美客户的五个步骤：

（1）**找到客户的一个具体点；**

（2）**确定这是一个优点；**

（3）**确定这是一个事实；**

（4）**用自己的话；**

（5）**及时地说出来。**

我们在赞美客户的时候，一定要从一个具体的优点开始，最好还能够形成自己的语言风格，大多数人都能发现的优点就不要再去赞美，要赞美就赞美跟别人不一样的点。

□ 实战案例

一个中年销售员去他的老朋友家做客，等到中午快吃饭的时候，朋友的儿子带着新交的女朋友回来了。两个年轻人热情地跟他打了个招呼，销售人员立刻跟他的老朋友说："你这儿子厉害，随他老爸会挑人。"

"你这儿子厉害，随他老爸会挑人"，这么一句简单的赞美，却一下子赞美了四个人，这才是高手出招。儿子厉害，老爸也厉害，老爸会挑人，老爸挑的那个人不错赞美孩子他妈，儿子挑的人也不错赞美孩子的女朋友。话说到这个份上，这一家人无论如何也要留他吃顿大餐不可。

3. 谈他感兴趣的话题

酒逢知己千杯少，话不投机半句多。伯牙子期，高山流水，知音难觅，我们每个人都渴望遇到那个懂自己的人。工作只是生活的一部分，每个人都有自己的兴趣爱好，一旦找到了沟通的话题，开启对话信手拈来。

□ 实战案例

跟某家电卖场采购主管应总的关系一直不冷不热，我屡次想把关系向前推进一步，却屡屡找不到机会。有一天早上我去拜访应总，发现他的小拇指上有个伤口，我就问他怎么回事。应总说晚上做梦啃猪蹄，结果醒了就把小拇指给咬了。我说："应总，这个不是个小伤口，咱得赶紧去医院包扎一下，否则要是感染了就麻烦了。"起初，应总不去，被我软磨硬泡拖出了办公室，结果那天下雨马路上又打不到车，我叫了专车跟他一起去了医院。医生说你们幸亏来了，这要是不包扎感染了的话你这小拇指都保不住了，听到这里应总开始有点后怕了。出了医院也到了吃晚饭的时间，之前屡次约他都不肯跟我吃饭，今天破天荒同意跟我吃饭了，应总说："不过，去哪儿吃点什么菜，我定。"我们到了他家楼下的一个大排档，应总点了三个家常菜一共才花了几十块钱。吃完饭他又邀我上他家里坐坐，一打开房门，偌大的一排书架密密麻麻摆满了书，我的羡慕之词脱口而出，是真心羡慕啊！两个同样爱读书的人一下子就把话题打开了，我们开始点评着书架上那些我们都读过的书，我们的关系从此扎扎实实地迈进了一大步。

真得感谢应总那个啃猪蹄的荒唐梦，否则我就没机会送应总去医院，也就没机会请他吃饭，知道他爱读书的爱好，对于两个同样爱读书的年轻人来说，话题就没法开始。

制造话题需要我们提前做功课了解客户的兴趣爱好，一个业务员去拜访企业的老总，每次去对方态度都不冷不热的。有一天，他去得比较早，老总没来，扫地的阿姨正在打扫卫生，办公室的各个角落都打扫得很干净，唯独老总办公桌上的貔貅摆件落满了灰尘，阿姨拿抹布把桌子擦得干干净净，对貔貅却视若无睹。业务员很好奇，便问道："阿姨，你没看到桌子上的貔貅这么脏了，你为什么不擦一下呢？"阿姨说："谁敢擦啊，我们老板说了貔貅是招财的，谁都不能动，我们老板就信这个。"业务员一听这话，立刻就问阿姨："你们老板是不是比较相信风水啊。""那还用说。"得到阿姨肯定的回答后，业务员心里有数了。回到家里他做了关于风水的大量功课，第二次再去拜访企业老总的时候，不谈生意，不谈产品，只谈风水，两个人的关系一下子就拉近了。

□ 测试题

你去拜访客户的时候，发现他的办公室上摆着钓鱼比赛的奖杯，墙上挂着钓鱼比赛获奖的照片，办公室还放着钓鱼的鱼竿，可以很确定客户是一个热爱钓鱼的人。这个时候你想开启对话，有两个问题可以问，你问哪一个？

问题一：李总，您平时都喜欢去什么地方钓鱼？

问题二：李总，您喜欢什么天气出去钓鱼？

正确答案：你应该选择问问题二。

问题一，你问客户喜欢去什么地方钓鱼，客户是不愿意告诉你的，甚至会比较反感，原因有二。其一：钓鱼的人最忌讳把自己钓鱼的地点透露给别人——你知道了我的地点也来钓鱼怎么办？怕别人抢他的地盘。其二，你是做销售的，问我去什么地方钓鱼，等我钓鱼的时候来找我谈业务，你说讨厌不讨厌？

问题二，喜欢什么天气出去钓鱼？这是一个不涉及隐私的问题，客户愿意回答你，这个问题还能判断出客户钓鱼的水平，刚刚钓鱼的人就会说“没什么讲究，得空就去钓”，资深钓鱼的人就会告诉你晴天能钓到什么鱼，阴雨天能钓到什么鱼。

就算你已经了解到客户的兴趣爱好，在跟客户聊天的时候也需要注意，你的每句话、每个问题都要经过设计，不要问涉及客户隐私的问题，不要问让客户感到难堪的问题，更不要问涉及价值观的话题。寻找话题建立关系，“话题安全”是最低的要求。

4. 给他展示你的诚意

在《薛兆丰经济学讲义》中，薛教授说人和人之间的不信任是因为信息的不对称，我连了解都不了解你，怎么能让我相信你呢？他谈了几种建立信任关系的方法，我觉得对销售人员来说非常具有参考价值。

首先，用沉没成本建立信任。什么叫沉没成本？就是说这个东西一旦用了就不能再用了，这个钱一旦花了就再也收不回来了。比如，有些酒店一定要在毛巾、水杯、拖鞋上打上自己的LOGO，这就是沉没成本。有一天这家酒店关门歇业了，这些打上LOGO的物品是没办法再拿到市场上流通的。所以人家酒店就是在用行动告诉你，放心办卡放心住，我们轻易不会跑路。男女生谈恋爱，怎么证明彼此是真爱呢？看沉没成本，有些女孩把男孩的名字文在了身上，万一有一天两人分手了，文了身的同学麻烦了，跟新男友花前月下卿卿我我的时候，结果胳膊上文着前男友的名字，这算怎么回事儿啊？文了身就没打算分开，你说这个沉没成本大不大？销售人员与客户建立信任关系也要看我们付出了多少沉没成本，你投入在客户身上的时间算沉没成本，请客户吃饭给客户送礼物算沉没成本，为了良好职业形象买了新西装新皮鞋也算沉没成本，用最好的手机和最好的电脑也算沉没成本。你在销售上投入的越多，客户觉得你越可靠。

其次，用抵押或人质建立信任。成吉思汗的父亲为了结盟，把十几岁的成吉思汗（那时候叫铁木真）送去跟人家订婚，用成吉思汗他爹的话说就是让他去做人质以证明自己的诚意。后来，成吉思汗为了向自己的朋友借兵，把自己的老妈也送去给人家做了一年的人质。要想让客户信任你，首先你得告诉对方你百分之百地信任他，而且你还要证明给他看，怎么证明啊？拿人质或者抵押做证明。部落之间的信任用人质来维系，那么我们跟客户之间的关系就可以用抵押来完成。我估计很多人都有过类似的经历，比如你找别人借钱，可是你又怕别人肯定担心你不还钱怎么办？最简单的办法是押身份证。身份证不算物品，但那是你的声誉啊，你不能拿自己的声誉开玩笑。

再次，用诚意行为建立信任。"自残"也是一种建立信任关系的手段（非教授原话，是我自己琢磨出来的）。在酒桌上为了向客户表示自己的诚意，为了证明自己对客户的信任与敬仰，业务员小李酒杯一端，说："哥，我连干三杯，您随意。我先干为敬！"说完，啧啧啧，三杯酒落肚干净利落，咣当一声趴在桌子上睡着了。客户红着脸说："这小李真实在，够朋友。"当然，为了业务玩命喝酒自残也不是我认可的销售行为，做销售如果总是靠这些酒桌上的公关应酬去做也挺可怜的，但是用你的诚意来换取客户的信任，这个事情的方向不错。比如，你有没有顶风冒雪地去拜访过客户，你有没有加班加点、披星戴月地为客户赶制过方案。诚意行为就是要把客户的事情变得比自己的事情都重要，随时随地想着自己能为客户解决什么问题。微信朋友圈曾经被一个小视频刷屏了，一位在婚车上的新郎接到了客户的电话，热情认真地跟客户谈工作,而旁边的新娘只能尬笑。在婚车上都在跟客户谈业务，这就是诚意啊，如果客户知道你结婚还这么认真做事，别说合作，给你包个红包也应该。

二、让客户感觉很安全

有一次从上海虹桥去浙江台州的高铁上，我跟助理正在讨论一些工作上的事情，邻座的一个女孩打断了我们的对话，问道："你们是做培训公司的？那你们需不需要财务代理呢？"我们委婉地拒绝了她，因为我们已经有合作的财务代理机构了。可是，这个女孩穷追不舍，跟我们一会儿说东一会儿说西，不断地打断我们的谈话。我很不高兴地说："美女，请你不要总是打断我们的工作，我说过我们不需要财务代理，而且像你这样总是打断我们很没有礼貌。"本来我是想了解一下他们公司的，但是她强势推销的行为让我心生反感，连看她的资料的兴趣都没有了。

客户跟你合作到底看重什么？很多销售人员都会回答说"利益"，所以他们很喜欢上来就掏产品，告诉客户我能够帮你增长多少业绩，你说得越多客户反而心里越是没底。就像你来到一个陌生的环境，你寻找的第一感觉是什么？——"安全感"，不管是来到陌生的环境还是面对陌生人，我们寻找的第一感觉都是安全感。你有没有给客户带来安全感，是影响客户能否接受你的首要因素。

☐ 实战案例

山西太原某品牌企业业务员在送我去机场的路上，跟我分享了他的销售经历。他说："我原来是在广州那边做淋浴房企业的业务员，公司让我们去开发经销商，邀约客户参加公司的招商会，只要客户给公司预付1000元的意向金，一旦合作了订金可以抵2000元的货款，不合作的话订金全额返还，因为公司的品牌知名度不高，即便开出了如此优惠的条件，依然没有多少客户会来参加招商会。情急之下，销售总监做出了一个大胆的决定，只要客户预付100元意向金，合作后100元抵1000元货款，不合作全额返还。本来销售总监认为这个力度可以招到很多客户，谁知道这个政策一出，原来谈得很好的客户都不来参与了。”

业务员很困惑：“李老师，我始终搞不明白，我们的问题出在哪里呢？”“安全感。”我用这三个字回复了他。当你跟一个意向经销商收100块钱意向金的时候，经销商心里就会犯嘀咕：收100块钱就跟没收是一样的，说明你们的公司肯定实力不行，才设置这么低的门槛，然后把我们弄到招商会现场，再想办法忽悠我们签约。光看你收意向金的门槛就知道你们公司的规模与实力了，到了现场我也不会签约的，谁还愿意浪费时间跑去参加你们的招商会呢，算了，就此打住吧。

既然人与人之间建立信任关系的第一步是让对方获得安全感，那么我们该如何给客户创造安全感呢？

1. 让客户感觉销售人员很专业

销售人员首先要在外在形象上给客户创造一种安全感。某外企设备销售公司的营销总监跟我说他们有一个业务员，头发越来越少了，每次走到马路上，风一吹，几根头发就如野草般摇摆，为什么不直接剃个光头？业务员说，头发本来就少，自己舍不得啊。舍得舍不得，你这种情况给客户的感觉是不是很尴尬，客户见到你根本不关注你说什么，只注意你那几根头发了，还是剃掉吧。结果，业务员剃了光头以后，起初不太能接受，谁知道过了段时间，他不但习惯了而且越来越喜欢光头了，因为光头做起事情来给人的感觉很干练。其次你要真的专业才行，真专业就不要跑到客户那里去说江湖黑话“做我们的产品保证您三年赚个几百万”。这样打包票的话语都是不专业、忽悠人的表现，你在谈到自己产品投资回报率的时候应尽量做到有理有据。

2. 跟客户相处守时守信

跟客户约好了几点钟见面，无论自己遇到什么样的情况，都一定要在约定的时间准时到达客户的办公室。你说你有跟客户合作的诚意，可是如果你连见面都会迟到的话，客户就会质疑你的诚意，何况在今天这个快节奏的时代里，谁的时间都浪费不起。

□ 实战案例

甘老师约我上午10点到上海拜访某客户，并且告诉我说上海火车站到客户办公室只要20分钟。我是早上9:10分到的上海火车站，一出火车站甘老师接到我说：“李老师，我不会开车，咱们约个滴滴专车现在去客户办公室，只要20分钟就能到，时间绰绰有余。”可能是早高峰的原因，用手机软件约车约到9：30也没有约到，这个时候甘老师就有点慌了。等我们9：40约到车的时候，到客户办公室时间就非常紧张了。因为甘老师也是第一次去拜访这个客户，下了车我们又跑错了楼，在大堂办理进出手续的时候，又把一份资料落在了前台。等我们坐到客户办公室的时候已经是10：10了，那天的拜访结果可想而知。

拜访结束回程的路上，我还在问甘老师："甘老师，您为什么不能早点约个专车呢？"拜访客户的时候，会出现各种各样无法预料的情况，所以尽量要早点出发，特别是第一次拜访的客户。哪怕你是再年轻的业务新手，都需要牢记守时守约是基本的销售常识。

3. 产品具有独特的竞争优势

通过专业的产品演示，让客户认可并且喜欢上我们的产品，我会在后文中跟大家分享产品卖点提炼的三法（心法、说法、身法），只要你多加练习，就能够让你的产品跟别人与众不同。产品品质是最好的口碑，你讲再多都不如让客户亲身体验你的产品效果更好。耳听为虚，眼见为实，邀约客户到公司参观，客户走进公司感受到公司不一样的企业文化，就更加能够心里有底。

4. 发挥样板客户的价值

有理有据的一个重要证据就是样板客户，当你在跟客户讲到你的产品品质或者解决方案的时候，你有没有样板客户可以向客户证明你的产品够好。如果你是做电线电缆产品销售的，那么你有没有做过大的工程项目？如果你是做经销商渠道销售的，那么你手里有没有一两年快速成长起来的经销商？如果你是做直销的，那么你有没有客户因为使用你的产品立竿见影的？关于样板客户价值的发挥，我觉得现在微商普遍都很善于使用这一点，他们经常在朋友圈晒照片，一个女孩在没有使用我们的减肥产品以前是什么样的，使用我们的产品以后又怎么瘦成了一道闪电，不仅如此，他们还招分销，于是又开始晒各种收款信息。

5. 售后服务有保障

客户不仅关心你的产品品质，同时也会关心你的售后服务保障，如果产品出现质量问题能否快速维修。江苏南通有一家机床设备公司就专门成立了维修小分队，只要客户有售后服务的需求，维修人员就能开着五菱宏光24小时奔赴现场。当产品市场需求紧张时，公司的生产线能否及时交货，有些客户之所以喜欢选择大公司合作，看中的也正是这样的一些保障。最后，公司是否会经常调换销售人员，销售团队稳定性如何。每个客户都是跟公司合作，但是代表公司的又是有血有肉风格各异的销售人员，客户跟A销售人员刚刚熟络，知道了彼此的脾气秉性，忽然公司人员调动派了B销售人员过来，这时客户又得重新跟B销售人员磨合，彼此都感觉很累。

■ 刻意练习

请你找到一个搭档，两个人一组互相练习赞美的技巧。

第三节 推进客户关系

在跟陌生客户开启对话之后，接下来我们要做的就是如何把关系往下推进，直到客户接受我们，这个时候你再向客户推销产品就容易多了。

□ 测试题

在你完成了对某客户的第一次拜访之后，接下来你会做什么事情来推进你与客户之间的关系？

A. 聊天中你听说客户谈到的某个风味餐厅不错，你定了个包间邀请客户出来吃个晚饭。

B. 聊天中你听说客户是内蒙古人，于是你给客户买了两包牛肉干准备找机会带给他。

这就是销售行为的差异化，有的销售人员可能会选A，也有的销售人员可能会选B，到底是A还是B呢？我们来分析一下。当你完成了对客户的第一次拜访之后，发个短信给客户说："李总，我在××餐厅定了个包房，咱们晚上一起吃个便饭坐坐如何？"李总怎么回答你？“好的”或者“不好意思，我今晚不太方便”，我敢说回复你不太方便的概率比较大。因为我们知道很多生意其实都是在酒桌上谈成了，李总在做公司产品采购的时候，既有公司的利益需求，也有他个人的利益需求，吃饭是假谈事是真，我跟你都不是特别熟悉，对你这个业务员也不是太了解，我敢贸然跟你吃饭吗？

再来看第二个，买完牛肉干了，那么你就直接给李总打个电话说：“李总，我爱人去内蒙古出差，我让她帮你顺手带了两包牛肉干回来，我下午顺道帮你带过来。”不管生意成不成，两包牛肉干也不花费太多钱，就算李总没跟你合作，白拿了你两包牛肉干，你也不会有太大损失。第一拜访之后，不管你接下来做什么销售动作，有一个基本原则就是**继续给予客户足够的安全感，不要操之过急，这是销售的常识**。

一、客户等级分类

在完成第一次客户拜访之后，我们需要认认真真地对客户进行总结归类，哪些客户需要快速跟进，哪些客户需要循序渐进，然后再开始下一步的销售行动。

1. 客户需求强烈程度

比如，我现在已经饥肠辘辘了，虽然知道饺子好吃，但是我没办法等你和面、剁馅，再慢慢包，我宁可直接去对门买一碗面条吃，虽然没有饺子好吃，但是能立马填饱肚子啊。客户的需求越强烈越急迫，越需要我们快速地加强拜访的频率。

2. 客户知识掌握程度

客户对产品、购买、使用、促销和自我知识越了解，做出采购决策的速度越快，越需要你重点跟进，因为他对这个行业比较懂，手上的资源也就相对比较多，只要你稍不留神他可能就跟别人成交了。客户知识越少，对行业越不太懂，留给我们的机会和时间相对也就越多一些，需要你跟客户强势洗脑建立标准。

3. 客户决策权力大小

你拜访的客户对于采购的决定权有多大，如果客户一个人就能拍板做决定，那么就需要你快速跟进，因为他们的购买决策比较简单直接，一个人说了算；如果客户自己一个人说了不算，需要公司内部几个部门之间达成一致，那你就需要在公司内部多发展几条内线。

4. 客户行为风格特征

有些客户是急性子，做事情不喜欢拖泥带水，他们追求高效率速战速决；有些客户做事情就是要反复思考，买东西要多家比较，优柔寡断迟迟做不了决定。对于性子比较急躁的客户，我们也同样需要快速跟进，对于性子慢的客户我们可以慢慢引导。

5. 客户资金预算情况

开发大客户的价值要远远高于开发小客户，因为大客户有钱，很可能产生大单。对于这样的客户你不盯紧，你的对手就会闻风而上，这简直就是块肥肉，要么能够给你带来足够的利润，要么能给你带来样板客户的价值。

我们用以上五点信息对客户进行全面盘点，从而把客户归类为ABC类客户，A类型客户就是你要重点投入时间和精力快速跟进的客户，B类型客户是需要你马上跟进的客户，C类型客户因为他处于采购的初期或者采购的金额不高，我们可以慢慢跟进。

☐ 实战案例：

今日头条的销售架构分为三个部分——KA（Key Account，指大客户）、LA（Local Account，指地方大客户）和SMB（Small and Midsize Business，指中小企业客户），这三大销售团队的主要职责是拉来新的广告客户，实现头条开户投放。

二、如何推进客户关系

当我们与客户开启对话以后，接下来要做的事情就是如何将关系进一步向前推进了。这就好像男女谈恋爱，起初男孩找到一个机会跟女孩说了第一句话，接下来要做的事情就是如何约会了。

1. 洞察人性，投其所好

你遇到一个心仪的女孩之后，想要追求人家，那么你首先要做的就是背景调查，你得了解这个女孩姓甚名谁，喜欢什么讨厌什么，曾经在哪里读书，现在又在哪里工作，家里有没有兄弟姐妹，现在和什么人住在一起，喜欢读书还是打球……你对这个女孩调查得越多，就越有主动权，越能够投其所好。同样，关于客户背景信息的收集工作永远都不要停止，即便你完成了对客户的第一次拜访之后，依然要想尽一切办法收集到更多的客户背景信息。所谓攻心销售，我们务必要了解对方的心里所想所思才行。

□ 实战案例

同样的一家烟酒店，业务员小张去了多次，老板就是不爱搭理他，业务员小李去了两次就把老板搞定了，为什么？小李第一次去拜访王老板，发现王老板店中间的桌子上摆了一副没下完的象棋，因为王老板忙着招呼客人也没怎么搭理小李。等第二天小李再去拜访王老板的时候，老板说：“我不需要你的产品。”小李呵呵一乐：“老板，我今天不找你买我们的产品，我今天专门来找你下棋。”两人你来我往下了三四个回合，到了中午饭点了老板执意要留小李吃饭，下午接着再战。一来二去，小李成了王老板的棋友，小李自然找到合适的机会让王老板进了自己公司的酒水。

销售人员不但要对客户的爱好摸得门清，而且自己也要爱好广泛，只有这样才能跟客户对得上话。曾经有个年轻的小伙子跟我说："李老师，为什么要干销售？干销售就是要爱好广泛，什么都懂一些，这样跟客户沟通才有话题啊。"

2. 让拜访形成规律

如果这个心仪的女孩是你在晨跑的时候遇见的，你对人家动了心，但是人家对你的感觉如何你是不知道的，这个时候最难的就是如何开启对话。夜长梦多，所以有一天你终于鼓足勇气跟她打招呼说："早上好。"而那个女孩先是一愣，然后理都不理你就跑过去了，尴尬吗？接下来怎么办呢？有些人选择了放弃，而有些人选择了继续坚持，第二天你依然跟她打招呼说："早上好。"你每天早上碰到她都跟她打招呼说早上好，过去了半个月、一个月、两个月、三个月……这个时候对这女孩来说只有两种选择，要么她更换了跑步的路线，要么她也开始微笑着跟你打招呼。

培养客户的习惯，让我们的拜访成为规律，是推进客户关系的第二个重要方法。在电影《阿飞正传》中张国荣对张曼玉说："从现在开始我们就是一分钟的朋友，这是事实，你改变不了，因为已经过去了。"想办法占用客户的时间，让客户的工作或者生活时间中有你的存在。

3. 感情是麻烦出来的

有心理学家曾经做过一个实验，当我们帮助别人的时候自己也会变得很开心。当心仪的女孩不怎么理你的时候，你可以向她寻求帮助，比如你可以问她现在的时间或者附近的商店在哪里。如果你知道心仪的女孩比较爱读书，那就太好了，你可以向她借书，因为借书就必然要还书，一借一还，你们有了两次沟通交流的机会，在读书的过程中你还可以经常问问她有些内容你看不懂，她是否可以给你指点指点。感情就是这样麻烦出来的，你千万不要以为不麻烦别人是件好事，只有经常麻烦才能让对方记住你。按照互惠原则，你麻烦了别人自然也就会想请人家吃顿饭作为补偿，这个时候她吃你这顿饭也觉得天经地义，不欠你什么人情。

有一个卖空调的女孩，因为个子不高，身材也比较单薄，每次她看到有顾客走过自己展厅门前的时候，她就会大声地喊住顾客："帅哥，能麻烦您帮个忙吗？"这个时候，大多数顾客都会停下来，"我们有个赠品放在空调顶部，我够不到能麻烦您帮我拿下来吗？"然后，她就去搬凳子，男顾客站在凳子上去帮她拿赠品，等赠品拿下来的时候，她对人家表示了强烈的感谢。因为大家一起合作干了一件事情，这时候顾客和销售人员之间无形中就建立了一种信任关系，销售人员此时再跟客户开启对话就容易多了。

4. 关注客户深层次需求

只要挖掘到客户的需求，你才能够快速成交。一名油漆销售人员询问客户："您为什么买油漆这么关注价格呢？其实现在大家都比较关注环保的问题。"客户回答说："我其实是装修一个小餐厅，环保要求没那么高，差不多就行了。"如果你主观上认定客户买油漆就是自己家里使用的话，你就会掉进跟客户纠结价格的泥坑，在了解到客户有餐厅装修的需求以后，销售人员就不再跟客户谈油漆的价格，而开始谈论餐厅装修对于客户体验的影响，不但环保重要而且刷出来的效果也很重要，经过销售人员的引导，客户原来只有一两百元的预算一下子被他拉升到了五六百元的价位。

客户要什么，你就把什么卖给他，那是饭店服务员的做法，只有挖掘到客户的隐性需求，才能够成交大单。对于大众消费品来说，你只要了解到客户的隐性需求就可以了；对于工业品销售来说，你不但要了解到客户采购的组织需求，还需要了解到采购本人的个人利益需求是什么。

5. 迈出关键的第一步

推进销售关系有一个很重要的原则就是趁热打铁，以防夜长梦多，现在的市场竞争非常激烈，你前脚刚刚离开客户的大门，后脚竞争对手立马就进去了。卖家具的都喜欢加客户的微信，加了微信以后给客户发一堆的设计方案、使用场景照片，唯独有一个问题不敢大胆地提出来，就是客户什么时候下单的问题。

□ 实战案例

有一次，有一位学员问我，“李老师，我都给客户发了一天的微信了，客户就是不回我怎么办？”我回答她不要去猜测客户在干什么想什么，要主动去弄清楚事实真相，“你直接给客户打电话啊。”“可是现在已经是晚上十点半了呀。”“你想不想要这个单子，想要现在就打。”

过了半个小时，她跟我说："李老师，客户回复了明天来付款，他今天一天都在开会，我打电话的时候客户还在开会。"

狭路相逢勇者胜，拖沓是销售人员致命的弱点，有的时候只要坚定地迈出第一步，后面的事情就好办了。在这个案例中，销售人员前怕狼后怕虎，总是不敢直接向客户要订单，关键还是自己的心态问题，宁可把客户谈死也不要把自己郁闷死。见到心仪的女孩，心里一直想跟人家搭讪，却迟迟不肯开口，万一被人抢了先，自己就没机会了。

6. 钱不是万能的

就像我们的生活一样，酒肉朋友靠不住，关键时候还是生死之交，患难见真情。很多人以为推进客户关系就一定要花钱，请客户吃饭洗脚桑拿，但是你所使用的这些手段你的竞争对手也在用，客户根本就不会被感动。将客情关系向前推进一步，主要还是要看你愿意投入多少时间和精力，用钱搞定的事都不叫事，用钱维护的关系都不叫关系。

一家机床设备企业的老板潘总说："要给客户送礼物，我的原则是不超过200块钱。"超过200块钱的东西，客户拿在手里心理压力就会特别大，不帮你办事总感觉对不起你。不超过200块钱的礼物特别难买吗？这才是体现销售人员水平的时候，需要你花大量的时间和精力去研究客户的喜好，然后还要去找预算之内的礼物，你的诚意客户是能够感觉到的。

7. 给客户制造感动

□ 实战案例

黄莺的销售对象是设计院的设计师，通过设计师帮他们的产品推荐上图，最后实现工程项目销售。有一位85年的女设计师，黄莺跟了一年多时间都没有任何进展。黄莺说我这个人骨子里就是不认输，我就不信我拿不下她。正赶上她的一个同事去乌鲁木齐出差，黄莺说："哥，您帮我个忙，去乌鲁木齐下面的一个县城帮我带一份当地的特产回来。"他的同事开了5个小时的车从乌鲁木齐到县城帮她买特产。等黄莺再去拜访那位设计师的时候，把特产往设计师的桌子上一放，设计师的眼泪就流下来了，勾起了她的思乡之情。

每个人都有故事，但并不是每个人都愿意说给别人听，高山流水，知音难觅，只有面对自己认可和信任的人，你才愿意敞开心扉。怎么才能打开别人的心扉？黄莺跟了一年多时间都没办法拿下的设计师，只是凭着一包设计师家乡的土特产就把她拿下来，因为这就是设计师内心深处的一种情结。

8. 关心客户身边的人

“曲线救国”，是我们很多销售人员都会采取的攻心销售策略，你可以从客户的身边人入手。当女孩身边的朋友都在说你好话的时候，这女孩自然也就对你有了好感，也就愿意跟你开启对话。

□ 实战案例

浙江一家母婴店的女老板跟我说，她之所以做了一家并不知名的奶粉品牌代理商，就是因为认可该企业的业务员。有一天，业务员来她店里跟她谈合作，正赶上她的门店上货，她就没怎么管业务员，直接去安排上货了。等到下午三四点钟的时候，她忙差不多了才想起自己的小女儿还在店里，她赶回店里一看，厂家业务员陪自己的孩子玩了一天不说，还买了很多的零食给孩子吃。

母婴店老板说：“我就是觉得这个厂家的业务员比较愿意帮忙，才选择跟他们家合作的。”关注客户身边的人，特别是决策人比较在乎的人，能够快速赢得他的信任。

9. 跟着客户一起成长

虽然各种短视频主播口口声声喊“老铁”，我们都知道那并不是真正的铁，就像电商客服小妹亲亲热热地喊一声“亲”也并不是真的亲一样。什么样的关系叫作老铁呢？老铁就是曾经一起出生入死打过天下，胜则举杯同庆，败则拼死相救。这里有个词非常关键叫作“一起”，当你能够跟客户一起做过一些事情的时候，你们彼此之间不但多了可以聊天的话题，而且也把关系向前推进了一大步。

请客户吃饭不如请客户流汗，新时代呼唤新的客情关系推进手段，让客户难忘的体验一般都是反人性的。有人请客户一起去健身跑步运动，也有人请客户去参加拓展训练，还有一种形式就是邀请客户一起去学习。学习的过程是痛苦的，但是学习的结果是有价值的，在学习的过程中大家还会产生思想的碰撞、观点的交锋。

■ 刻意练习

请结合本公司的业务模式，对公司的客户进行ABC类客户分类。

第六章　价值呈现

客户不会为你的产品埋单，只会为帮他解决问题、创造价值的解决方案埋单，你的产品再好，如果客户没有需求，就跟客户没有任何关系。我们在前面花了很大的篇幅阐述如何挖掘客户需求、了解客户类型、建立信任关系，目的就是要强调建立以客户为导向的销售习惯。从本章开始，我要跟大家分享如何建立以客户为导向的产品价值呈现，你的产品是什么不重要，重要的是客户感知到的产品是什么，能够给他带来什么价值，这是关于产品呈现的销售常识。

□ 实战案例

锅盖面作为镇江三大特产之一闻名中外，我到了镇江肯定要吃上一碗锅盖面。客户老陈热情地说:“李经理，我带你去咱们镇江最有名的镇南面馆吃一碗正宗锅盖面。”等我们中午赶到的时候，整条马路已经停满了私家车，走近一看，就是一家不起眼的小店，店面光线昏暗，几张粗糙的桌子边早就坐满了人，甚至还有人捧着个大海碗蹲在店外面吃。三个中年大妈忙着烧水、下面、收钱，忙到根本没时间招呼客户，有些客户竟然自己跑到灶台边去端面。回去的路上，老陈说:“人家三个大妈，早上晚上都不营业，就做这一中午的生意，一年轻轻松松赚个100多万。”

论环境，镇南面馆没有优雅舒心的就餐环境；论价格，二三十块钱一碗面绝对不算便宜；论口味，我吃了觉得口味也不比街边店味道更好。为什么人家的店依然门庭若市，食客们趋之若鹜呢？用老陈的话说，人家这个面馆是镇江当地的老字号，大家公认的正宗锅盖面，你在其他地方吃的锅盖面再好吃，也不是正宗的镇江锅盖面。听了老陈的这番话，我就想到了北京全聚德的烤鸭，每次吃全聚德的烤鸭都觉得鸭子太肥、太油腻了，可如果你到了北京吃的烤鸭不是全聚德，你回去跟朋友吹牛都感觉很没面子，别管多好吃，你吃的不是全聚德就相当于没吃过烤鸭。

我们前面提到过马斯洛从生理需求到自我实现需求的五个需求层次理论，如果仅仅是因为好吃，那就是在满足我们的生理需求，吃了镇南面馆的面、全聚德的烤鸭是在满足我们的尊重需求。客户在购买产品的时候，也是在满足这五个心理需求，越是满足马斯洛五层次理论塔尖上的需求，越能走进客户内心深处，卖得更贵不说，还能培养他的忠诚度。不管你是什么样的产品，如果你把自己打造成了品牌，在客户的心目中你是这个领域的NO.1，那么我们做销售就容易多了，就像我提起冰箱你首先会想到海尔，我提起坚果你首先会想到三只松鼠一样。

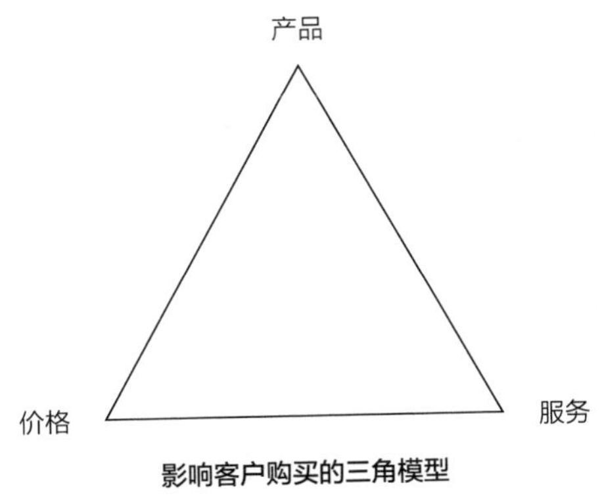

影响客户购买的三角模型

在向客户推销产品的时候，我们是在创造一个让彼此都满意的解决方案。这里就存在着一个辩证的关系——产品好价格自然就贵，服务好价格也就会贵，但是客户却要求产品好、服务好、价格便宜。你用什么样的说辞能够打动客户，让客户意识到你的产品确实物超所值呢？有的时候就算你的产品真的比别人好，也未必能卖得上高价格，是因为你还在满足客户的低层次需求。如果你能够从品牌的高度引导客户认可你的产品，你不是卖产品而是在卖品牌的话，你就满足了客户的高层次需求，也就能够卖出高价格。

品牌自带销售动力，你到奔驰店里，店员是不需要向你做太多推销的，他们知道凡是来到奔驰店的客户基本上都是冲着奔驰这个品牌来的，客户买的就是一种身份感。

第一节　品牌价值

越是满足马斯洛需求五层次理论里靠近塔尖的需求，越能够走进客户内心深处打动客户。品牌溢价就是指客户购买产品的使用价值之外，所获得的心理感受和情感价值。

□ 实战案例

褚时健老人以75岁的高龄，跑到云南哀牢山种橙子。褚老坚持要种出中国最好吃的橙子，为此他兢兢业业严格要求，保证每个橙子口感最好、甜度最佳。本来生活网负责褚老橙子的线上销售，还为褚老的橙子起了个人格化的名字“褚橙”，策划了一句广告语——“人生总有起落，精神终可传承”，一时褚橙引爆市场。人们购买褚橙不仅仅因为褚橙比其他的橙子好吃，更因为褚老的励志故事感动了大家。

褚橙用过硬的产品品质赢得了口碑，用褚老的励志故事赢得了人心，这就是品牌的价值。传统企业打造品牌的时候，更多的是基于产品品质来打造品牌，而互联网企业打造品牌的时候，更多的是基于人格化来打造品牌：江小白的瓶身上打上了走心的文案，俘获了很多年轻人的心；李宁的“中国风”主打中国风格重获新生；小米邀请米粉参与互动，用了短短八年时间便成功上市。

关于品牌的人格化打造更多的是市场营销部做的事儿，如何将高高在上的品牌转化成销售成交的核弹，这才是销售人员要研究的重点，这也是销售的常识。

只卖产品永远也卖不出高价格，只是泛泛地跟客户讲自己的品牌有多牛，客户反而会认为你是王婆卖瓜自卖自夸。该怎样去跟客户塑造企业的品牌价值呢？讲品牌故事。喜欢听故事是人的本性之一，我们从小就是听着故事长大的，而且我们的文化也是靠故事传承的，甚至连我们的祖先也是靠故事度过了漫长的黑夜的。提起品牌故事，我第一个想到的就是张瑞敏砸冰箱的故事，这个故事太经典，成了商业史上尽人皆知的段子。这个故事背后的寓意是张总为了几台不合格的冰箱可以把全部冰箱都砸掉，你可以想想海尔公司对品质的要求该有多严格，海尔这个品牌值不值得选择？那么作为一名销售人员都有哪些品牌故事可以讲呢？

一、品牌名称

怎样为品牌命名？

第一，可以通过品牌名称让客户联想到产品品类，比如安踏、耐克这样的品牌名称会让你联想到运动鞋服；雅诗兰黛、香奈儿这样的品牌名称会让你联想到香水；宝马、奔驰这样的品牌名称会让你联想到汽车。

第二，可以通过品牌名称让客户联想到企业文化或者社会责任，比如华为、中兴。

第三，可以通过品牌名称让客户联想到目标客户的身份定位，比如老村长酒。

第四，也可以起一个标新立异的品牌名称，让大家记忆深刻，比如苹果、小米。

□ 实战案例

2007年秋天，住在旧金山的布莱恩·切斯基和乔·杰比亚正在为即将到来的房租租金问题一筹莫展。这时，他们了解到旧金山即将举办一场设计展，由于展览火爆，当地的所有酒店已经预定满了。杰比亚从中发现了商机，立刻给切斯基写了一封邮件陈述他的想法：他们可以在客厅放几张空气床垫，然后将床位出租出去，为前来参会的设计师们提供一个落脚之地，并向他们提供房内的无线网、书桌、床垫和早餐等服务。后来他们建立了一个网站，给他们的空气床打广告，居然在周末成功地招徕了三个租客。他们将这项出租服务称为“空气床和早餐”（Air bed and breakfast），谁也没有想到，这个网站日后会成为价值数百亿的共享经济平台爱彼迎（Airbnb）。

每个企业品牌名称背后都有故事，谁能想到全球最大的民宿共享平台爱彼迎的创业故事如此艰辛。当听到爱彼迎的故事时，我们知道这几个单词已经不仅仅是企业所提供的服务，更是不忘初心的使命感。你为什么不把你的品牌故事讲给客户听呢？相比枯燥无聊的企业介绍，人们更想听听你的企业为什么起了这么一个名字，大部分人骨子里都很八卦，都喜欢听故事。

二、创始人的故事

我发现有两件事情特别有意思，值得拿出来跟大家分享。第一是中国的很多企业，特别是民营企业，大都是创业老板的企业，也就是说老板是什么样的风格，这个企业也是什么样的风格，企业的每个人也是什么样的风格。有讲狼性文化的华为，也有讲儒家文化的方太。第二是越是互联网型的企业，越会把老板当成企业的代言人。提起传统企业如美的、方太、顾家的老板是谁，普通老百姓可能都不知道；但是提起阿里巴巴、小米的老板是谁，基本无人不知无人不晓。因为阿里巴巴的马云、小米的雷军都是深谙互联网营销的高手，他们频频出镜增加自己的曝光度，其实为的就是增加企业的曝光度。

创始人创立一家企业的初心是什么？他坚持的人生法则是什么？在创业的过程中创始人经历了哪些波折？就像褚橙那样，大家买褚橙最主要的还是被褚老的精神所感动。

□ 实战案例

“谁能比我们老板年轻？谁能比我们老板有钱？谁能比我们老板帅？面对着他，我们都嫁不出去了(认识了他，还能看得上谁啊？)。”这是一家公司的女员工对她们老板的评价。12岁时，他便开始在集邮杂志上登广告做邮票生意，由此赚得了2000美元，并用这笔钱购买了他自己的第一台个人电脑。中学毕业后他遵父母之命进入得克萨斯大学选修医学，大学第二年因过度迷恋电脑和立志在个人电脑领域有所建树而退学，于1984年注册了自己的电脑公司。1987年10月，他凭借过人的胆量和敏锐的感觉，在股市暴跌的情况下大量吃进高盛的股票，第二年便获利了1800万美元。这一年，他只有23岁。这样富有传奇色彩的老板是谁，他的公司又是怎样的一家公司呢？这样的创始人故事人人都想知道，为什么他能做到？

他就是戴尔公司的创始人迈克尔·戴尔。

讲好创始人的故事，不仅仅是讲关于他们的事业，甚至还包括他们的生活态度、生活方式、处世原则。好利来的创始人罗红可不只会做蛋糕，他还是一位喜欢周游世界的摄影家，他的作品曾经出现在北京地铁站内；万科董事会主席王石也不仅仅是一位企业家，他还是中国第一位完成七大洲最高峰登顶计划的业余登山家，他说：“登山是我的生活方式。”这些创始人的生活故事代表了品牌背后的力量。

三、产品故事

□ 实战案例

我们来看看可口可乐是怎么讲他们的产品故事的：

1886年5月8日，一个店员不小心把约翰·潘伯顿精心配制的健脑药汁与苏打水混在了一起，巧合地创造出奇特的口味，可口可乐正式诞生。可口可乐的诞生充满了巧合性，而这只是一个开始，可口可乐的秘密配方才是真正的经典故事。似乎所有人都知道可口可乐的秘密配方就放在公司保险柜里，但是想要打开保险柜，却需要公司董事长、市长、可口可乐配方的指定继承人在指定的时间内同时到场才可以，如果到场时间不对，都不允许打开。流传最广的传闻是掌握配方的只有三个人，他们分别掌握配方的三分之一，这三个人的身份绝对保密，都必须签署“永不泄密协议”，绝不能将手中的三分之一泄露给其他人，也包括另外两个部分配方的拥有者。他们也不允许坐同一架飞机旅行，以防止可怕的意外发生，导致绝密信息的失传。

可口可乐的配方被说得越神秘，越能够吸引无数人的持续关注，这就是产品故事的魅力。关于产品故事还有一种讲法，是关于企业如何推广产品的。证明产品品质除了讲故事，最好的方法莫过于产品的演示了，它可以给客户直观的产品体验。

四、企业中的明星

□ 实战案例

他被誉为全美头号经理，自1981年接任通用电气公司（GE）第八任总裁到2002年以来，创造出收入和收益的一个又一个奇迹。GE各项主要指标皆保持着两位数的增长。他在任期间，GE的年收益从250亿美元增长到1005亿美元，净利润从15亿美元上升为140亿美元，而员工则从40万人削减至30万人。到2001年年底，GE的市场价值超过了5200亿美元。为了使企业更具有竞争力，在“硬件”上，他用著名的“数一数二”原则来裁减规模，进而构建扁平化结构，重组GE的产业；在“软件”上，他尽力对整个企业的文化及员工的思考模式进行改变。“数一数二”“无边界”“六西格玛原则”被誉为拉动GE发展的“三驾马车”。“无边界”是他的标志领导艺术之一，也是他对管理学和领导学所做的最大贡献之一。他不仅创造了“无边界”这个术语，还将此种理念运用于GE，创造了一个超大型组织的新模式。

他就是杰克·韦尔奇。

也许你的企业没有杰克·韦尔奇这样大师级的超级明星，但是不要紧，评判的标准不在于大众怎么看，而是你的企业自己怎么看，每个企业的员工都有自己的故事。只要你觉得一些价值观和行为应该得到表扬和传播，那么就去把这些人和事整理成小册子，在企业内刊、宣传资料上刊登出来，让全公司的员工都了解。如果你觉得这些故事符合你的企业精神的话，那么再扩大范围，通过各种渠道开始向你的顾客讲述。

我们这里所定义的超级明星，并不是说一定要对企业有突出贡献者才配得上这个称呼。事实上，这里的超级明星代表企业在不同发展阶段所鼓励的员工行为和做事方式。产品设计师开发了一款畅销产品，销售人员超额完成了年度计划任务，财务人员有效地控制了公司的成本，这些都可以称得上是公司的超级明星。

五、传承的故事

□ **实战案例**

让我们回顾世界著名水晶品牌施华洛世奇的传奇故事：

丹尼尔·施华洛世奇1862年诞生于波希米亚伊斯山的一个小村庄，少年时代的施华洛世奇随父学习宝石打磨，用于装饰胸针、发卡等饰物。“一战”后，随着仿水晶饰品用来装饰奢华服装成为时尚，施华洛世奇生产出第一件将仿水晶镶进金属或塑料中的新产品，用作燕尾服、鞋、婚纱的点缀。20世纪50年代他与迪奥（Dior）合作，研制出一种有涂层的仿水晶石——北极光，时至今日，北极光仍是大牌设计师的首选服饰饰品。1988年，施华洛世奇公司以天鹅作为LOGO，一只由施华洛世奇资助并命名的天鹅被送回英国西南部的水鸟天堂。1995年，施华洛世奇百年华诞，公司在瓦腾思修建一个名为“水晶世界”的主题公园，成为奥地利著名的旅游景点……

正是这一系列品牌发展史积累的故事，成就了璀璨夺目的施华洛世奇水晶世界，使其成为业界翘楚。

“炮制虽繁必不敢省人工，品味虽贵必不敢减物力。”这是同仁堂的承诺。351年前，乐氏家族在北京创办一间小药铺。此后，供奉御药188年，历经风雨而不衰，成为享誉世界的“中华老字号”。秘诀何在？两个字——诚信。83岁的芦广荣是著名药材专家，也是国家非物质文化遗产代表性传承人。她21岁进入同仁堂，拜师学习药材鉴别，练就了一身绝技，通过手捏、鼻闻、眼看、口尝、火试、水试，鉴别药材的真伪和品质。现在，人工检验依然是同仁堂进药的“第一关”。芦广荣讲了一个故事：有一次，她发现购进的药材打捆后，上面是精品，中间和下面藏着次品。为此，她要求药工每捆药材都要打开，不光看上面的，更要看中间的和下面的，避免以次充好。如今，在同仁堂，凡是新购进的药材必须首先经过人工检验。人工检验合格后，才能进入更严格的高科技仪器检验环节。同仁堂的药材既用感官说话，也用数据说话。

谁都没办法否认“中华老字号”的魅力，很多享誉京津地区的老字号——全聚德、同仁堂、狗不理，每个老店都有自己的故事。讲述品牌故事特别适合那些发展时间较长的品牌，只有经得起时间考验的企业才能称得上是品牌。

每个品牌都是时间沉淀的礼物，品牌故事就像散落在沙漠里的珍珠，如果没人去拾起的话，最终会被风沙永远埋没。一个懂得品牌营销的企业，就会有一些人去拾起这些散落在沙漠里的珍珠，并且用红线串接起来，让精彩的品牌故事影响客户。

■ 刻意练习

整理企业中的品牌故事，并将故事内容写在下面的表格中。

故事类型	故事内容
品牌名称	
创始人的故事	
产品故事	
企业中的明星	
传承的故事	

第二节　产品价值

千里之堤溃于蚁穴，不管品牌看起来多么坚不可摧，只要产品出了问题都会危如累卵。产品是品牌的基石，品牌是产品的外衣，即便你的品牌没有对手强大，只要你的产品够好，对于销售人员来说依然有逆袭的机会。有人说我们的品牌没有人家的名气大，而产品也没有人家的好，怎么办？如果销售人员自己都认为自己的产品没有对手的好，你怎么能卖好？顶尖销售高手骨子里有一份自信，对自己企业的自信，对自己产品的自信。

同样是卖布艺沙发，我们的材质、工艺、性能、款式都一样，但就是价格比别人贵，怎么办？世界上根本就没有两片完全相同的树叶，自然也不会有两个完全相同的产品。产品同质化并不是产品物理属性的同质化，而是销售人员销售思维的同质化。

首先，材质真的一样吗？面料按照不同成分可以分为全涤、全棉、亚麻等，仅以全涤布类为例，还可以分为麂皮绒、超柔绒、灯芯绒、雪尼尔等。你能把这些看起来很相似的面料区分清楚并且告诉给客户吗？即便你们的面料是同一种面料，那么这些面料是来自同一个产地、同一个工厂、同一个批次吗？

其次，工艺一样吗？你们的沙发生产从设计师设计、原料加工、部件组合、产品包装、入库检验，到库存保管再到产品运输，整个生产交付流程分为多少个步骤？每个步骤有多少道工序？每道工序做了怎样的品控？难道真的跟竞品一样吗？

接着来说性能，产品的使用性能也不相同，否则为什么有的沙发能用10年，而有的沙发能用20年呢，难道仅仅是因为客户使用习惯造成的吗？一个沙发的弹簧多了那么几厘米或者重量重了那么几毫克，都可能影响到它的使用寿命。

最后再来拆一拆款式，你不要认为两个沙发长得一模一样，品牌的产品和杂牌的产品看起来是极为相似的，但是你再仔细观察就能发现天壤之别。一个品牌的产品经得起时间的检验，不管过多少年看起来依然是美的。

怎样才能打造出我们的产品与对手产品之间的差异化，怎样去塑造产品的价值呢？结合多年的销售经验，我想从产品介绍的心法、说法和身法三个角度来跟大家谈谈产品的价值塑造。

一、产品价值呈现之心法

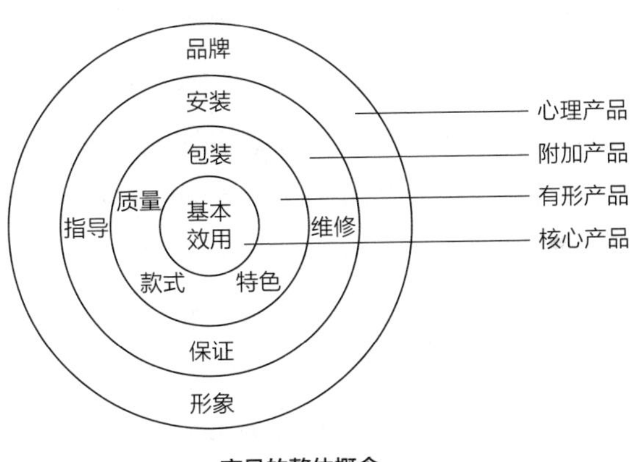

产品的整体概念

客户的购买需求是复杂多变的，包括马斯洛需求理论的各个层级。客户购买的也不仅仅是产品的使用价值，还包括产品的体验、服务、情感等价值。

（1）当我饥肠辘辘好几天没吃东西的时候，我要满足生理需求——买个汉堡填饱肚子。这个时候吃饱就是这个汉堡的基本效用，我买它的目的就是要立刻解决饿的问题。

（2）当我没有那么饿或者有多个汉堡可供选择的时候，我就不仅要考虑汉堡好不好吃，还要考虑是否干净卫生，这时候安全需求开始对我发出了指令。汉堡的食材产地、加工工艺、外包装纸是否绿色环保等，都会影响我对这个汉堡的评价，我眼前看到的这个汉堡是有形产品。有形产品是客户看到、感知到的产品，产品本身怎么样是一回事，客户认为你的产品怎么样又是另一回事，有时候这两方面并不完全一致。

（3）在满足了生理需求和安全需求之后，社交需求又发挥作用了——我没那么饿，等会儿再吃也不打紧的话，我就会约个朋友一起去快餐厅。餐厅的就餐环境也是影响我买这个汉堡的因素，所以餐厅的就餐环境也是有形产品，它成为汉堡交付的一个延伸产品，也就是附加产品。如果我现在比较懒，不想去餐厅的话，我也可以点个外卖，手机下单外卖帮我送货上门，这同样属于汉堡之外的附加产品。

（4）吃汉堡这件事上，有的人喜欢肯德基，有的人喜欢麦当劳，也有的人喜欢汉堡王。我家附近有什么餐厅我就吃什么，说明品牌对你的营销不算成功；明明楼下有家肯德基你却非要跑到五公里之外去吃汉堡王，说明你是汉堡王的忠实粉丝，汉堡王对你来说品牌营销成功，这个时候品牌价值满足了你的自尊需求。

（5）如果我是环保主义者，只吃素的话，那么无论是哪家餐厅哪个汉堡对我来说都是毫无价值的，就算你免费把汉堡送给我，我也不会吃，除非你给我做一个素的汉堡，这个时候就是客户的自我实现需求在运转。

二、产品价值呈现之说法

1.产品呈现说什么

“增之一分则太长，减之一分则太短；著粉则太白，施朱则太赤”，短短四句话把美女之美淋漓尽致地勾画了出来，不管是身材还是肤色都恰到好处。语言的魅力正在于此，说不到位不痛不痒，说太多了过犹不及。同样一款产品，有些销售人员说三句话就能引起客户兴趣，说六句话就能成交，而有些销售人员说不到三句话就被客户赶出门，区别就在于能否把产品说到客户的心坎里。销售人员介绍产品必须要掌握的一个销售法则叫作FAB法则，用这个法则就能逻辑清晰地把产品卖点一条一条地梳理出来。

F—Feature，特征、特点。这个产品是用什么材料做的，怎么做的（生产工艺），为了增加说服力，在讲F的时候尽量使用数字。

A—Advantage，优点。比传统的产品好多少、好在哪里，比竞争对手的产品好多少、好在哪里。讲优点的时候最好也要数字化，有数字就证明了专业、真实。

B—Benefit，利益点。产品能够带给客户的好处是什么。

我们以一款奶粉为例子，帮大家理解一下FAB法则的使用。

在使用FAB法则的时候需要注意，产品卖点最好一条一条拆出来说，越细越好。一个产品特点可能有N个优点，那么自然也就对应有N个利益点。就像这个例子中的第二点，奶粉中添加了

DHA这是特点，对应这个特点有两个优点，一个是提高和开发儿童智力，另外一个是促进视网膜发育，自然对应的利益点也是两个——让孩子更聪明和保护孩子眼睛。我们有些销售人员在讲产品卖点的时候，没有把每个卖点做这样的细化，常常说着说着就没词了。

序号	F—特点	A—优点	B—利益点
1	新西兰牧场	绝对无污染，卫生	安全放心
2	添加了脂肪酸DHA原料	提高和开发儿童智力 促进视网膜发育	让孩子更聪明 保护孩子眼睛
3	红和绿两种颜色的包装	易于辨别	方便购买

如果你第一次使用FAB法则，我建议你严格按照F—A—B这样的顺序来讲解，这样做的好处是自己说的时候逻辑不会乱，层层递进。当你已经能够熟练使用FAB法则了，那么就需要见什么人说什么话，到什么山头唱什么歌了。你可以先说B（利益点）再说F（特点）和A（优点）：您的宝宝是什么年龄段就选什么年龄段的奶粉，这个非常好办（B—利益点），因为我们有红、绿两种颜色（F—特点），比其他品牌的奶粉更好识别（A—优点）。我们可以根据下面四种客户场景，去灵活选择FAB法则的顺序。

（1）客户性格

面对第三章我们讲的唐僧师徒四人，你不能都从F（特点）说起，因为像猪八戒这样的客户，他更加追求的是购买过程的舒服和体验。针对猪八戒型的客户，你只要让他爽了，一个B（利益点）就可以搞定他。唐僧型的客户相对来说比较在行，手里有大量的产品信息,乐于比较产品的细节。针对这类客户就需要多讲讲A(优点),通过大量的数据和案例来进行理性说服。孙悟空型的客户一直都是自我为中心的,他关注什么你就要说什么,你自己喋喋不休地介绍产品只能招来他的逆反心理。沙僧型的客户通常会一言不发,所以销售人员就要从F—A—B三个方面全面下手。

(2)客户知识

面对具有不同客户知识的客户,我们的FAB使用策略也不一样。针对已经买过类似产品的客户,你不但要跟他说清楚B(利益点),更要跟他说清楚F(特点)和A(优点),而对于那些没有购买经验的客户,则要多说B(利益点)。对有经验的客户来说,我们要做的是让他通过和其他品牌产品的比较,理性地买我们的产品;而对于没有经验的客户来说,我们要做的是让他知道了能给他的好处后,冲动地买我们的产品。

(3)购买预算

针对那些具有消费能力的高端客户,他们通常不关注产品是怎么做的,也不关注你到底比竞争对手好多少,好在哪里。很多高端客户都是品牌驱动消费的人,所以跟高端客户消费要多说B(利益点),而且还要多和客户说情感利益。低端客户相对而言更加关注产品的性价比,每分钱都要花得物有所值,所以针对低端客户要多强调F(特点)和A(优点)。

(4)购买动机

当我走进一家空调专卖店的时候,店员张嘴来一句"我们家空调一晚一度电",我顿时对他们家的产品就没什么兴趣了,为什么呢?销售人员犯了两个错误,第一,在还没有了解客户的需求以前，上来就先掏产品。你还不知道客户想要什么，关注什么，你就先把自己产品的核心卖点给扔出来了，很容易踩雷。第二，你的卖点不等于客户的买点。你的一晚一度电不一定是客户所关心在意的，买得起豪车的人才不会关心油耗的问题呢。

我们在买东西的时候，一般是有两种动机的，一种叫作金牌动机，一种叫作猎狗动机。金牌动机驱动的客户买东西会比较关注产品的款式、产品带给他的奢华感受等；猎狗动机驱动的客户买东西的时候会比较关注价格、使用寿命、是否安全环保，等等，简单点说就是四个字——趋利避害。你会发现我们身边的人大概就这么两类，一类性格外向、天性乐观，一类性格内向、天性悲观。那么在面对金牌动机客户的时候，你的FAB卖点就应该多强调一些给他带来更好生活体验的卖点；在面对猎狗动机客户的时候，你的FAB卖点就应该多强调一些规避风险、带给他更多安全感的卖点。“一晚一度电”显然是猎狗动机驱动的客户更关注的卖点，你对金牌动机驱动的客户讲这个卖点，他一点兴趣都没有，可能还有点不爽，你是觉得我没钱买不起吗？

2. 产品价值呈现怎么说（语言风格）

FAB法则能够帮我们把产品卖点讲清楚，每名销售人员都应知应会，只要保持刻意练习，就能让你的产品卖点如数家珍。再锋利的宝剑都是把双刃剑，可以格斗，也可以自残。FAB的熟练使用造就了一批专业的销售人员，也造成了一批同质化的复读机。销售说辞同质化，带给客户的感受就是僵化冰冷的，跟直接扔给客户一份产品说明书一样。产品同质化，更加需要销售人员的差异化，在展示产品的时候，话术的差异化恰恰是销售人员鲜明特点的体现。

□ 实战案例

有一个烟民在教堂祈祷的时候，忽然烟瘾犯了想抽烟，于是他就问牧师："牧师，我在祈祷的时候可以抽烟吗？"牧师义正词严地拒绝了他："当然不行！这简直就是对上帝的亵渎。"烟民很郁闷，他想了想举起手来，说："牧师，我在抽烟的时候可以祈祷吗？"牧师说："当然可以。"

同样是为了实现抽烟的目的，第一种问法遭到了牧师的断然拒绝，而第二种问法就达到了自己的目的。想要让你的产品真正打动客户，同样的一句话怎么说是需要技巧的，接下来我们就重点谈谈讲解产品卖点的六个语言技巧。

（1）讲故事

每个人在做出决策时主要依赖两大系统，感性的系统1和理性的系统2。因为人性"懒惰"，大多时候我们依赖系统1做出决策，枯燥的数字远远不如鲜活的画面更能够让我们印象深刻。塑造画面感的一个方法就是讲故事，销售中的讲故事就是要塑造场景、塑造画面感激发客户的想象。

产品故事有两个维度，一个是没有使用我们家产品以前的痛苦故事，还有一种是使用产品之后的美好故事。

痛苦故事：“大姐，您平时在家里烧菜吧？您应该知道那些炒锅的油垢是多么难清洗吧？洗洁精用多了您担心不健康，洗洁精用少了又洗不干净。”

美好故事：“大姐，现在这个问题解决了，您有了这款不沾炒锅，随便您炒什么菜，只要清水一冲，炒锅干干净净。”说完，销售人员颠了一下手里的炒锅，炒锅里的鸡蛋发出“滋滋”的声音，非常顺滑地翻了个身。

（2）举例子

举例子可以增加说服力，不看广告看疗效，你不信我说的，但是你可以看看身边人使用的效果。在沈阳连续讲两天课嗓子有些沙哑，我需要买点金嗓子喉宝润润喉，就走进了一家药店。店员说：“哥，您这嗓子沙哑成这样，光吃喉宝可不行，您得拿点中药冲水喝。您看看这个余甘子粉，虽然口感不咋好，但是效果非常好。您知道咱们后面楼上住的王哥吧，他是卖OPPO手机的，天天说话嗓子受不了，就来咱们店里买了这个余甘子粉喝了，效果不错。”空口无凭，你说得再多都不如举其他客户实际使用的例子。

教育培训机构的课程顾问都会使用举例子来说明他们的教学效果。英语培训机构会把小孩的英语演讲录成小视频存在手机里，等他们向客户展示课程的时候，就给你播放这些视频，而且还会把孩子刚开始学英语的视频也放给你看。你一看，视频中的孩子果然前后判若两人。

（3）用数字

尽管人们习惯感性决策、习惯听故事，但是在做购买决策的时候，他们也总是会试图使用理性决策，从而让自己看起来很精明，使用数字正是让客户对我们产生信任的一种方法。试比较以下两种说法，看看哪种效果更好？

甲：使用这种机器，可以大大地提高生产效率、减轻劳动强度。它受到用户们的好评，订货量与日俱增。

乙：××钢铁厂使用了这种机器，生产效率比过去提高了40%，工人们反映操作方便，效率高，非常受欢迎。现在，该厂又追加订货10台。

很显然，销售人员甲用了一连串简单的肯定句子，缺乏事实根据，使人听了不踏实，无法让人信服。销售人员乙引用了一个实例和数据，有理有据，让人不可不信。

（4）打比方

有位老太太问爱因斯坦："听说您在研究相对论，您能告诉我什么是相对论吗？"爱因斯坦没办法向一位老人讲清楚相对论的内容，他打了个比方："半夜12点的时候，如果您的女儿还没回家您着急不着急，您觉得时间过得快还是慢？"老太太说："太慢了。""那假如半夜12点您在剧院听歌剧，您觉得时间过得快还是慢？"老太太说："当然太快了。"爱因斯坦用一个简单的例子就跟老人讲清楚了相对论的内容。销售人员一定要有语言的转化能力，把专业的术语转化成客户听得懂的语言，就像我们经常用如刀割来形容刺骨的寒风，似火烤来形容灼人的烈日。美妆产品宣传自己的产品卖点"美白、保湿、控油"，可是客户没有主观的感受，所以他们就打了个比方，说自己的产品能令肌肤"牛奶般白皙""鸡蛋一样的嫩白”“婴儿般的娇嫩”。

（5）作对比

这是美国著名政治家富兰克林发明的，也叫作富兰克林说服法。在你的本子上画出一条横线，横线的中间位置再画出一条竖线，横线的左边写下客户不购买我们的产品可能会有哪些损失，横线的右边写下客户购买我们的产品会有哪些好处。这样的产品卖点提炼方法可以训练我们的思维，让我们对自己的产品卖点掌握得滚瓜烂熟，而且还能够提前预见到客户在产品上的异议并且提前制订出应对方案。保险行业的销售人员比较善于使用这种风格的产品介绍方法。

不购买我们的产品会有哪些损失	购买我们的产品会有哪些好处

奥诚良治是日本著名的推销员，曾连续16年成为日产汽车公司的推销冠军。为了能卖出一辆汽车，他准备了一份详细资料，这份资料共记有客户购买此种汽车后的优点及不购买的不便整整100条。这样，奥诚良治在与客户打交道时就显得胸有成竹，应付自如。

（6）会归纳

油漆桶看起来没有别人家的大，是不是油漆分量也没有别人家的多？面对这样的质疑，华润漆的销售人员是这样回答的：“别人家卖的是桶，我们家卖的是量。”一句话就把自家油漆的特点说得清清楚楚，而不需要跟客户做太多的解释。我们家的油漆虽然桶看起来比别人家的小，但是我们的产品分量却是实打实的；别人家的桶虽然做得很大，但是里面的漆不一定比我们家的多。一句话说得客户心服口服，最重要的是这样一句话很容易被客户牢牢地记住。一句话就能让客户记住你的产品卖点，需要销售人员在日常的工作中多多总结、多多提炼。这就是所谓的爆款策略——用一个卖点牢牢抓住客户的心。美的空调用“一晚一度电”成功逆袭，方太“四面八方不跑烟”与老板“大吸力”双雄对决，把其他吸油烟机品牌远远甩在了后面。还有更厉害的归纳方法，一个词就能让你牢牢地记住他的品牌，比如我提到“顺滑”，你立马就会想到德芙，我提到“透心凉”你立马就会想到雪碧。

凡是顶尖销售高手必有其鲜明特点，只要勤加练习，每名销售人员都能修炼出属于自己风格的销售语言。就像我写本书的语言风格一样，一定有人喜欢这种风格的写作，也会有人对此嗤之以鼻，重要的是你能形成自己的风格。当然，如果你能修炼出面对不同风格的客户使用不同风格的销售语言，用客户喜欢的方式去沟通，那么你就会更快赢得客户的信任。

□ 实战案例

有一次为美的空调安徽区域做销售培训，晚上我组织了一场销售PK演练，一个扮演客户、一个扮演销售，两两对决。结果三分钟之内，销冠胡先玲就把对手拿下，胡先玲就是用数字的高手，“美的空调超静音17分贝”。我点评说：“你这个17分贝看来不错，但是大家都听不懂啊，我没买过空调是个外行，17分贝到底是静音还是噪音谁知道呢？”于是，大家开始纷纷讨论怎样能够把这句话说得明白。有人说：“17分贝就像大海深处水流流动的声音。”有人说：“17分贝就像咱们面对面站在一起说话时呼吸的声音。”有人说：“17分贝就像拿笔在纸上写字发出的摩擦声一样。”……

你以为用了17分贝已经算是“用数字”用得比较好的一种销售语言了，但是好不好的评判标准不在我们自己，而在于客户，能不能让客户听得懂听得进去才是最重要的。所以我们把17分贝这么抽象的、大多数人都搞不懂的数字，打了一个形象的比方，有人说像水流声，有人说像呼吸声，有人说像摩擦声，通过这样的比喻就能够创造画面感，让客户感到声音确实低到了那种程度。只有我们把六种语言展示的风格技巧都掌握到了炉火纯青的地步，在面对客户的时候，综合使用才能收到事半功倍的效果。

三、产品价值呈现之身法

现在，请你思考一下，在你人生中的一些关键时刻，很多人跟你说了很多影响你人生命运的谈话，你还记得多少：你从小不爱读书，可是妈妈总是苦口婆心地跟你说多读书才有出息；你好不容易考上了重点高中，你的班主任又是多么语重心长地鼓励你要加油努力考上重点大学；等你好不容易谈了个女朋友，你们分手的那天她都跟你说了些什么绝情的话；再后来你去面试一份工作，为了得到这份工作，你紧张得几天没睡，做了大量的准备工作，可你还记得面试那天你都说了些什么吗……就是这么奇怪，很多当时在你看来特别重要的谈话都已经成为过眼云烟，可是你还记得妈妈那企盼的眼神，老师送给你的一个小礼物，和女朋友分手时吃的那顿晚饭，以及那位西装笔挺、一本正经的招聘经理吗？这种现象并不奇怪，只有一个解释，那就是**人的大脑对语言的记忆是有限的，而情景、动作、画面更能让人记忆深刻**。

客户在选择产品的时候，每天要面对很多不同品牌和产品的销售人员，他的大脑到底能够记住多少精彩的销售说辞呢？答案是让人遗憾的，你说得再多、再精彩，客户能记住的寥寥无几。

1. 情景体验

□ 实战案例

我去电器城买吸油烟机，说实话以前从来没买过吸油烟机，自然也不知道怎么选择吸油烟机。前面逛了几家专卖店，各说各的好，我还想再多比较一下。这时，我走进了华帝吸油烟机的专卖店，接待我的是一位50多岁的老大姐，憨厚、善良的模样再加上热情的招呼，很快就让我消除了对这位大姐的戒备心理。

“先生，你知道如何选购一款好的吸油烟机吗？”

我摇了摇头。

“大姐告诉你，选吸油烟机至少有五个标准：吸油烟机吸油烟机，第一个标准就是吸力要大，不然怎么吸油烟；第二个标准要好清洗；第三个标准要省电；第四个标准要无噪音；第五个标准外观要好看、时尚。先生，你说是吗？”

我一听这大姐说的真有几分道理，不作声地点了点头。

“嗯，先生，你知道这五个标准里，哪个最重要吗？”

我怎么知道？我又摇了摇头。

“当然是吸力大啊，你买吸油烟机不就是为了吸油烟吗？先生，你知道如何鉴定一台吸油烟机的吸力够不够大吗？”

见我摇头，这位大姐笑呵呵地说道：“耳听为虚，眼见为实。先生，你别听别人说自己的好，你得让他演示给你看。你稍等一下。”

说着大姐就从橱柜里拿出了一张报纸，我问她：“大姐，您这是干什么？”

“稍等，一会儿就是见证奇迹的时刻。”说着，大姐从橱柜里又拿出了个东西来，这东西派什么用场？大姐拿出了个碗口大小的一块实心铁块。

只见大姐把吸油烟机的按键按到了最大风力挡，然后说了句：“先生，你看好了。”她把铁块用报纸这么一托，一下子，连报纸带铁块就被牢牢地吸在了吸油烟机上面。

我一看这阵势，当时就傻了，各位，你见过吸油烟机吸铁块吗？我赶紧说：“大姐，赶快拿下来，万一这铁块掉下来砸坏了煤气灶，我可赔不起。”

“先生，你放心，它掉不下来，就算真的掉下来也不要你赔。先生，咱们让它吸半个小时怎么样？”

“千万别，大姐，您还是赶快拿下来吧。这也太吓人了。”

“有什么吓人的？这样，咱们吸个五分钟。先生，你知道吗，辨别吸油烟机的吸力大小，光听别人说可不行，你看看谁家能吸这么大铁块啊。你想这么大铁块咱都吸得结结实实的，就你家炒菜那点小油烟，那绝对给你吸得干干净净。”

临走，大姐说了一句话：“先生，你要是买吸油烟机，可以不买咱家的，但一定要买吸力大的。”

等我走到第二家店的时候，别人再跟我说吸力大，我就想起了华帝老大姐给我演示的那块碗口大小的铁块。转了三四家，我再也没看到比她家更大的铁块了。很多销售跟我讲了这个功能、那个功能，可是半个月之后，我却直奔华帝专卖店。因为我就记住了一个标准“吸力大”，就记住了一个画面，碗口大的铁块牢牢地吸在了吸油烟机上。

与其给客户讲一堆的产品卖点，不如一个生动的产品演示来得更有效果。卖马桶的把乒乓球放进马桶，让客户体验马桶的冲力有多大；卖衣柜的竟然把自己吊在衣柜上面，向客户证明自己的板材和工艺多么出色；卖手机的也已经把真机放到了柜台上面，让客户自己试用体验……体验营销的时代已经来临，不管你有没有做好准备，引导客户进行产品体验是开展体验营销的第一步。

情景体验帮助客户建立产品选购标准，让客户下定“我要买这样一个产品”的决心。如何才能让你的情景体验脱颖而出，给客户留下深刻的印象呢？

（1）创造独特的体验过程

同样的产品演示，如何表现才能给客户留下深刻的印象呢？当年卖滑盖手机的时候，某品牌手机促销员为了证明自己的手机滑盖密封性好，就把一张A4纸塞进了滑盖里面，然后拎起A4纸的一端，整个手机就被提了起来。而今天，卖吸油烟机的大姐用铁块证明自己产品的吸力大；卖橱柜的亲自站在最下面一层抽屉上证明自己的板材结实；卖电动车的邀请了8名顾客站在车上证明自己的车载重能力强。要想给客户留下深刻的印象，设计的演示过程既要出乎客户的想象，同时又合乎情理，更重要的是区别于竞争对手。

（2）鼓励客户参与体验

我们家卖床垫，客户不愿意躺下来体验怎么办？那就自己先躺下来，然后再邀请客户躺下来体验。如果客户依然不愿意呢？方法总比问题多，一名销售高手说：“哥，买床垫您不躺下来体验，您怎么能知道床垫好不好呢？”说完，她弯腰从地上一个柳条框里拿出一只鸡蛋，三米开外一个鸡蛋往床垫上扔了过去，鸡蛋落在床垫上居然没碎。“哥，三米开外一个鸡蛋扔在床垫上都没碎，说明这是一张软硬适中的好床垫，您可以不买咱家的床垫，但是要买就得买这样的。”客户都看傻了，愣了一会儿说：“我再看看。”销售说：“多看看是对的，不过您来了咱家就是有缘分，我们送您俩鸡蛋作为礼物，您慢慢去转。”

（3）体验要有娱乐性

产品的体验需要制造出娱乐性，否则生硬的产品体验客户肯定没有兴趣，这就需要企业开发出合适的销售道具，鼓励销售人员使用道具进行销售。有一个卖冰箱的厂家开发了一套道具，可以教小孩子做冰激凌，当小孩子把冰激凌做好放进冰箱的时候，这二十几分钟的时间就成了销售人员理所当然的推销时间。

（4）体验价值最大化

产品演示的目的不是好玩，而是为了引导客户购买。在做产品演示的同时，一定要注意结合客户生活中的场景，向客户解释为什么这个功能特别重要。我在大卖场见过一个卖拖把的销售人员，他的产品演示真是做绝了，看他的产品演示不是在看销售人员卖产品，而是在看一场演出，轻轻一转、一按，原本湿答答的拖布就干燥清爽多了。他手上在动，嘴里也没闲着：“您看，这拖把这么一转、一按，原来还是湿淋淋的，现在就干了，你根本不用来回跑去取水了。”

□ 实战案例

每次出差回来都要跟同事吃个饭小聚一下，吃完午饭，助理说："李经理，我请大家吃冰激凌。"于是她把我们带到了一家叫作DQ的冰激凌店门口，店员做冰激凌的动作让我们大开眼界，把冰激凌装进一个纸杯，在冰激凌上撒了一些奥利奥饼干碎屑，接着店员微笑着："您瞧好了！"说完，纸杯来了个180度大翻身，杯底朝上杯口朝下，店员晃了几晃。当时我惊讶的眼睛都没眨一下，卖冰激凌还可以这样玩吗？

哈根达斯、爱茜茜里、优格酸奶冰激凌都有自己精准的目标人群和定位，DQ怎样才能杀出重围？就是靠差异化的产品演示技巧，谁敢把杯底朝下抖几下。这说明DQ的冰激凌压制的比较紧凑分量足，而且夸张的演示引起了年轻人的关注。对DQ来说，好玩比好吃更重要。

2. 对比体验

情景体验是让客户按照我们的标准来选择产品，而对比体验则是向客户证明，我们的产品才是最好的产品。情景体验是在告诉客户"您应该买这样的"，而对比体验则是告诉客户"您就应该买我的"。

无数的成功销售故事都向我们有力地证明了对比体验的力量。一位卖钢化玻璃的销售人员拿到了年度销售冠军，总经理要求他分享成功的秘诀。他说："其实很简单，我每次去客户那里都带两块玻璃和一个锤子，这两块玻璃一块是咱们自己的钢化玻璃，一块是普通的玻璃。到了客户那里，我什么都不用说，拎起锤子‘砰、砰’两下，客户一看，咱们的玻璃毫发无损，而另一块早已碎得像蜂窝煤了。”马上，公司每个人都背着两块玻璃和一个锤子出去做销售了，可是到了第二年，这哥们儿又是全国销冠，老板不乐意了，问他：“怎么回事？你去年有所保留吧。”销冠回答说：“没有，我还是两块玻璃、一个锤子啊。只是今年到了客户那里，我不砸了，我把锤子递给客户让客户自己砸。当客户砸完两块玻璃后很兴奋，而且对咱们的产品深信不疑。”两块玻璃、一个锤子创造了一个销冠，好的产品自己就会说话，销售人员一定要想办法让它说出来。

下面这个案例，是我以前负责销售管理工作时，一名门店销售写的一篇销售心得。故事的主人公是一个二十多岁的小伙子，在上海百安居超市负责灯具产品销售，因为他在销售中大量使用了对比体验，销售额一直在该门店位居榜首。

□ **实战案例**

怎么样才能知道筒灯是好还是坏？这时要用事先准备好的小磁石，先放在我们的筒灯上，然后再放在别的牌子的筒灯上（你必须了解其他牌子灯的材质），微笑着面对顾客说：“不锈钢就是好，磁石不吸，不生锈。我们的产品主要以砂镍、锌合金为主，磁石不吸，其他的就不然啦。”这样我们的筒灯就容易销售啦。

再如，可以用面罩摘取法的细节引导顾客购买我们的产品。

我问：“您知道为什么我们的灯那么亮吗？”

一般顾客都会回答不知道或者不了解等之类的话。使用同样的底盘、灯管和镇流器，而面罩不同，就会有不同的效果。

这时引导顾客走近灯具，快速摘下其他品牌的灯罩，并微笑着跟顾客说：“闻一下。”一闻之下顾客身体必定后撤！“有一股难闻的味道吧？那么请您再闻闻我们的。”此时慢慢摘下自己品牌的罩面，用手拍一下，“这就是我们的灯罩，闻一下，没有味道吧？这是真正的进口第三代亚克力罩面，透光度高、无色无味、环保，还有防近视的护眼功能。您看是不是光线很舒服。这样的灯才是首选的健康环保产品啊！”

四、十个卖点也不如客户的一个买点重要

□ 实战案例

一位房产中介带着一对夫妻去看房，这个房子的状态不是特别好，但是当他们在房前停下来，那位女士的

视线穿过房子，发现在后院有一棵美丽的正在开花的樱桃树。她立刻说：“啊，快看那棵美丽的樱桃树！当我还是一个小女孩时，我家的后院也有一棵开花的樱桃树。我总想住在一个有樱桃树的房子里。”他们都从车里出来去看房子。丈夫挑剔地看着房子，他说：“看起来我们得把房子的墙壁粉刷一下。”房产中介说：“是的，没错。不过从这里，只需一瞥，你就能穿过餐厅看到那棵漂亮的樱桃树。”那位女士立刻从后窗看出去，看着那棵樱桃树，她微笑起来。他们走进厨房，丈夫说：“厨房有点小，而且管子什么的有点旧。”房产中介说：“是的，不错。但是当你做饭的时候，从这里的窗子望出去，就可以看到后院里的那棵樱桃树。”接着，他们走上楼看其余的房间。丈夫又嫌卧室太小，房产中介说：“是的，不过从主卧室那里，你们也能将那棵开花的樱桃树美景尽收眼底。”看完房子，那位女士对樱桃树是如此钟情，以至于她不再看任何别的东西。购买决定就这么做出了。

房产中介抓住了女士在购房过程中的一个关注点：开花的樱桃树。他反复强调从房子的多个角度都能看到樱桃树，从而最终成功地说服了女士签单。客户在购买的时候最关注的那个点，我们把它称之为买点，只要你的销售说辞是围绕着客户的买点展开，就能够真正说到客户的心坎里去。即便你的产品有十个卖点也不重要，发现客户的买点，然后把我们的卖点转化成客户买点，这才是销售的至高境界，这也是销售的常识。

■ 刻意练习

从金牌动机和猎狗动机两大角度整理你公司产品的FAB卖点。

序号	F—特点	A—优点	B—利益点	金牌动机	猎狗动机
1					
2					
3					
4					
5					

第三节　大单策略

在客户资源越来越稀缺的时代，开发一个新客户的难度远远高于维护一个老客户，将现有客户价值最大化，是提升销售人员销售效率的一个重要方向。

我们首先来定义一下什么叫作大单，大单包括四个思路：

客户购买单价产品时采购价格最贵的产品；

客户不仅仅购买一件产品而是购买多件产品；

客户多次复购；

客户带身边的朋友来购买。

□ 实战案例

王宝是辽宁葫芦岛一家高端实木家具店的销售人员。有一天，她接待了一位女企业家李总，不过李总在她店里转转就走了。王宝开始给李总打电话跟单，打了几次电话，王宝想，不能再拖下去了，夜长梦多啊。于是王宝就在电话里问："李总，作为一位成功的女企业家，您觉得您成功最大的秘诀是什么？"李总说："没啥秘诀，两个字坚持吧。"王宝说："好的，李总，那我也会坚持跟您打电话的。"李总实在经不起王宝这么紧跟，便在电话里跟她说："我周六在大礼堂有个记者招待会，你上午十点过来，我留几分钟时间跟你沟通一下。"

接完这个电话王宝就兴奋了，她说："李总是葫芦岛第一知名的女企业家，如果我能把李总搞定，我是不是葫芦岛第一厉害的导购员呢？这单生意我倒不在乎拿多少提成，我这是为荣誉而战。"王宝就琢磨，李总喜欢什么类型的导购员，像我现在这样头发黄黄的李总肯定不喜欢，于是王宝就跑去理发店把头发焗成了黑色，买了一身阿迪达斯的运动服，戴了一副圆圆的黑框眼镜。王宝说，我要以学生的形象出现在李总面前。

周六早上七点，大礼堂刚一开门，王宝就噔噔噔跑到了第一排的位置坐了下来。八点半，李总的记者招待会开始了，每次李总讲到重点问题的时候，王宝就举手说：

“李总，麻烦您讲慢一点，您讲得太好了，对我们年轻人来说太重要了，我记下来。”几次以后，李总每次讲到重点问题时目光就向王宝瞟了过去，王宝就赶紧点头表示自己记下了。

招待会结束，李总走到王宝面前说：“小姑娘，今天有收获吗？”王宝毕恭毕敬地站起来，说：“李总，我是王宝，今天听您一番话，胜读十年书，收获太大了。”李总说买家具的事情我不太管，就让设计师去你们家定了。李总定了不说，后来还给王宝介绍了二十几单生意，每单都在40万元以上。

王宝究竟是怎样把高端客户李总拿下的呢？我从销售人员的心态、策略和技巧几个层面一一为大家梳理一下。

（1）向高端客户销售高端产品容易，还是向低端客户销售高端产品更容易？答案显然是第一个，也就是说如果你能够搞定高端客户，那么就不愁没有大单。在这个案例中，李总就是这样的高端客户。那么面对高端客户你是迎难而上还是知难而退呢？王宝选择了迎难而上，而且她说了这单生意是为荣誉而战。面对大单、面对高端客户我们首先要有必胜的信念，怕，缩手缩脚，你永远开不了大单，人生就是要不断地挑战自己，将过去的那点成绩踩在脚下。

（2）怎样才能让高端客户喜欢你呢？王宝做了充分的准备，她知道李总喜欢学生一样斯斯文文的销售人员，于是她故意把自己的头发焗成了黑色，又买了运动服和大大的眼镜。这种穿衣打扮的风格不是王宝喜欢的，但是却是李总喜欢的，为了这单生意，拼了！

（3）李总说的是上午10点钟招待会结束后留几分钟时间跟王宝聊聊，但是她却在早上8点以前就到了大礼堂跑到了第一排的位置坐下。我们有些销售人员可能会想，约好了10点见面，我9点40分到大礼堂等李总不就行了吗？但是王宝不这样想，她觉得应该抓住每次机会。

（4）高端客户也是人，是人就有人性，就有七情六欲。李总发言，下面有个小姑娘不停地举手说："李总，您讲得太好了""李总，您讲得太让我们受用了"。你说李总开心不开心？做销售就是要洞察人性，你把人性研究透了就不愁开不了单，不愁做不了大单生意。

（5）高端客户的人脉资源很重要，李总是当地数一数二的女企业家，你能把李总搞定了，然后李总再帮你做转介绍，王宝的生意就越做越轻松。四两拨千斤，一旦你找到关键人物，这个关系网就被打开，势不可当。

虽然行业不同，对大单的定义多少有一些区别，但是大单的销售思路是相似的。为此我总结了几个方法，以飨读者。

一、向高端客户销售

最理想的客户是既有消费欲望，又有消费能力的客户，像前面案例中的李总，人家早就已经过了买东西还看价格的阶段，王宝说搞定李总已经不是为了提成而是为荣誉而战。只要你能够找到高端客户，搞定高端客户，那么做大单就是比较容易的事情了。

在消费越来越多元化的时代，你很难再通过一个人的衣着打扮去判断他有钱没钱了。那怎么去判断客户的购买能力呢?

一个卖珠宝的销售告诉我说，她一般通过女士穿的皮鞋来判断客户的消费能力。一位女士来到商场的时候,一看皮鞋擦得锃亮，款式看上去比较打眼，没有各种金属、纽扣、皮带等装饰品，而且皮鞋踩在地上都没有任何声音，说明这是一双价值两三千元的高档皮鞋。皮鞋擦得锃亮并不是说她的皮鞋不沾灰，而是这种高端客户非常注意自己的形象，不愿意以糟糕的形象出现在别人面前，在来到商场以前她的皮鞋已经擦过了。越是高端的产品款式越简单、经典，皮鞋踩在地上没有声音，这种客户穿鞋不但要追求好看，还要求穿着舒服。为什么不能从她穿什么衣服、拿什么包判断客户有钱没钱呢?一两万块钱的包，很多女孩都可以买一个拎在手上，因为包是耐用品，可以用上一两年。而皮鞋属于易耗品，一双皮鞋正常两三个月就得走样，而且一个女孩出来逛街，肯定穿的是家里最舒服的那双鞋，而不是最贵的那双。随便一双鞋都要两三千块钱，你说她有钱没钱呢?

那么男士看什么呢?有人说看表，可是手表也属于耐用品，也没有办法判断出他的经济实力，所以男士看衣服，看他穿的西装是不是高端私人定制。定制西装首先面料就比较好，手一抖西装一点儿褶皱都没有，再就是看西装的袖口那里是否走明线，明线线头有没有磨边起球。

相对来说，从客户的衣着打扮上判断还没有那么准确，那么还可以从客户的行为习惯上判断。客户看着菜单说:“服务员，推荐一下，你们饭店都有什么特色菜啊?”“先生，我们饭店特色菜有澳洲龙虾、菲力牛排。”另一位客人坐下要服务员推荐特色菜，服务员说：“先生，我们家特色菜有家常豆腐、小鸡炖蘑菇。”为什么同一家饭店面对不同的客户推荐的特色菜却大不相同呢？这就是我们经常说的看人下菜碟。当客户在看菜单的时候，服务员就会用眼角的余光悄悄瞄着客户，当你的目光更多地落在了菜单的左边的时候，她就给你推荐澳洲龙虾、菲力牛排，当你目光更多地落在了菜单右边的时候，她就给你推荐家常豆腐、小鸡炖蘑菇。因为菜单的左边是菜名，菜单的右边是菜价，一个人看菜单先看菜名后看菜价，说明他的消费习惯是先看东西后看价格；如果一个人看菜单先看菜价后看菜名，说明他的消费习惯是比较在意价格的，要推荐一些家常菜给他。

识别出客户的消费能力之后，接下来就是如何与高端客户建立关系的问题了。高端客户会关注产品的性能、工艺、使用寿命这样一些细节吗？不会。只要你取得了高端客户的信任，如何去组合产品制订方案那就是你的事。要注意的是千万别把事情搞砸，辜负了高端客户对你的信任，那么你就会吃不了兜着走。面对高端客户不必谈论产品，谈他们有兴趣的话题，他们关注什么就谈什么，健身、理财、养生、收藏、阅读，等等。如果你没办法理解高端客户的生活状态，就很难与高端客户找到共同语言。当你想更多地向高端客户进行销售的时候，首先需要把自己由内而外地打造成高端客户喜欢的销售人员类型。

二、向客户销售高端产品

即使客户没有高端消费能力，我们也可以激发客户购买高端产品的欲望。某酒店集团推出了这样的会员积分奖励计划：当你在他们的经济连锁酒店积分达到一定额度的时候，就会送给你集团旗下五星级酒店的体验房。通过邀请客户免费体验五星级酒店，一是培养客户的忠诚度，二是提高客户后续入住五星级酒店的机会。

捆绑式销售也是向客户推销高端产品的一种手段，你买了一款低端产品，那么企业就会以比较低的价格邀请你体验高端产品，体验好了以后就会有购买的可能。但是需要注意的是高端产品千万不要降价打折，一旦步入到降价打折的泥淖之中，再想恢复高端产品的定位就比较难了。

三、销售工具让客户买得更多

你去炒货店买糖炒板栗的时候，店老板用铲子铲了一勺放在了秤盘上，他发现不够又用手抓了两个上去，还不够又抓了两个，你什么感受？店老板用铲子铲了一勺放在了秤盘上，他发现多了，用手拿出去两个，还多，又拿出去两个，你什么感受？这时候你是不是忍不住说了一句："老板别拿了，再拿的话还有半斤吗？"有没有半斤本来跟店老板往秤盘上拿进几个板栗还是拿出几个板栗没有关系，因为秤是准的，但是我们的心理感受是不一样的。你不断地往上加几个，我就很开心，可是你要是拿掉几个的话，我就觉得你拿掉的都是我的，我就担心你会缺斤少两。

有些产品是使用清单销售的，大部分销售人员使用的清单都是加法清单销售法。这种清单是一张空白的表单，表单的最上面一栏有产品、型号、单价、数量和总价几项内容，而在产品类下面的表单内容则是空白的。在产品销售的过程中，销售人员会询问客户这个产品要不要，那个产品要不要。其实这么做的时候客户有很大的心理压力，因为表单里的产品不断在增加，此时，客户看到的不是产品的增加而是购买金额的增加。我买冰箱、洗衣机、空调三大件产品一共才3万块钱预算，结果你给我增加了微波炉、电饭煲、电水壶、豆浆机等若干产品，这些加起来得多少钱呢，所以加法销售法只能让销售变得越来越难。

现在，我们重新来设计清单，把加法销售表变成减法销售表。表单内容和原来的表单并没有特别大的出入，唯一的区别就是在表单的最左边，我们把所有的产品全部都列了出来。销售人员在询问客户的时候，不是问某个产品要不要，而是直接询问他想要哪个型号。如果客户说不考虑了，销售人员就用无比惋惜的口吻说："您不考虑，那太遗憾了，因为大部分客户都会买这个产品的，毕竟用起来方便。您不考虑没关系，咱们把这个产品去掉吧。"说着，销售人员大笔一挥就把客户不要的产品给画掉了，销售人员一边嘴上说"太遗憾了"，一边摇着头把客户说不要的产品都给画掉。最后原本上面写着十几件产品的销售清单，被销售人员画掉了七八件，清单推到客户的面前，说："哥，这就是您要买的产品，您看看吧。"此时，客户是什么心情呢？客户此时看到的不是消费金额的减少，而是产品的减少。写满产品的销售清单无形中给了客户一种心理暗示，大部分客户在购买的时候都会买全套产品的，而你只买这么几件是不是太少了。

关于减法销售清单，汽车4S店很早就已经使用了。销售顾问进行新车销售的时候会向客户推荐保险，而他们的销售清单上会把险种提前写出来，防盗险、划痕险、玻璃险、第三方意外险，等等。只是很多销售人员在使用这张表单的时候，为了省事，不是画掉客户不购买的险种，而是勾选客户要购买的险种，结果将减法销售表做成了加法销售表，再好的销售工具没有执行力同样会大打折扣。

四、为客户提供一站式购买

由于品牌宣传的原因，客户对很多品牌都有特殊的产品偏爱，而对该品牌的其他产品则不太感兴趣。比如，一提起海尔，你首先想到的会是海尔冰箱;一提起海信，你首先想到的会是海信电视。众所周知，海尔也做电视，海信也做冰箱。当客户来到一家海尔专卖店的时候，他可能只是奔着冰箱来的，而客户来到一家海信专卖店的时候，他可能只是奔着电视机来的。此时就要考验销售人员的大单销售能力了，在满足了客户的必买产品以后，引导客户购买自家的其他品类产品，从而实现小单转大单。

一站式买齐对于客户来说，不但可以省去来回比较、路途周折的体力成本，也可以省去不少的货币成本，客户唯一担心的就是你的其他产品能否达到别人家的标准，你的产品是不是我一定需要的。除了销售人员的个人能力,商家也可以设计一些优惠活动，比如套餐优惠、买三件送一件或者买三件送电饭煲等活动。

□ 实战案例

家里装修刚刚结束的时候，我们去家电卖场买电视机，逛了一天，比较了很多品牌，已经很累了。到了晚上七点左右，我走进了国美电器的一家专卖店，店员看我们进店了，没有带我们看产品而是先让我们坐了下来。她说，这个点你们来店里肯定也比较了很多家，估计对产品也比较了解了，也不用我过多介绍，是不是在价格上面还有顾虑？这名店员和我们交流了一段时间以后，她开始推荐卧室里一款32英寸液晶电视。我们的计划里只是想在客厅里装一台电视就可以了，经过她的一番引导，又加以低价优惠，“只要您客厅电视在我店里订，卧室这台电视算我送您的，而且客厅电视一分钱不赚以公司的进货价格卖给你”。最后，在这名店员的引导下，我们既买了客厅电视，也买了卧室电视。

鼓励客户一站式购买既是提升客单值的方法，也是有效的逼单技巧。当客户对产品价格存在异议的时候，产品组合策略让我们有了更多的谈判空间。

五、设计高价成交的促销政策

在成交签合同的时候，客户大都会提出价格折扣的要求。你不答应的话，合同就可能签不下来；你答应的话，你的单值就会缩水。不管你给客户几折的折扣优惠，客户心里都会有顾虑，都会觉得你还有降价空间。客户购买1万块钱的产品，如果你打7折的话，整单就会缩水3000元。我们宁可给客户赠送3000元的礼品，首先，你的单值没有缩水；其次，3000元的赠品成本其实用不到3000元；再次，客户也会比你给他折扣更开心。

价格折扣带给客户的愉悦感是短暂的，赠品带给客户的愉悦感则可能是长期的，而且你愿意花点心思的话，买赠还可以玩出很多花样来。肯德基喜欢送小熊，一送就是一套几个，每次去消费的时候得到一个，直到集齐全部。所以赠品不但要送得出奇制胜，还要送出故事和情感来。

六、用小件产品补足整数消费

很多老板的办公桌上都会摆上一只貔貅，目的就是希望自己能发财，因为貔貅是只吃不拉的瑞兽，寓意招财进宝。我们在做销售的时候也要有貔貅精神，客户的钱收进来容易找出去难，不要轻易地给客户找零。当账单的金额是9.5元的时候，精明的商家不会再给客户找5毛钱，而是建议客户拿一颗棒棒糖，这样既省去了找零的麻烦，又扩大了单值。我去机场一家快餐店吃饭，结果他们家的价格是14元，付钱的时候店员就说："先生，收您15元找您1元，要不您拿一包纸巾或者拿一块口香糖吧，反正找您1块零钱您拿着也不方便，而且不管纸巾还是口香糖您也需要。"

补足订单零头，我们是让客户把订单的金额凑成整数，也有商家不是把订单金额凑成整数，而是把客户的零钱凑成整数，鼓励客户再次到店消费。

☐ 实战案例

去百果园水果店买水果，店员在收银的时候，不是马上把零钱找给我，而是建议我办一张他们的会员卡，把零钱存到会员卡里。操作很简单，不需要任何手续，只要顾客同意并把手机号报给店员即可，手机号就是我们的会员卡号。然后本次消费的找零直接存到了你的会员卡里，积少成多，每次的找零都往卡里存，存到一定金额的时候就可以消费了。这样既帮客户存钱，又省去了客户的麻烦，也增加了门店与客户之间的黏性。

七、整体解决方案提升单值

同样一棵白菜，拿到商贩手里，有人把白菜洗干净，外面包个塑料包装就可以卖得贵一点；有人把白菜切碎了再搭配点猪肉、葱姜蒜调料也可以卖得更贵一点；而有人把白菜拿回家去腌制成了酸菜，则可以卖出双倍的价格来。没有同质化的产品，只有同质化的销售思维，只要销售人员愿意创新，所有的产品都能够提供附加值。

☐ 实战案例

一个卖挖掘机的业务员老顾，为了开发客户就找到了当地的一些想投资的人，但是这些投资人是个体户有顾虑，说："我们这里矿山土方的项目比较少，短期内怕投资收不回来怎么办？"老顾就跟别人出主意，你不一定非要自己开挖掘机啊，你可以做一个开挖掘机的培训课程，教年轻人怎么开挖掘机，这就是门手艺。然后年轻人学会了开挖掘机，有钱了需要买挖掘机还可以找你，这样你就有了三份收入：学员的学费、自己开挖掘机的工时费、未来销售挖掘机的销售提成。你说这个百十来万的投资收回来还难吗？老顾用引导客户开挖掘机培训班的思路，一个月就卖出了七八台挖掘机。

从卖产品向卖方案的转变，既能让客户省心，又能让客户放心，同时还避免了陷入价格战的红海。这就像西药和中药的销售，西药的销售特点就是卖产品，简单、直接、方便，当然价格战一片红海；可是中药就不一样了，几味药放到一起小火慢煎，过程虽然漫长、操作相对复杂，但是越来越多的人选择了中药，因为中药更能够固本培元。对于中药房来说卖的是药方，药材不值钱，但是方子就值钱了。卖方案可以让客户感觉我们很专业，自然也就愿意为此付出更高的价格。

八、场景体验主推高端

在销售管理中有一个原则，企业考核什么，销售人员就卖什么，想要卖高端产品就要加大销售人员高端产品销售的考核。在这里有必要重申一下，大单的来源有两种：第一种是高端产品大单，第二种是多产品销售大单。

高端产品大单在场景陈列上需要对高端产品给予最突出的展示位置。汽车4S店里的黄金展区通常都是留给门店里最高端车型的，不但在展示位置上差异化对待，在助销物料的使用上，也需要对高端产品给予特殊的包装。去饭店吃饭的时候，面对着名目众多的菜名，竟然有种无从下手的感觉，还好菜单上有些菜写着店长推荐，而且这些菜的旁边还会配有图片。当然，店长推荐的菜一般都价格不菲。

多产品销售大单在产品陈列上可以做“啤酒+尿布”陈列，美国沃尔玛超市把啤酒和尿布摆在一起，结果啤酒和尿布的销售双双攀升。原来，经过研究发现，美国的妇女们经常会嘱咐她们的丈夫下班以后要为孩子买尿布。而丈夫在买完尿布之后又要顺手买回自己爱喝的啤酒，因此啤酒和尿布在一起购买的机会还是很多的。

九、把客户变成销售人员

服装店经常会做的一种促销活动是“买一件衣服9折，买两件衣服7折”，可是如果我今天只想买一件衣服的话，能不能拿到7折的优惠呢？答案是能，店员经常会询问顾客“您愿意和这位先生一起拼个单吗？”店员帮着客户拼单，我不知道这是店内的销售策略还是店员的个人操作，但是从结果上讲，虽然每个客户的购买金额缩水了，但是整体的销售额却得到了提升。

□ 实战案例

拼多多作为社交电商的领军企业，一直遭到不少人的吐槽，但是短短几年时间成功上市纳斯达克，我们不能不反思拼多多模式的优势。你想以更低的价格买到某款产品，那么你就可以发起2-3人的拼团，拼团人数越多，价格越优惠。虽然单人购买金额减少了，但是因为这一个人拉了一堆人过来，整个盘子做大了，而且拉来的新人又可能实现了用户的再转化，拼多多把客户变成了它的销售人员。

■ 刻意练习

除了我们在本篇中提到的九个大单策略，你认为还有哪些可以做大单的方法？

第七章　异议处理

有很多销售人员在挖掘需求、建立关系、产品呈现等环节表现得都很出色，可往往倒在了最后处理异议的战场上。客户说:“价格太贵了”“我还想再考虑一下”“你们的品牌我没听说过”“别人家给我的优惠力度更大”，遇到上述情景，怎么办?

客户异议就像是悬在销售人员头上的达摩克利斯之剑，弄得我们寝食不安。对异议的恐惧是很多销售人员的共同问题，我经常说，做销售的处理客户的异议是我们的天职，如果我们不用处理客户异议就能成交，那么销售人员还有什么价值呢?

□ 实战案例

每次讲到客户异议的时候，我就喜欢邀请一位同学上台来跟我一起给大家做一个示范。我让这位同学伸出双手，把手掌推到身前，此时我也推出手掌跟他的双掌相推。当我用力的时候，这位同学的双掌也开始用力；当我力气减小的时候，他也跟着减小。等我突然双掌一收，他没想到会有这样的变化，一下子就扑到我面前来了，全班同学哄堂大笑。

面对客户的异议时，如果你总是试图跟客户去辩论，那么结果就是两个人对抗的结果：你发力客户也会跟着发力，最后大家甚至争吵起来，不欢而散。不管客户的异议是什么，我们处理的方式方法都非常重要，**客户需要的不是正确的答案，而是那个他能接受、能认同的答案。**

第一节　辨别异议的真假

我想先在这里澄清一个事实，客户的拒绝是不是客户异议？当我们在销售中遇到阻力了，客户不认同我们的观点时，很多销售人员就把客户的这种拒绝当成了客户的异议，然后试图去找到正确的答案来处理客户的拒绝。客户的拒绝并不等同于客户的异议，这是销售的常识。

一、识别出是逆反还是异议

我们绝对不能把客户的每个拒绝都当成异议，一上来就想找一个好的答案来回答客户。我们首先要做的是快速判断出客户的拒绝真的是异议吗?

在前面的文中我曾经提到过逆反原则，在这里很有必要再次重申一下：

> 客户走进一家店，店员问:“需要帮忙吗？”客户回答:“不需要，我先看看。”
>
> 在电脑城买电脑，店员问:“您今天买吗？”客户回答:“不买，我先看看。”
>
> 学员问:“老师，您给我留个电话方便吗？”我回答说:“不方便。”
>
> ……

如果你把以上的客户拒绝当成了异议，你就很傻很单纯了，此时的客户拒绝并不是真的拒绝，而是客户的逆反，客户通过逆反你来证明自己是个聪明人。什么叫作逆反？当我们提出一个观点或者建议的时候，对方给我们的回应通常是反对的或者部分反对的。只有通过反对别人，才能证明自己的聪明，这就是逆反产生的原因。逆反是人的本性，我们会逆反，别人同样也会被其他人逆反。

在销售中，60%的客户拒绝都是逆反，因为不管客户想不想买，他都会逆反你，从而证明自己是聪明人，逆反是客户情绪态度上的问题。只有40%的客户拒绝是异议，异议是客户认知上的问题。但是很遗憾，因为大多销售人员都没有听过逆反原则的存在，把客户的每个拒绝都当成了异议，都尝试着用回答的方式去处理，这样反而激发了客户更强烈的逆反。

我们来做个测试：

客户走进一家家具店，店员问："先生，您需要什么产品？""我要买个沙发。""那您看这款怎么样，这是我们的新款，一共有五个卖点。"等销售人员把五个卖点说完了，客户来一句："小姑娘，你这个沙发好是好，就是价格太贵了。"此时，你会怎样回答呢？

"不贵，一分价格一分货，我们家东西不一样。"

"好贵好贵，因为好所以才贵啊。"

"我们的价格确定有点贵，同时……"

"先生，您眼光真好，您看的是我们家最贵的。"

"这款沙发虽然卖1万块，但是可以用20年，一年平均才500块，平均一天也才1块多钱，您说还贵吗？"

"先生，我们这个品牌就是为像您这样的成功人士量身打造的。"

……

如果你是这家家具店的销售人员，你会用答案几来回答呢？

我们现在往极端想一想，"先生，您觉得沙发贵是吧，那我们今天给您打一折只要1000块钱，您要吗？"客户不要！为什么呢？

你问过客户家里客厅的尺寸吗？你问过客户需要左贵妃位还是右贵妃位的沙发吗？你问过客户需要布艺沙发还是皮质沙发吗？客户刚进门，你说："要什么？""要沙发。""这款是新款。""太贵了。""便宜点，一折。"客户说："开单。"我们做销售难道是凭运气的吗？我们怎么会有这么好的运气，连客户的需求都没有弄明白就开单了呢？敲黑板，画重点，此时的客户拒绝并非异议，而是客户的逆反。客户说你这沙发好是好，就是价格太贵了，所以啊，请你做销售老实一点，别忽悠我，你也忽悠不了我，我可是见过世面的人哪！可是按照我们上面那六个答案，貌似没有一个能够真正说到客户的心坎里去。

（1）"不贵，一分价格一分货"，客户怼你一下，你马上又怼客户一下，这样你们两个还能愉快地聊天吗？

（2）"好贵好贵，因为好所以才贵"，客户心里就会想："这么简单的道理用你来教我吗，我又不是傻瓜。"

（3）"我们的价格确实有点贵，同时……"典型的玩弄文字游戏，"同时"之后又是用产品品质来论证价格。

（4）"先生，您眼光真好，您看的是我们家最贵的"，客户最讨厌的就是这种善意的谎言，不管客户看中哪款产品，销售人员都会说眼光真好。为了销售阿谀奉承毫无原则，客户对销售人员的这些套路了如指掌、深恶痛绝。

（5）"这款沙发虽然卖1万块，但是可以用20年，一年平均才500块，平均一天也才1块多钱，您说还贵吗？"如果真到了要成交的时候使用价格分摊法还是不错的技巧，但是此时根本就不是客户的价格异议，有点风马牛不相及。

（6）“先生，我们这个品牌就是为像您这样的成功人士量身打造的”，相比较而言，在这个六个答案里，这个答案是让客户最舒服的，但是依然没有戳中客户的要害。

这个问题该如何回答呢？当你知道了这个问题是客户的逆反而不是异议，那么你就不要再跟客户对着干了，只要顺着客户聊就可以了。“先生，我也觉得挺贵的，不过话说回来，咱们一辈子能装修几回、选几回沙发呢，所以我觉得选沙发不能先看价格，首先得看看东西是不是您喜欢的。您说一辈子难得装修这么一回，东西不是您喜欢的，这沙发白送给您，您也不能要啊。”“他强由他强，清风拂山冈。他横由他横，明月照大江。”这是金庸先生《倚天屠龙记》里所写《九阳真经》的几句口诀，用来处理客户的逆反最好不过，你只要保持平常心，不去逆反客户就万事大吉了。

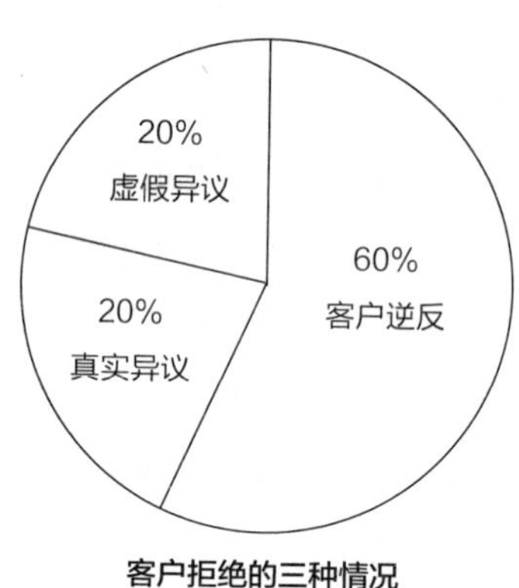

客户拒绝的三种情况

二、识别出是真异议还是假异议

面对客户的拒绝，我们首先要判断的是客户的这个拒绝到底是异议还是逆反，只有异议才需要我们处理，而逆反不需要处理。

判断出异议之后，我们接下来还要再判断这个异议到底是真实的还是虚假的。

1. 真实异议与虚假异议的区别

“嫌货才是买货人”，很多人把这句话奉为销售箴言，激励着我们在面对客户异议时，要保持积极乐观的心态迎难而上，危机中蕴含着巨大的机会。但是这句话我们需要再深入地剖析：嫌货包含两种可能，一是客户对你的产品真的不认同，那么这个异议就是真实异议，说明我们的销售还没做到位；二是客户嘴上说东西不好，心里却早已经接受了，他只是借口产品不好来为自己在谈判时找到一个更好的压价理由，此时这个异议就是虚假异议，是客户的借口。

真实异议是指客户不愿意购买的真正原因，如销售人员所推销的产品不符合他们的需求，或者他们确实无力支付等。例如，一对即将结婚的恋人将拍婚纱照的预算控制在3000元以内，而你向他们推荐了6000元的婚纱摄影。即使他们很感兴趣，但由于严重超出了原来的预算，他们可能提出价格异议，这种异议就属于真实异议，因为他们的确无力支付。当客户提出真实异议时，则意味着销售人员所介绍的产品带给客户的利益还不够充分，或者客户根本不感兴趣。

虚假异议是指客户对销售人员所推销的产品有需求，但不能把真实异议提出来，而以其他理由掩盖真实想法，目的是要借此假象达成隐藏异议解决的有利环境。虚假异议是拒绝销售人员及产品的一种借口。例如，客户对一件看中的衣服提出虚假异议说：

“这件衣服的款式还可以，但布料好像粗糙了点儿，不值这个价！”很多客户提出价格异议就是希望降价，但又不好意思开口，所以提出其他如材料、品质、外观、颜色等异议，以降低产品的价值，从而达成降价的目的。如果客户提出虚假异议，销售人员就要分析其真实原因，并采取相应的应对方法。

2. 客户使用虚假异议的四个借口

当发现客户在使用以下四个借口来拒绝时，我们就需要特别小心了，因为这四个借口很多时候都是客户的虚假异议。

拖延理由：拖延理由就是客户想推迟购买的时间，比如他会说：“这种化妆品还不错，不过我还想到市场上看看有没有更合适的，我打算过段时间再买。”“这款空调价格是挺合适的，但现在天气还凉快，再过一个月再说吧。”等等。

信心理由：客户不愿意购买的绝大多数理由都是信心理由，即客户对销售人员的承诺或对产品本身缺乏信心，对销售人员的讲解表示怀疑，或是客户不喜欢销售人员的仪容仪表、言谈举止或行为方式等。

价格理由：价格理由就是客户对产品价格的抱怨，希望降低成交的价格，这是一种常见的虚假异议。比如，“太贵了”“价格太高了”“我买不起”“这个产品哪里值这个价”等。

隐藏理由：隐藏理由就是客户所给出的理由并不是真正的理由，而只是一个虚假的借口。如“我以前也用过同类的化妆品，但现在不想买了。”“我目前还不需要，如果有需要我会联系你的。”等等。

3. 如何判断客户的虚假异议

我们可以从三个方面来辨别客户异议的真假：

首先，不能只听客户说什么，关键要看客户做什么，就算客户嘴上在说谎，但是客户的肢体语言会出卖他内心深处的真实想法。当客户说："我还想再考虑一下。"他虽然嘴上这样说，但是他手上拿着我们的产品不停地摆弄，然后总是岔开话题问销售人员其他人买过后的使用情况，就是不肯从我们店里快速地离开。这些信号表明客户并不是要考虑一下，而是缺少一个马上购买的理由，如果销售人员这个时候给他讲当下购买的优惠活动或者不买可能会造成的损失，客户就会马上做出决定。

其次，要看异议出现的时间节点，当我们演示完产品并且把客户的品牌异议、产品异议等处理完成，客户已经没有任何问题了。我们报完第一轮报价，他忽然来个回马枪说你的产品哪里不够好，这时的异议就是客户的虚假异议，他就是要为自己在最终谈判价格的时候争取更多的筹码。

最后，看客户来人之间的沟通状态，如果一对夫妻跑到一边去悄悄地合计些什么的时候，那说明他们有购买意向了。可是如果一对夫妻在产品选购完之后到了付款阶段，忽然发生了争执，老公想买老婆不想买甚至吵起来，这个时候我们需要小心客户正在唱双簧，以便在跟你谈价格的时候争取更多的利益。特别是在老婆怒气冲冲地离开了你的门店，而老公说："我老婆不太喜欢，你给我个底价吧，我回去做我老婆的工作。"很明显这对夫妻正在使用黑白脸的谈判策略，这个异议就是虚假的异议。

三、客户虚假异议的处理技巧

关于客户真实异议的处理技巧，我们会在下一节再跟大家重点谈及，接下来讲讲虚假异议的处理。

看破而不说破，给客户留面子，是处理客户虚假异议的首要原则。销售人员自以为很聪明，客户的任何雕虫小技都逃不过他的火眼金睛。客户说："跟你一模一样的产品，王老板的价格比你们便宜一半。"他马上接话说："不可能，李总，我跟你打赌，如果王老板的价格比我们便宜一半的话，我情愿输给您两千块钱。"此话一出，基本上自绝后路，李总再也不想搭理你了，因你从人格的高度攻击了李总。"不可能，王总不可能有那么低的价格。"言外之意就是李总在说谎，李总在使用欺骗的策略套路销售人员，而且还被销售人员给识破了。就像小孩子刚刚喝完水看大人喝饮料，他一直口里喊"渴，渴，渴"，大人都知道他不是真的渴，而是馋。李总说对手的价格低不就是想跟我们压个价，对你一点兴趣都没有的客户，干吗要告诉你王总的价格低那么多，他直接从王总那里买不就得了。销售人员爱憎分明地揭穿了李总的谎言，这就是啪啪打脸啊。销售人员还跟客户打赌，宁可输两千块钱以证明自己有多么英明，这就是常说的江湖口。

要想赢得客户对你的信任和好感，就要顺着客户的思路去聊天，引导而不是对抗。和而不同，在价值观上一定要争取跟客户保持高度的一致，在细节问题上可以存在小的分歧。明明知道李总在骗我们，我们依然要装傻，给客户传递一个信号，不管你说什么我认为都是你说的是真的。

不破不立，识别出客户的谎言之后不是揭穿他，而是通过摆

事实讲道理让客户自己都觉得自己说的站不住脚，让客户自己把说出来的话收回去。“李总，我相信您说的可能是真的，我好奇的是王总怎么能把价格做到这么低呢？”这时候传递的信息是相信客户的说法，然后与客户探讨具体的价格构成问题，直到客户的诡辩不攻自破。跟客户算账，算来算去，最终按照王总的报价连产品都生产不出来，客户自然也就不再言语了。请注意，这里算账一定算的是一笔糊涂账，既能让王总的报价不成立，又让客户没办法估算到我们的成本。

举例说明，当我们跟客户算账之后，客户的谎言其实就已经被揭穿了，为了更有信服力，你可以再跟着客户的思路走一走：如果王总真能做到那么低的价格，那产品品质就没法保证，就像我们的一个客户某某因为贪图一时便宜采购了一批产品，最后导致自己的产品品质出了问题，损失惨重，贪一时的小便宜得不偿失啊。我们建议李总您不要重蹈覆辙，我们也相信李总您这么英明的人会做出正确的抉择。

我只是举了一个例子来跟大家说明，当我们识别出客户的虚假异议的时候，我们千万不要直接去揭穿他，这是一个原则底线的问题。顺着客户的思路去跟客户聊天，然后慢慢引导客户，最后让客户的谎言不攻自破。

■ 刻意练习

在销售中还有哪些客户的拒绝是逆反而不是客户的异议，请举出1-2个例子。

第二节　破解异议的思路

在面对客户拒绝的时候，我们不是马上去回答他，而是先判断这个拒绝到底是逆反还是异议。在确定了是异议之后，我们接下来要判断的是这个异议是真的异议，还是假的异议。关于假的异议我们上一个小节已经跟大家讲完了，本节我们来谈谈真实的异议是怎么产生的，以及如何处理真实异议。

□ 实战案例

我的朋友跟我强烈推荐去一家男装店买衣服，一是因为他们家的衣服比较适合我，二是因为朋友是他们家的VIP，用他的会员卡可以享受足够大的优惠，全场服装7折优惠。在他的一再推荐之下，我们走进了这家男装店，选衣服对男人来说本来就是很无聊的事情。等我选好了自己比较满意的衣服之后，走到收银台前准备付钱，朋友说："用我的会员卡，有优惠啊。"店员说："先生，忘记了跟您说，因为现在原料涨价等各种因素影响，我们店里的会员政策也不得不做出调整，您这张VIP现在只能享受9折优惠。"听到这里朋友立刻发火了："开什么玩笑，你说9折就9折啊，你怎么不早点告诉我，我要找你们店长投诉你。"我也很恼火，朋友发了一顿脾气，挑的衣服也没买，两个人怏怏不乐地离开了。

当听说原本7折的会员卡现在只能9折消费的时候，我的朋友发火了，他说，你怎么不早点告诉我！在回去的路上我一直在想着朋友的话，越想越有道理，对啊，店员为什么不早点告诉我朋友他的会员卡现在只能9折消费呢？如果她早点告诉了我的朋友，那么我们买还是不买决定权完全在我们的手上。我们心里一直想着7折，而你也没告诉我们不能7折消费，埋单的时候你再来告诉我，客户的期望值和门店提供的服务之间出现了巨大的落差，店员的这种行为在我们看来就是欺骗，我们当然会很生气。

"先生，您的运气真好，幸亏您原来在咱们店里买衣服买得早，现在因为原材料上涨等原因，所有会员卡的消费折扣都提高了，您的这张会员卡现在只能享受9折优惠，公司这种决定也是无奈之举，客户和我们都不太开心。不过既然您今天带朋友来了，我们可以跟店长申请一下，额外送您和您朋友每人一份小礼物。"

如果我们刚刚进店的时候，店员跟我的朋友这样说，我的朋友能不能接受9折的优惠呢？首先，她恭喜了我的朋友提前买了很多衣服做出了英明决策；其次，她说得很明白，这种调整不是针对我朋友一个人的，是所有会员的消费折扣都上调了，而且她表示了极大的愧疚；再次，作为补偿她说可以送我和朋友每人一个小礼物。如果店员这么说的话，就算价格贵点，我们也会表示理解，继续在她的店里购买。为什么销售人员不敢提前把自己的这种状况说出来呢？因为她怕一旦说出来之后，我们就会转身离开，恰恰是因为她不敢说出来导致了我们的离开。我们经常说做销售就是要多一些真诚、少一些套路，就算你的产品或者服务上有一些瑕疵，只要你能够坦诚地说出来，客户反而更加喜欢和认可你这个人了，反而会促进销售的达成。**没有完美的产品，但是却有追求完美的销售人员，越是销售高手越敢于亮剑，敢于承认自己的一些不足。**相反那些不自信的菜鸟级销售人员每次都要把产品说得完美无缺，在今天这个信息越来越透明的时代，你应该知道，客户并不是傻瓜。

客户异议就像拦在你前行路上的一块石头，如果你知道这块石头的存在，就应该早点起身把这块石头搬走，而不是等着客户来帮你搬。客户搬的时候不是把石头搬走，而是会搬得离你更近一点。如果能够提前预见到客户的异议，那么我们就能够有效地预防客户的异议，这是销售的常识。所有真实的客户异议都是我们在销售的过程中操作失误导致的，跟客户的关联不大。

一、客户异议产生的原因

1. 客户对销售人员不信任

关于销售到底是在卖产品还是在卖自己，这个问题就像先有鸡还是先有蛋一样，争论至今也没有定论，不过可以确定的一点是成功的销售既是产品销售的成功，也是销售人员个人销售的成功。在没有跟客户建立信任关系以前，客户会对你说的每句话都保持怀疑的态度，总觉得你在使用一些套路在忽悠他。正是因为对你这个人的不信任，客户有权利怀疑你说的每句话。

2. 客户对自己不信任

对于一些低频消费或者复杂型产品的购买，因为客户缺少相关的购买经验和知识，在购买的时候就会担心自己上当受骗，迟迟不肯做决定。客户对自己没信心,处在一边选择一边学习的阶段，只有他认为自己对这个行业完全懂了的时候，才会进入到真正的采购阶段。如果销售人员不会判断客户的购买阶段的话，就很容易急于求成，在客户选择比较阶段的时候，你应该成为客户最值得信任的那位老师。因为这个时候每个品牌都在给客户洗脑，谁能够给客户洗脑成功谁就创造了机会。

3. 客户对产品没兴趣

成功的销售首先是发现客户的需求，然后成功地为客户匹配合适的产品。这里有两个关键点，一是如何能够精准地挖掘到客户的需求，并且能够引导客户的需求；二是如何匹配合适的产品。客户说我想要买个西瓜，可是他的需求到底是要自己吃还是要送人呢？我们有些销售人员把客户的需要当成需求，急于推荐产品。如果自己要吃西瓜的话，卖相不重要，重要的是西瓜甜不甜、起不起沙；如果西瓜是要送人的话，卖相就更加重要了。因为对客户的需求把握不准，产品推荐错了，客户自然就不会感兴趣，风马牛不相及。就算你抓住了客户的需求，但是因为你的销售话术没那么精彩，产品讲解不能打动客户，客户也可能没兴趣。

4. 客户的性格比较谨慎

在第三章讲到客户行为风格分析时，我们把客户按照《西游记》中唐僧师徒四人进行了细分，其中唐僧型客户是比较理性较真追求完美的，对所有的事情都要打破砂锅问到底，你千万不要尝试用感性的方式去跟他沟通，也别指望靠感情关系就能够搞定他。有理有据是面对唐僧型客户的沟通法则。他们对所有的问题都很在乎，因此产生的异议也会比较多，只要我们够耐心地进行专业讲解，这些异议是比较容易处理的。

5. 客户已经到了下单阶段

如果说世界上最难的事情就是把别人的钱装进自己的口袋，那么还有一件让每个人都无比痛苦的事情，那就是把钱从口袋里掏出来交给别人。在行为经济学中有个著名的法则叫作“厌恶损失”，得到10块钱的快乐感受远远没有失去10块钱的痛苦强烈。在准备把钱交给销售人员的那一刻，是客户最为痛苦的时刻，因为他知道一旦把钱交给销售，就把自己的主动权也交了出去，这个时候客户就会用各个异议来拖延自己交钱的动作。至于客户交了钱之后，另外一个法则就会发生作用了，叫作“禀赋效应”，人们总是想着找出各种理由来论证自己做出的决策是最英明的，认为自己购买的东西物超所值。

二、确认客户的异议

再拿客户买西瓜的例子来说，客户对你的西瓜没兴趣到底是因为你没有抓住他的需求，还是因为你西瓜介绍得不好呢？答案是都有可能，我们千万不能用一句客户对我们的产品没兴趣就把这个问题给带过了。

1. 对客户异议抱有积极的态度

我们有些销售人员非常害怕客户的异议，总是担心自己回答不了客户的问题导致订单的流失。“狭路相逢勇者胜”，面对客户异议需要我们抱有积极而且正确的态度。异议是销售过程中最正常不过的事情，没有任何异议的客户是没有意向的客户，而且我们要相信没有解决不了的客户异议。如果客户异议的处理很困难，主要是两个方面的原因，一是我们的技能、技巧不够，二是时间问题。

2. 跟客户确认他的异议

客户说：“我觉得你们这个产品也没什么特别的地方。”这个时候你可能会在内心深处不断地猜测，客户说这句话到底是什么意思，他是不喜欢我推荐的这款产品，还是他真的见过比我们更好的产品，又或者他只是觉得价格太贵找个托词而已？**用猜测代替我们对客户问题的充分了解是销售中的大忌**，有很多销售人员自以为聪明，常常用猜测去预判客户的想法。正确的做法是你应该跟客户确认他的异议：“先生，你说没什么特别的地方主要是指哪个方面呢？”你跟客户讨论的细节越多，为自己争取的主动权就越多。

3. 注意观察客户的肢体语言

客户有时候会说假话，但是他的肢体语言通常会出卖他内心的真实想法。在面对客户异议的时候，我们不仅要听客户说什么，更要注意观察他是怎么做的。客户一边说你这个产品我不喜欢，一边却迟迟不肯离开，他的行为出卖了他的真实想法。

三、破解客户异议的方法

1. 忽视法

所谓“忽视法”，顾名思义，就是当客户提出一些反对意见，并不是真的想要获得解决或讨论时，如果这些意见和眼前的目的扯不上直接关系，你只要面带笑容地同意他就好了。

对于一些“为反对而反对”或“只是想表现自己的看法高人一等”的客户意见，若是你认真地处理，不但费时，还有旁生枝节的可能。因此，你只要让客户满足了表达的欲望，就可采用忽视法，迅速地引开话题。

忽视法常用的方法如：

微笑点头，表示“同意”或表示“认同您的话”。

“您真幽默！”

“嗯！真是高见！”

2. 补偿法

当客户提出的异议，并且有事实依据时，你应该承认并欣然接受，强力否认事实是不明智的举动。但记得，你要给客户一些补偿，让他取得心理的平衡，也就是让他产生两种感觉：

客户获得的价值与售价一致的感觉；

产品的优点对客户是重要的，产品没有的优点对客户而言是不太重要的。

世界上没有十全十美的产品，当然产品的优点越多越好，但真正影响客户购买与否的关键点其实不多，补偿法能有效地弥补产品本身的不足。

补偿法的运用范围非常广泛,效果也很实用。你可以这样去说：

“我们的价格确实有点贵，不过我们会赠送您三年的售后服务。”

“我们的产品确实没办法100%达到您的期望，不过我们会送您一个电饭煲，您觉得怎么样？”

3. 太极法

□ 实战案例

每个人都有自己的特长，也有自己的短板，我的短板是喝不了酒。每次到了酒桌上，客户劝酒，我都会借口工作关系推辞。有一次去山东培训，客户非常热情，晚宴上一定要让我喝点白酒，我说：“我从来不喝酒。”每次都能搪塞，独独那天这句话不好使了，客户端起酒杯说：“对，李老师，正是因为您从来不喝酒，今天无论如何我们都一定要让您喝点，不然您怎么知道您有多大潜力呢？”

以其人之道还治其人之身，我不喝酒的借口恰恰成了必须要喝一杯的理由，山东的这位客户太极打得相当漂亮。太极的精髓是处于阴阳、动静、虚实之间的相互变化，以柔克刚，巧妙运用他人之力，借力使力、以静制动。

太极法用在销售上的基本做法是当客户提出某些不购买的异议时，销售人员能立刻回复说："这正是我认为您要购买的理由！"如果销售人员能立即将客户的反对意见，直接转换成他必须购买的理由，则会收到事半功倍的效果。

太极法能处理的异议多半是客户通常并不十分坚持的异议，特别是客户的一些借口。太极法最大的目的，是让销售人员能借处理异议而迅速地陈述他能带给客户的利益，以引起客户的注意。

4. 询问法

询问法在处理异议中扮演着两个角色：

（1）通过询问，把握客户真正的异议点；

（2）销售人员在没有确认客户反对意见的重点及程度前，直接回答客户的反对意见，往往可能会引出更多的异议，让销售人员自找烦恼。

在销售人员的字典中，有一个非常珍贵、价值无穷的字眼——为什么？不要轻易地放弃这个利器，也不要过于自信，认为自己能猜出客户为什么会这样或为什么会那样，应该让客户自己说出来。

当你问为什么的时候，客户必然会做出以下反应：

（1）他必须回答自己提出反对意见的理由，说出自己内心的想法；

（2）他必须再次检视他提出的反对意见是否妥当。

此时，销售人员能听到客户真实的反对原因，明确地把握住反对的内容，也能有较多的时间思考如何处理客户的反对意见。

5.“是的……如果……”法

人有一个通性，不管有理没理，当自己的意见被别人直接反驳时，内心总是不痛快，甚至会被激怒，尤其是遭到一位素昧平生的销售人员的正面反驳。

屡次正面反驳客户，会让客户恼羞成怒，就算你说得都对，也没有恶意，还是会引起客户的反感。因此，销售人员最好不要开门见山地直接提出反对意见。在表达不同意见时，尽量使用“是的……如果……”的句法，软化不同意见的口语。用“是的”同意客户部分的意见，用“如果”表达另外一种状况是否这样比较好。

请比较下面的两种方法，感觉是否天壤之别。

A:“您根本没了解我的意见，因为状况是这样的……”

B:“平心而论，在一般的状况下，您说的都非常正确，如果状况变成这样，您看我们是不是应该……”

A:“您的想法不正确，因为……”

B:“您有这样的想法，一点也没错，当我第一次听到时，我的想法和您完全一样，可是如果我们进一步的了解后……”

养成用B的方式表达你不同的意见，你将受益无穷。

“是的……如果……”是源自“是的……但是……”的句法，因为“但是”的字眼在转折时过于强烈，很容易让客户感觉到你说的“是的”并没有含着多大诚意，你强调的是“但是”后面的诉求。因此，使用“但是”时要多加留意，以免失去了处理客户异议的初衷。

6. 直接反驳法

在“是的……如果……”法的说明中，我们已强调不要直接反驳客户。直接反驳客户容易陷入与客户争辩而不自知，往往事后懊恼，却已很难挽回。但有些情况必须直接反驳以纠正客户不正确的观点。例如：

（1）客户对你的服务、企业的诚信有所怀疑时；

（2）客户引用的资料不正确时。

出现上面两种状况时必须直接反驳，因为客户若对我们的服务、企业的诚信有所怀疑，我们取得成功的机会几乎可以说是零。如果客户引用的资料不正确，我们能以正确的资料佐证我们的说法，客户会很容易接受，反而会对我们更信任。

使用直接反驳技巧时，在遣词用语方面要特别的留意，态度要诚恳、对事不对人，切勿伤害了客户的自尊心，要让客户感受到我们的专业与敬业。

总结一下，处理客户异议的方法有很多，在实际应用的时候销售人员需要灵活使用、见招拆招。每种处理方法都是有效的，关键是看你用的时机和场合。

我说“我从来都不喝酒”，眼睛却盯着面前的茅台酒，客户心领神会，把我的酒杯送到我面前，自己端起自己的酒杯说：“李老师，我先干为敬。”说着一仰脖喝了个底朝天，这就是忽略法。

我说“我从来都不喝酒”，客户说：“李老师，您只要喝了这杯酒，我们再跟您签一个明年的十场培训合同。”这就是补偿法。

我说“我从来都不喝酒”，客户说：“李老师，正是因为您从来都不喝酒，今天才一定要喝一杯，这样您才知道自己到底有多大酒量。”这就是太极法。

我说“我从来都不喝酒”，客户说：“李老师，您为什么从来都不喝酒，是喝酒过敏还是担心喝酒误事啊？”这就是询问法。

我说“我从来都不喝酒”，客户说：“是的，李老师，如果我们把您今天晚上所有的后续工作都安排好了，咱们吃完饭司机送您到酒店，您就安安稳稳睡个觉。明早晚点起床，我们九点半再到酒店接您，您看您是不是可以喝一点呢？”这就是“是的……如果……”法。

我说“我从来都不喝酒”，客户说：“李老师，您敢说您从来都不喝酒，您一滴酒都没沾过？”这就是“直接反驳法”。

面对客户异议我们有这么多的处理方法，首先，你在心态上不能放弃，处理客户异议是我们销售人员的天职；其次，你应该提高对这些技巧使用的熟练程度。

■ 刻意练习

请你找一名搭档，一人扮演客户，一人扮演销售人员，对以上六种处理客户异议的技巧进行实战演练，并写下你的感受。

第三节　破解客户异议：从理念到动作

破解客户异议最好的方法不是怎么去处理客户异议，而是如何预防客户的异议。在销售的过程中，我们随时随地与客户进行确认，我们的表述客户是否清晰，我们对客户问题的理解有没有偏差。真实的客户异议恰恰代表客户对你或者你的产品有兴趣，这时我们对于异议要抱着一种积极的心态，在心态上坦然接受，然后再寻找破解之道。我已经在前文中跟大家分享了一些处理客户异议的方法，只要多加以练习，相信能够帮助大家有效化解客户的异议。接下来，我把销售中常见的几个异议和破解思路拿出来跟大家做一些分析，不仅是战术层面上的话术，我们更要了解销售高手的销售策略和思路。

一、破解品牌异议

客户说"你们的品牌我没有听说过"，这是困扰很多三四线小品牌销售人员的一个主要异议。面对客户这样的质疑时，有些销售人员马上就会跟客户解释说我们的品牌是哪一年成立的、在央视或者哪些媒体投放过广告、在行业排名第几、产值有多少，等等。

首先，客户说"你们的品牌我没有听说过"，背后的意思是什么呢？可能有以下几个意思：

（1）你的品牌我没听说过，所以你的品牌知名度太低，我没兴趣，我只买品牌的产品。但是各位小伙伴请注意了，只要客户还没有直接把你淘汰掉，说明客户对你的产品或者你这个人还是有兴趣的，品牌知名度不高，恰恰需要我们更努力。

（2）你的品牌我没听说过，所以你是不是在忽悠我，你们的产品有那么好吗？因为在很多客户的心目中，品牌就是品质的代表和背书，当他说对品牌不信任的时候，实际上是对产品的不信任。

（3）你的品牌我都没听过，你们还敢卖这么贵。这时候他已经接受了你的产品，因为你不是大品牌，所以他认为不值那么高的价格，他是为自己在购买时跟你压价做准备。

客户说你的品牌我没有听说过，其实背后有这么多层意思，在你没有弄清楚客户的真实意图之前，就去跟客户讲我们的品牌价值是多么危险的一件事情。真正的销售高手此时就会问客户这样一个问题："您说没听说过我们的品牌，那正好要不要我帮你介绍一下还是先看看产品呢？"你使用一个二选一的封闭式问题实际上是在测试客户提出这个异议的真正意图是什么，因为不管客户怎样回答，你都需要在销售的过程中跟客户讲述品牌价值，否则很难卖上高价格。

你还记得我们在前面写到过某品牌白酒的广告文案吗？说在赤水河畔有两大白酒品牌，其中一个就是青花郎。这个文案跟艾维斯租车的广告语——"我们是第二，所以我们更努力"有异曲同工之妙。任何一件事情都是一枚硬币的两面，大品牌固然有大品牌的优势，小品牌也有小品牌的价值。正是因为我们的品牌知名度不高所以才更加努力，产品品质更有保障，产品价格更加具有竞争力。面对客户的品牌异议，不用去争辩自己的品牌地位，更多的应该从产品、服务、价格等维度去引导客户。

二、破解产品异议

客户的产品异议主要来自以下几个方面：

一是因为客户对你的产品根本就没有兴趣，客户觉得你推荐的产品没办法解决他的问题。

二是因为客户觉得你的产品价格太高了，有些客户不愿意告诉你他的真实想法，特别是没钱购买这件事情让他觉得很没面子，只能拿产品作为一个幌子。

三是因为你在做产品介绍的时候使用了太多过于专业的术语，客户根本就听不懂。你要把专业的销售话术转化为客户听得懂的语言，我在讲产品介绍的时候跟大家分享过一些方法，需要你勤加练习。

四是因为你说得太多了，客户对销售人员都有刻板印象和逆反原则，你说得越好，我越是要找到一两个不足点来证明我的精明，证明你在瞎忽悠。

五是客户知识的欠缺，你应该还记得拿秤来称洗发水重量的那位农村大妈吧？客户在购买产品的时候有他自己的认知方法，你有没有跟他保持同频。

六是客户认为你的产品性价比不高，太多的产品功能必然造成价格的虚高，你的产品有十个卖点而客户只需要一个买点，客户不愿意为一个买点付出十个卖点的价格，所以介绍产品时你说得太多了。

七是客户受到了竞争对手的误导，你很难保证你是第一个接触到客户的人，在见到你之前客户已经受到其他品牌销售人员的引导了。对手的销售人员告诉客户买吸油烟机“大吸力”最重要，而你却一直在强调“不跑烟”，此时要做的是怎样先抹去客户大脑中的观念，再植入你的观念。

客户产生产品异议的原因各不相同，我们在处理这个异议的时候只有先弄清楚原因之后才能各个击破。

三、破解服务异议

当我们跟客户说“我们的产品保用三年”的时候，客户回答：“××品牌比你们的知名度还大，人家保用五年呢。”我们该怎样面对？

客户为什么会产生服务异议？在我看来，服务异议的产生一定是因为客户对销售人员的不信任。在没有接触到销售人员以前，客户可能就听说过你的品牌，再结合他已经购买过类似产品的一些经历，他就会对你的服务形成购买期望。跟销售人员面对面的时候产生了客户的购买感知，当客户的购买期望大于客户的感知时，客户就是不满意的；反之，当客户的购买期望小于客户的感知时，客户就是满意的。如果客户质疑你的服务问题，一定是客户对销售人员还不够信任。本来保用三年还是五年本身就是一个未知的事情，很多时候客户可能用不到三年就出现新的产品进行升级迭代了。

□ 实战案例

我坐飞机的时候，喜欢在飞机上看会儿书。有一次上了飞机以后，我发现头顶的阅读灯坏了，于是就叫空姐过来，“美女，我这个阅读灯怎么不亮了呢？”她鼓捣了一下，然后跟我说：“先生，飞机可能年头有点旧了，这个阅读灯坏了，还好，只要飞机不坏就行。”她刚说完，我倒没说什么，我旁边的一位乘客发火了，说：“你这姑娘怎么说话的，什么叫作只要飞机不坏就行，真晦气！”

我让空姐帮我看看阅读灯是怎么回事，在确认阅读灯坏了以后，她有两种处理方法，一是安排我跟后排旅客换个位置，二是可以安慰我一下：“先生，这个阅读灯估计坏了，其实从上海到广州也就两个小时的时间，您也工作了一天，正好咱们闭目养神稍微休息一会儿。”当你站在客户的角度去思考问题，不管哪种处理方法我都能够接受，可是来这么一句“只要飞机不坏就行”，你说谁能接受这样的说法呢？在面对客户的异议时，处理方法欠缺思考，必然会造成客户更大的异议。

四、破解价格异议

价格异议是很多销售人员的死穴问题，每次进行到价格谈判阶段的时候，销售人员都会心生畏惧，报价太贵了担心把客户吓跑，价格报低了自己又赚不到钱，怎么办？其实，每个客户说贵也各有各的原因，面对客户说贵时，我们首先要分析他说贵的真实原因是什么？

（1）他真的买不起；

（2）买得起但是担心自己买贵了，花冤枉钱不说，还容易让别人把自己当成傻瓜；

（3）总是习惯喊贵，不管买什么都喊贵，贵是他的口头禅；

（4）对产品不喜欢或者对销售人员不认可，借口喊贵离开；

（5）客户自己不能做决定，拿贵当作离开的借口；

（6）客户对市场行情不了解，价格超出了他的预算；

（7）竞争对手在做市场调研，拿贵当作借口准备离开；

（8）客户已经接受了对手的报价，认为我们比对手贵；

（9）客户根本就没兴趣，不想买；

（10）客户对产品还有质疑；

（11）客户只是想获得谈判中胜利者的感觉；

（12）客户知道压价总能为自己争取一些利益。

正是因为客户说贵的原因不一样，因此他的这个借口对销售的结果也有天壤之别的影响，有些价格异议根本就无足轻重，不会影响最终的成交；有些借口就算你再怎么努力也无力回天；而有些借口只要你给客户一个台阶，他就直接顺着走下来了。因此，面对客户价格异议的时候，首先要知道他的真正意图是什么，然后才是破解之法。

□ 实战案例

胡敏霞是上海一名灯饰导购员，来自浙江海盐，这个案例发生的时候她只有19岁。在我组织的一次销售情景PK活动中，胡敏霞被选做导购，而另一位具有十几年销售经验的大姐被选做扮演客户。大姐抽到的题目是：扮演一位太太，想给自己的儿子买一台护眼灯，要求健康保护眼睛，并且价格便宜。当然，胡敏霞并不知道客户想买的是什么，有什么样的购买需求。

以下就是两人的精彩对话：

胡敏霞：大姐，您好，欢迎光临，请问您选哪款灯？

客户：我想买一款护眼灯。

此时，胡敏霞推荐了一款护眼灯：大姐，您看看这款怎么样？

客户看了一眼，说：太贵了。①

胡敏霞：是的，大姐，这款灯的价格确实有点贵。不过，买护眼灯也不能光看价格，最重要的是看质量，是不是真的对眼睛有保护作用。您知道吗，判断护眼灯是不是真正护眼至少有三个标准：一是看这个灯有没有频闪；二是看这个灯是不是使用的三基色荧光光源，光线是否柔和；三是合理的亮度没有炫光。

客户：嗯，好像有点道理。

胡敏霞：大姐，您是买给自己用的还是给小孩用的呢？

客户：给小孩用的。

给小孩用的，您看看这款怎么样？胡敏霞马上推荐了一款叫作魔鬼鱼的黑色儿童护眼灯。

客户：我不喜欢。

胡敏霞：您为什么不喜欢呢？您是不喜欢这款灯的颜色呢，还是不喜欢这款灯的造型？②

客户：我不喜欢这个颜色。

胡敏霞：大姐，那我给您推荐这款蓝色的，蓝色是今年的流行色，不论男孩女孩都喜欢。③

客户：可我觉得你给我推荐的这款价格有点贵。④

胡敏霞：除了价格，您其他方面是否都满意？您要是都满意的话，我给您一个合适的价格。

客户：我都满意。

胡敏霞：大姐，这款灯从上市以来从来就没打过折，而且您也知道有多少人拿着钱都买不到自己最满意的产品，今天被您撞上了。您要是确定今天就买的话，我可以跟店长申请一下，送您一份礼品。

最后，客户接受了胡敏霞的报价，购买了这款魔鬼鱼产品。

我们现在来看胡敏霞是怎么破解客户价格异议，并成功实现销售的：

顾客刚进门，胡敏霞在询问了客户需要什么产品以后，向客户推荐了一款护眼灯，而客户看了一眼马上说："太贵了。"①客户喊贵是不是代表客户想买这款产品呢？不是，因为客户根本就没详细地了解过这个产品。此时如果导购员直接问客户："您觉得什么价格合适？""您打算买多少钱的？"或者马上向客户推荐一款低价产品，这都是过于急躁的表现，很容易被客户牵着鼻子走，切记：欲速则不达。当客户第一次提出价格贵的时候，胡敏霞没有按照客户的思路跟她讨论价格，而是认同了客户的说法，"是的，大姐，这款灯的价格确实有点贵"。接着胡敏霞做了一件事情，就是帮着客户建立选购护眼灯的标准，她给出了三个标准。她的这个技巧非常好，因为大多数客户在买护眼灯这件事情上经验很少，对于买这样的产品，大多数人除了看款式就是看价格，如果你不告诉对方护眼灯的选购标准的话，你接下来就没办法塑造护眼灯的价值，同时通过三个标准胡敏霞也向客户证明了自己是卖灯的专家。

当客户第二次提出"可我觉得你给我推荐的这款价格有点贵"的时候④，胡敏霞依然没有直接跟客户争辩到底贵不贵的问题，而是说"除了价格，您其他方面是否都满意，您要是都满意的话，我给您一个合适的价格"。言外之意，您现在是不是只感觉价格不合适，其他方面您都没有异议了，只要给您一个合适的价格您就一定会购买了。胡敏霞把客户的第二次价格异议当成了成交的信号，这就是一个销售高手的厉害之处，她在和客户确认是不是谈好价格就可以购买了。不要跟您谈完价格，您又说什么款式不好或者质量不好，我从来不做无用功，咱们把价格放到最后谈，只要您跟我谈价格，就表示您除了价格其他方面都没问题准备下单了。这句话还有一层意思，那就是让客户说出双方都满意的答案。也就是说当胡敏霞提出这个问题的时候，客户能给出的答案早就在她的心里了，如果客户说出都满意的话，那么客户在价格谈判上就失去了主动权。很多客户谈价格都是用“产品质量不好”“我还是不太喜欢”这样的借口来还价，很少有客户会主动承认自己买不起。当客户说出我都满意的时候，实际上胡敏霞已经把客户还价的后路给堵死了，“有钱都买不到自己喜欢的产品呢”。

我们接下来再看看胡敏霞是怎么处理客户的其他异议的：

当胡敏霞了解到客户是要给自己的小孩买一台护眼灯的时候，她推荐了一款黑色的护眼灯。但是客户看了一眼说：“我不喜欢。”这样的情景很多销售都似曾相识，你信心满满地向客户推荐一款产品，可是他却用“不喜欢”拒绝了你，怎么办？有人说再推荐一款产品，也有人说问问客户喜欢什么样的？如果你再向客户推荐一款产品的话，那么你还是不了解客户到底喜欢什么样的不喜欢什么样的，这样的销售就会非常被动，因为你根本没有了解到客户的真实想法。如果你询问客户喜欢什么样的，可是很多客户也不知道自己需要什么样的产品。所以以上两种做法都不太合适。**要想了解客户的真实想法就要追问客户“为什么”**，胡敏霞问了“您为什么不喜欢呢？”这个问题问得好不好呢？很好又很不好，好在她是在了解客户不喜欢的真实原因，为接下来准确地推荐产品做准备；不好是因为当你这样问的时候，客户心里不爽了，她可能会说：“你管我为什么不喜欢呢。”胡敏霞在这个问题的处理上面也很有技巧，她问完“您为什么不喜欢呢？”没停，而是接着问“您是不喜欢这款灯的颜色呢，还是不喜欢这款灯的造型？”②此时，胡敏霞用了一个开放式问题“您为什么不喜欢呢”和一个封闭式问题“您是不喜欢这款灯的颜色呢，还是不喜欢这款灯的造型？”

开放式的问题问得范围太大，极易造成客户的逆反情绪，而封闭式的问题则引导客户从哪些方面来回答销售人员的提问。这个问题也表明了销售人员对客户“我不喜欢”的异议的重视，我是真心帮您选到称心如意的产品，所以才一定要问得详细一些。

了解到客户不喜欢护眼灯的颜色时，你该怎么办？有人说问问客户喜欢什么样的，这是个容易踩雷的做法，万一客户回答说想要一个白色的，而你们家又没有白色的该怎么办？任何一名销售人员都不要做无用功，此时使用封闭式问题就比开放式问题安全得多，把客户的选择控制在自己能提供的产品范围之内。有人说问问客户家小孩喜欢什么颜色的，能够想到谁是购买者谁是使用者，这是个很好的破局思路，可问题是你敢说“你不喜欢不重要，你家小孩喜欢才重要”这种话吗？你敢这样说的话，客户就敢跟你叫板：“我不喜欢他再喜欢都没有用，我就不给他买。”再来看看胡敏霞的回答：“大姐，那我给您推荐这款蓝色的，蓝色是今年的流行色，不论男孩女孩都喜欢。”③首先，胡敏霞没有给客户选择的权利，而是直接向客户推荐了一款蓝色，这样可以大大地降低风险。为了说服客户买这款蓝色的护眼灯，胡敏霞亮出了自己的专家身份，“蓝色是今年的流行色”，也就是说在买灯这件事情上，你没我专业，我每天都在卖灯，蓝色是卖得最多的。其次，她快速区分了谁是购买者，谁是使用者，而且为了避免尴尬没有否定客户，而是含蓄地点明了既然是给孩子买灯，孩子喜欢才是最重要的。最后，在整个销售的过程中，胡敏霞并没有询问客户的小孩是男孩还是女孩，为了加快销售流程，她直接一步到位把这个问题给解决了，“不论男孩女孩都喜欢”。

胡敏霞是我在多年的销售培训中，难得遇到的优秀销售人员之一，她敏锐地客户洞察力和聪慧的销售思辨能力给我留下了深刻的印象。从她的这个案例中，至少有三点启发：

永远不跟客户谈价格，销售一定要学会把价格放到最后谈；

永远不跟着客户思路走，销售不是我影响你就是你影响我；

永远不跟客户讲道理，销售就是取悦客户、感动客户的过程。

1. 用三个反问来确定客户价格异议的真实动机

（1）“除了价格，您其他方面是否都满意？您要是都满意的话，我给您一个合适的价格。”

这是胡敏霞面对客户异议时使用的一个反问，这个反问的价值就在于胡敏霞面对客户的价格异议没有急于解释，而是询问客户是不是其他方面都满意了，只剩下价格异议了。在这里，胡敏霞把客户的价格异议当成了成交的信号，而且绝不白费工夫，既然你要跟我谈价格，那么就表示你已经想买了，别跟我谈完了价格你又说款式不是特别满意。优秀的销售人员知道把客户的价格异议放到最后去谈。

（2）“您为什么觉得我们的价格贵，贵在哪儿，和谁比您觉得贵？”

很多销售人员在客户提出“价格贵”的异议时，马上就会与客户辩论，“我们的价格不贵”“一分价格一分货”。销售不是必答题，很多时候客户提出价格贵的时候，也不是真的就认为你的价格贵。在回答客户“价格贵”的异议以前，先了解客户喊贵的真正原因到底是什么，只有这样才能对症下药，不会出现太大偏差。因此，问问客户“您为什么觉得我们的价格贵，贵在哪儿，和谁比您觉得贵？”是一个关键性问题。

（3）“是不是因为我没说清楚的原因，所以您才会觉得我们的价格贵？”

我们前文中有提到，面对客户异议的时候首先要有积极的心态，不慌不乱，只有这样才能找到顾客异议的真正原因，轻松化解。我们经常说销售就是信心的传递和情感的转移，作为一名销售人员首先要对自己的产品有足够的信心。当客户抛出价格贵的异议时，这名销售人员没有从产品身上找原因，没有从客户身上找原因，而是从自己的身上找原因。她非常淡定地问道：“是不是因为我没说清楚的原因，所以您才会觉得我们的价格贵？”弦外之音：我们的产品一点都不贵，就是因为我水平不够讲得不够清楚，才会让您误会了认为我们的产品不值这个钱，要不咱们再来介绍一次？

2. 不断地将客户的大问题拆分成小问题

既然客户说“你们的价格贵”一共有12个原因，那么销售人员在问完“您为什么觉得我们的价格贵，贵在哪儿，和谁比价格贵？”以后该干点什么？有些客户可能会告诉你自己觉得贵的原因，而有些客户根本就不会告诉你，所以销售就是不断提问的一门学问，优秀的销售人员在提问上应进行大量的准备和练习。

回想一下，当有人要你把空调打开的时候你是怎么做的？我们大部分人马上就跑过去，根据自己的感受把空调开成了热风或者冷风，有没有可能别人只是想让你开空调换换气呢。当客户跟你说，觉得价格贵的原因是订单金额超出了自己的预算，你要做的只有接着提问："您预算多少钱？"然后，想办法提高他的预算，能做到这一切的，只有不断地提问，不断地将客户的大问题拆分成小问题。

3. 永远不要用一套方案来跟客户进行价格谈判

很多产品销售的都不是一两件商品，而是一套解决方案，这对于销售人员来说既是挑战也是机会，挑战就是不但要会卖产品，还要会卖关联产品；而机会则是因为你一旦取得了客户的信任，你会把更多的产品卖给他，这些产品的销售差异性并不是特别大，客户有时候更在乎是谁把东西卖给他的。

■ 刻意练习

面对客户说"我还想再考虑一下"，你可以问哪三个问题来了解客户异议背后真正的原因呢？

第八章　成交法则

如果你已经阅读到了本章的内容，那么恭喜你，因为你已经完成了关于一个订单从开始到成交的整个销售流程的学习，也完成了从一个销售小白到销售高手的心路历程的学习。

很多销售人员都特别喜欢学习“逼单”的技巧，但我个人对逼单这个词是比较反感的，特别是在客户变得越来越理性的时候。过于强势的逼单技巧即便促成了成交，但是过后客户一定会感觉自己上当受骗了，他肯定不会再从你手里购买了，更不要说帮你介绍其他客户。只有当你精准地挖掘到客户的需求，并且制订了完美的解决方案，为客户创造了超出他想象的价值时，客户才会对你的销售行为感到满意。只要你把我们前七章的内容扎扎实实地做到位了，那么成交就是顺其自然的事情。

既然说销售既是一门科学，又是一门艺术，那么成交是需要把握火候的，我们需要留出一定的时间给客户思考，让客户自己做出购买决定，而不是喋喋不休地说个不停。在本章里，我将给大家分享如何把握客户的购买信息以及使用适度的销售话术去引导客户成交。

另外，客户资源越来越稀缺，获客成本越来越高，老客户成为我们重要的新客户开发渠道。关于怎样设计老客户的裂变系统，把客户的满意转化为一种销售机会，让老客户帮我们带新客户，我也将通过一些真实的销售案例，抛砖引玉，给大家一些启发。

第一节　识别客户的购买信号

成交不了的原因大都不在客户那边，而在我们销售人员这边——客户明明已经到了购买的阶段，我们的销售人员还在滔滔不绝地介绍产品。

我们去买汽车的时候，凯迪拉克的销售顾问非要把我们拉到他们的办公室，用平板电脑展示凯迪拉克的品牌宣传片。我们很清楚地告诉他，我们听过这个品牌，也不需要了解太多，你就让我们坐在车上好好地体验一下，不是很好吗？可是销售人员死活都不干，非要按照公司的销售流程走一遍，在他的观念里，他们的车跟宝马、奔驰相比本身没多少区别，就是品牌知名度不够高，我们买这个车还是要看知名度的,所以一定要了解这个品牌。结果，在他的办公室耽搁了半个小时的时间，我们连看车的兴致都没有了。

什么叫作一切都要以客户为中心，请忘记你所谓的销售流程，

也请忘记你听过的那些销售技巧，在销售的现场一切要跟着客户的节奏走。有些人做决策非常快，而有些人做决策比较慢，你掌握了客户的特点以后，察言观色，到了火候就要赶紧起锅，只要再多烧一分钟，你的炒菜就会变成一锅乱炖。

一、客户语言上的购买信号

在跟客户的交流上一定要注意，当客户对我们的产品开始变得挑剔，而对销售人员开始变得热情的时候，一般就到了他要做购买决策的时间了。对产品挑剔是因为客户这个时候正在为价格谈判打下伏笔，对销售人员热情是因为他想展示自己的友好，从而跟销售人员争取一些更好的购买政策。

1. 客户开始关注产品的细节问题

当客户开始关注产品的细节问题时，代表客户这个时候已经对我们的产品产生了浓厚的兴趣，到了购买的阶段了。这个阶段有两类问题是他特别关注的，一个就是产品本身的材质、工艺等细节，这个时候客户开始变得吹毛求疵了，“你们这件衣服怎么还有线头露在外面呢？”“你看这个锅具上面明显有划痕啊？”第二个是产品使用的细节问题，“你们店里空调开这么足当然不冷了，这么一件小毛衫单穿出去这个季节肯定冷得要命”“你怎么能保证这个产品能使用一万次以上呢？”

2. 客户开始询问价格

对产品没兴趣的客户是不太喜欢问价格问题的，因为如果你报完价了他掉头就走，会比较尴尬，但是他要是不给个说法貌似又说不过去，所以只要向你询问价格问题的客户，基本都是对产品有了兴趣、准备购买的客户。客户询问价格问题主要集中在几个方面，第一个是你的底价是多少，第二个是你的最少订货量是多少，第三个是付款方式是怎样的。

3. 客户开始关注服务的问题

与你讨论成交后的一些细节问题，也是客户到了购买阶段的一个信号。我们说成交是服务的开始，那么从销售的链条上来看，到了成交阶段，仅仅完成了一半，让客户没有后顾之忧，服务是我们链条的另一半。

4. 客户开始询问合同细节问题

到了购买阶段的时候，客户开始比较关注合同条款、签订的流程和细节了，因为每个企业都有自己的销售政策，涉及你们的合同模板是不是标准模板，里面的内容是倾向买方还是卖方。因为一旦签订了合同，客户自己的主动权会彻底丧失，所以销售人员要尽早把合同拿给客户看，这也是鼓励客户成交的一种心理暗示。

5. 客户之间开始私下交流

到了要做决定的时候，客户之间会对一些细节问题进行讨论，这时候他们是不希望销售人员在现场的，讨论的重点是这个产品的匹配度、价格能否接受，以及他们接下来会用什么方式来跟销售人员讨价还价。销售人员应该主动地跟客户说去帮他们倒一杯水，让客户先自己合计一下，临走还不要忘了补上一句："大姐，我也觉得黄色的好，而且这种颜色我们手里也不多哦。"

6. 客户开始使用谈判技巧

需求、时间、信息、实力是获得谈判主动权的四个筹码，当客户开始使用这些谈判筹码的时候，我们可以判定客户准备购买了。比如，客户说他并不着急，但是你在前期的沟通中明明知道客户很急了，那么我们可以判断他在使用谈判技巧；再比如，夫妻一起做出购买决策时，一个说喜欢，另一个说不喜欢，这就是销售谈判中典型的黑白脸策略。

二、客户动作上的购买信号

我们不能只听客户说什么，更要看客户做什么。一个女孩跟一个男孩说"你真坏"的时候，她用含情脉脉的眼神看着男生，还用拳头去轻轻打这个男生胳膊，只要这个男生不是傻瓜，他都知道女孩想要表达的真正意思是喜欢他。同样，在销售的时候，客户动作上的表现更能够表达出他内心深处的真实想法。

1. 面露兴奋神情

当客户对某款产品表现出极大的兴趣，甚至有了购买冲动时，他通常会两眼充满期待和好奇的神情。在和销售人员交流的时候，总是希望销售人员多介绍一点，因为他想了解得更多一些。同时，客户的脸上会露出不易察觉的微笑，千辛万苦终于找到了自己称心如意的产品，脸上会露出释然的表情。

2. 沉默若有所思

并不是能说的人就能做好销售，而是知道什么时候说和怎么说的人才能做好销售。当客户突然陷入了沉默的状态时，说明客户正在思考要不要做出购买决定，这个时候销售人员就要学会闭嘴，给客户思考的时间。

3. 在几个产品间来回比较

客户最大的痛苦不是没有选择而是选择太多，一旦他决定购买某款产品，那么他必然要放弃其他产品的购买。在真正下单之前的那一刻，客户是无比痛苦的，他会在几个产品之间来回比较，有时甚至他自己都拿不定主意到底选择哪款比较好。销售人员在向客户推荐产品的时候，一定要深挖客户的核心需求，不要跟着客户的思路，给他太多选择。

4. 对产品爱不释手，不断研究

我们去服装店买衣服都会有这样的体验：服装店里过度的装修经常会影响我们对产品的选择，有些客户会抱怨说店内的灯光太强了，看不出衣服本来的颜色，然后他会把衣服拿到通道上看看衣服原来的颜色怎样。客户在购买地板的时候,不仅会踩上去感受，还会拿一块在手里反复研究。凡是客户主动要求体验产品，在产品的细节上给予极大的关注，认真查看商品有无瑕疵时，说明他有想买的冲动。

5. 悄悄地观察销售人员

我们在研究客户，客户也在研究我们——这名销售人员是否专业，是不是很真诚，是不是很好打交道，能不能从销售人员手上获得更多的利益？越是到了购买阶段，客户对销售人员的兴趣度越大。此时他们就会悄悄地观察销售人员，从销售人员的一举一动、一言一行来判断要不要跟他成交。

6. 翻阅产品说明和有关资料

客户翻阅产品说明和相关资料，一方面是其不自信，怕买错的表现；一方面也说明他对我们的产品有了购买的意向。很多客户会一边听销售人员介绍，一边翻阅手中的宣传资料。其实，这么短的时间他根本就看不出个所以然来，但是客户依然喜欢这么做，因为他是在借助翻阅产品资料的动作来寻求自我安慰："不愧是大品牌，连单页都做得这么精致，应该错不了。"

■ 刻意练习

结合你所销售的产品特点，思考一下你所在的行业还有哪些客户成交的信号？

第二节　客户成交的十大法则

在识别出客户的购买信号之后，销售人员需要马上对客户进行逼单。这就跟足球场上的比赛一样，足球经过千辛万苦才传到了前锋的脚下，前锋要做的就是瞄准目标立马射门，优柔寡断、判断失误或者力度不够都有可能错失射门的最佳机会。为什么明星前锋价值连城？有人说人家射门的准确率很高，就是到了球门前有感觉，这种射门的感觉其实也是刻意练习的结果，**只要销售人员掌握了基本的销售技巧，多加练习，也能把自己打造为成交高手，这也是销售的常识**。

在这部分内容中，我将跟大家分享成交的十大法则，只要你掌握其中的两三种方法多加练习，就能让自己快速成交。

一、主动成交法

是不是一定要等到客户说“可以开单了”，我们再向客户提出成交的请求呢？答案是否定的。这样的话我们就会非常被动，而且大部分客户永远也不会说出“可以开单了”这五个字。就像煮一锅水一样，只有到了沸点的时候，水壶才会鸣叫、水才会沸腾，但是如果你不是火力全开的话，水是很难达到沸点的。永远保持销售的激情全速前进，不用太在意销售过程中的那些阻力，那些都是必然要经历的过程。就像一尊雕像，没有千刀万剐的痛苦怎能成就经典的艺术作品？

□ 实战案例

2月14日情人节，我们店里来了一位男士，我一看这就是要给女朋友买礼物的。在帮他选了一款钻石吊坠后，“多少钱？”客户问。“八千。”“行，你帮我查查我的银行卡里有没有八千块钱，有的话咱就定了，没有的话我再考虑考虑。”百货商场都是收银台统一收银的，销售人员带着客户到了收银台那里，她把客户的银行卡交给收银员说：“姐，刷八千。”收银员拿起客户的银行卡就刷了八千块钱出来，收银小票打出来了，客户一看急了：“哎，你怎么帮我刷卡了，我让你查查我的卡里有没有八千块钱。”销售人员也埋怨收银员：“姐，我让你查查有没有八千，你怎么给我刷卡了。”收银员说：“你不是让我刷八千吗？”然后销售人员和收银员争执了一会儿，销售人员跟客户说：“先生，是我们没有说清楚，我们收银员给您刷了八千块钱，不过刚才咱们说过了，有八千今天就刷卡，没八千就再考虑一下。既然刷出来了，说明您的卡里有八千块，结果是一样的，就是过程快了点。”

跟我们分享这个故事的，是镇江八佰伴某珠宝品牌的销售人员，她说：“有的时候，客户是需要我们帮他做决定的。”如果我能够把客户的银行卡拿出来先帮他刷掉，那么接下来销售工作就好办了，因为成交之后客户会自己证明自己做出了最精明的购买，而不需要销售人员解释太多。**“先成交，后销售”是主动成交法的核心要旨，要学会打破常规的销售思维，直指关键动作。**

二、假设成交法

有人说，要成为富人你首先得有富人的思维，我们把这句话借用到销售中，想要成交首先你得有成交的思维。不要跟客户讨论买不买的问题，而是要跟客户讨论怎么用的问题。假设成交法就是要跟客户讨论成交以后客户产品使用的问题，比如你可以跟客户确认送货的时间，你可以跟客户确认第一次上门保养的时间，等等。那些成功的销售人员大都是使用假设成交法的高手，比如房产中介人员带领客户去看房子的时候，他一般都会偷换概念地跟客户说“这是咱们家的客厅”“这是咱们家的餐厅”，等等。对于第一次买房的人来说，他们在参观样板房的时候都会发出惊叹的赞美，这时候就会忽视了销售人员这种语言上的变化，而这种语言上的变化正潜移默化地影响着客户。

三、选择成交法

选择成交法也叫二选一成交法，我们不认为客户不买，而认为客户不买红色的就一定会买蓝色的，不买商务款就一定会买运动款。选择成交法是假设成交法的一种延伸，它把成交之后要讨论的内容变成了简单的AB模式，对于那些没有多少经验的销售新手来说，练习选择成交法更加容易快速上手。

☐ 实战案例

电商商家虽然无法直接面对面销售，在面对犹豫不决的客户时，他们依然使用了二选一成交法。

买家：这款毛呢大衣很好看……

客服：美女，您太有眼光了！这是今年的新款羊绒大衣，九分袖设计，立体裁剪，保暖的同时还能尽显婀娜身姿。在这个冬天，不但给您贴心的温暖，更能让您雍容华贵。

买家：确实如你所说，只是价格有点儿小贵！

客服：咱家的宝贝绝对对得起这个价格，亲请放心购买。这款羊绒大衣有粉色与红色两款，粉色可以较好衬托肤色，红色能显出激情。两种颜色，亲要选择哪一个？

买家：粉色的不错，我皮肤较白，想要一款能够衬托肤色的。

客服：亲，您确实很有眼光，很多美眉都会选这一款。感谢您对小店的支持，我们会在第一时间为您发货，再次感谢您的光临！

在促成交易阶段，使用“二选一”的选择成交法达成交易的概率非常大，淘宝客服人员也很善于运用这种方法。从表面上看，这种方法的主动权在买家手上，但事实上恰恰相反。客服人员一直掌握着主动权，使买家回避“要不要购买”的问题，而没有拒绝的机会。买家只是在有限的范围内选择，最后达成交易。

四、小点成交法

不要等到客户没有任何异议的时候再提出成交的请求，那样的话你永远都没有机会提出成交。在每次处理完客户的异议之后，都要大胆地向客户请求成交，销售的乐趣就在于这句话——“万一成交了呢？”你与顶尖销售高手之间的距离，也就这么一句话的距离而已。“您是说只要我们的产品具有防静电的功能，您就可以做出决定了，是吗？”每次处理完客户的异议之后，都可以这样来反问客户，此时客户的心理压力会越来越大。因为按照我们前面谈到的互惠原则，在你为客户解答了异议之后他需要做点什么来回报你的解答，至少，客户在采购心理上更加偏向你一些。

五、机会成交法

在成交阶段，客户会说“我还想再考虑考虑”，此时机会成交法就可以发挥作用了。机会成交法是为了鼓励客户马上做出决定的成交法则——“您也知道现在是空调销售的旺季，我们这款产品本来就没有多少现货，您要是今天不定的话过几天再来可能就没货了。”限时限量是机会成交法应用的核心，过了这个村就没有这个店，错过了今天就没有明天了。

机会成交法在商业上应用比较广泛，特别是以苹果手机的饥饿营销为集大成者，苹果手机每次新品上市都是限量销售，因此果粉们会通宵排队去购买。有一家卖床垫的企业做了一个促销活动：买我的床垫免费试用一年，一年以后你付全款，如果现在付款的话只需要付一半，结果99%的客户都选择了马上付款而不是用完一年以后再付全款。

六、优惠成交法

“威逼利诱”是大人想要让孩子听话的常用手段，机会成交法就是在利用“威逼”来给客户制造压力。这招对有些客户有用，对有些客户来说却是适得其反，常常会激起客户的愤怒：“你别忽悠我，我就不信等我真买的时候，你们家就不卖给我了，你们这都是套路。”对于这样的客户，硬的不行你只能来软的，我们可以使用“利诱”的方法进行成交。

利诱说得简单点就是给予客户一些好处，比如客户今天买的话，我们可以给他一个价格上的折扣或者送一个赠品给他。客户买的不是便宜而是一种占便宜的感觉，一家牛肉面馆跟客户说在我们家吃面，29块钱一碗面送一个5块钱的卤蛋，客户没什么感觉；他们换了个说法，在我们家吃面29块钱一碗面只要加1元就可以换购一个5块钱的卤蛋。当你说免费送一个卤蛋的时候，你的卤蛋就没有任何价值；当你说1块钱换购5块钱的卤蛋时，客户就感觉占到了便宜。

七、保证成交法

在小品《不差钱》中，小沈阳说“世界上最痛苦的事情就是人死了钱没花完”，赵本山说“世界上最最痛苦的事是人活着呢钱没了”。销售中最难的那一刻就是客户把钱掏出来给你的那一刻，我每次付钱埋单的时候心里也空落落的，那些钱忽然间就不是自己的了，而此时产品还没有到我的手上，这段煎熬的时间我们可以比喻为真空时间。所以聪明的销售人员这个时候就会做点什么来转移客户的注意力，超市的收银台就摆了很多口香糖、棒棒糖产品，不但增加销售，也能让客户获得心理上的安慰。

说服客户交钱就要想办法打消客户心里那种空落落的感觉，保证成交法就是向客户做出承诺他不会买错，告诉客户做出了一个正确的决策。“李哥，您放心，我们的产品都是经过国家质量检验的，保管您20年内都不会有任何质量问题。”当你给了客户这样的信心保证之后，客户才会放心购买。

顶尖销售和菜鸟销售的差别就在销售“度”的拿捏上，过犹不及。在使用保证成交法的时候，你越是拍着胸脯说自己的品质如何如何有保证，客户反倒越是心里没底，怎么办呢？耳听为虚，眼见为实。我举个例子，有一家店会把要给客户送货安装的师傅叫过来跟客户认识，师傅穿着整齐干净的工装，对着客户一鞠躬说：“先生，明天将由我给您准时送货，请您放心，我叫×××，在这个行业干了8年了，不会出差错。”客户也是人，也会犯人性中常见的错误，以貌取人，看着师傅这么专业的表现，自然也就相信了他们的保证。万一师傅不在店里呢，他们就拿所有员工都在上面的全家福照片，跟客户说：“您看，这个是我，明天给您送货的师傅是他。”说完，销售人员就把手指向了一位中年男子，这个时候客户就放心多了。从理念到动作，客户不一定听你说什么，但一定会看你做了什么。

八、从众成交法

每个人在单独做出决策的时候都会特别的小心谨慎，担心自己买错了吃亏上当，所以人们愿意跟着别人一起做出购买决定，这就是《乌合之众》这本书里的主要思想。要想加快客户做出购买决定的速度，告诉他有多少人和他一样做出了这个选择会更有说服力。当然在使用从众成交法的时候，也需要从让客户听见到让客户看见，把已成交客户的订单拿给他看，会更容易让客户相信。

罗伯特·西奥迪尼在其大作《影响力》一书中谈到我们影响他人的六大原则，其中一个就是社会认同原则。我们进行是非判断的标准之一就是看别人是怎么想的，尤其是当我们决定什么是正确的行为的时候。这一原则来自于一个发现：只有5%的人是原创者，而其他95%的人都是模仿者，所以其他人的行为比我们所能提供的证据更具说服力，尤其是当我们搞不清状况的时候。一个乞讨者拿着个空碗站在地铁中，没有什么人愿意施舍一枚硬币给他，但是这些乞讨者会在碗中放入一些零钱，当路人看到有人给他帮助的时候，路人也就自然地把手中的零钱扔到了那个碗中。至于碗中原有的零钱到底是走过的路人留下的，还是乞讨者自己放进去的，就没有人有兴趣去了解了。

不论对哪种类型的销售人员来说，从众成交法都是必须要掌握的成交技巧。对于门店销售人员来说可以使用你的成交客户名单，对于大客户销售人员来说，样板客户、样板工程的价值展示成为销售人员的必修课。

九、异议成交法

“嫌货才是买货人”，客户有异议的时候恰恰就是他对我们的产品感兴趣的时候。有些销售人员特别怕面对客户的异议，担心万一自己回答不了甚至只是回答的不够好都有可能会丢单，但是真正的销售高手却知道变被动为主动，把客户的异议看成成交的信号。

“除了价格，您其他方面都没有什么问题了吧？”这个案例我在第七章“胡敏霞卖灯”的案例中有提到过，胡敏霞把客户的价格异议当成了成交的信号，她说您是不是只是价格问题，那咱们就谈价格，谈成了就直接签单，谈不成咱俩就好聚好散，我可不做无用功，您也别谈完了价格又跟我说产品的款式不好。不敢在刀尖上行走的销售人员不是一名好销售，异议处理法就需要我们敢于跟客户面对面交锋，让客户没有退路可退。

十、小狗成交法

什么叫作小狗成交法？有一个故事说，一个人卖狗，生意一直不太好，于是他就跟客户说：“先生，这狗不要钱，您先领回家去养养看，一个星期之后好养您就留下再给我送钱来，不好养您再把狗给我送回来。”客户高高兴兴地领着狗回家了，一周之后，客户跟狗有了感情了，这时候客户就跟卖狗的老板说：“这狗我留下了。”小狗成交法就是我们说的免费试用。

免费试用在销售成交的时候真是随时随地都用得上，你去水果店买水果，老板会让你免费试吃先尝后买；你去服装店买衣服，店员会让你免费试穿，一些快时尚品牌店还让你拿回家，一周之内无条件退换货，等等。分期付款也算是免费试用的一种形式，客户只需要付出很少的现金就可以用上自己心仪的产品，年轻人自然都比较喜欢这样的销售方式。

冰冻三尺非一日之寒，高楼万丈非一日之功，《刻意练习》一书中提到的一万小时定律——反复的练习是任何一个人在自己专业领域必须要走的路。想成为销售高手，十大成交法则需要我们多加练习。

■ 刻意练习

请和你的伙伴一起练习成交的十大法则。

第三节 请求客户转介绍

移动互联网时代的过度营销和信息高度化透明，让客户对企业的营销手段和销售人员的销售技巧洞若观火。他们越来越了解销售人员的各种说服技巧，因此对销售人员的信任度直线下降，销售的难度加大了。想要逆转这种局面建立客户信任，一个有效的方法就是客户的转介绍，相比销售人员，客户更愿意相信他的朋友和合作伙伴。

一、什么时候请求客户转介绍

1. 对于已成交的客户请求转介绍

这是我们很多销售人员都会去做的销售动作，当你的现有客户已经成交的时候，就可以向他提出转介绍的请求。如果客户是基于对你这个人的认可，就愿意帮助你达成你的小请求；如果客户只是对于公司的品牌和产品的认可，就不一定会愿意帮助你这个人。向客户请求转介绍也是在检验销售人员个人与客户之间的关系强度。

有些销售人员经常会把与客户成交的图片发到微信的朋友圈，我们把这种行为叫作“晒单”，但是晒单如果不征得客户同意的话，很容易造成客户的不满甚至投诉。有些人会觉得你把我们的单子晒到朋友圈，从而希望更多的人购买，对我也没什么损失，我无所谓；而有些人会觉得你又没有给我一分钱的好处，我凭什么帮你；还有的人会觉得你把我的单子晒出来，对我来说就没有隐私了，我不愿意。如果你想在朋友圈晒单的话，也要征得客户的同意。

2. 对于未成交的客户请求转介绍

没有失败的销售拜访，只有失败的销售人员。客户出于各种原因拒绝跟你合作本来就是无可厚非的事情，但是我们在一个客户身上投入了大量的时间和精力，我们依然可以向客户提出回报——让客户帮我们转介绍。

□ 实战案例

一家企业的市场经理听完我的课程以后，在课间笑呵呵地跟我说："李老师，我终于知道你们销售人员的套路了。"原来，有一个卖广告的业务员找了她好几次了，希望她找他们投放广告，但是公司真的没预算。前两天他忽然发了一条短信给这位经理："姐，快过年了，我们公司也马上就放假回家了，不知道明年还有没有机会再见到您。我还有30万的销售指标没有达成，如果今年的任务达不成，我就会面临被公司淘汰的命运。不知道您方不方便帮我一把，把明年的广告预算划拨一些给到我们这边呢？”市场经理说：“看完他的短信我还感觉挺对不起他的。”

听完这位市场经理的描述，我安慰她说你不用太放在心上，差30万就被公司淘汰的话未必是真。在我看来，凡是用这种方法做销售的业务人员都是三流业务员。销售不是求别人帮你，而是利益交换，应该是你帮助客户解决问题，而不是客户帮你完成销售业绩。这个销售人员忽略了很重要的一点，就是没有利用你的“内疚感”，市场经理觉得挺对不起他，但是公司又没有预算，她也没办法。如果这个时候业务员再发一条短信说：“姐，我知道您肯定是愿意帮我的，但是出于公司层面的原因没办法做到我也理解，最近我的压力真的太大了，以您在整个圈子的影响力，您方不方便帮我介绍几个客户呢？”提出这样的请求既能够快速捕捉到销售线索，同时又帮着市场经理化解了她的内疚心理，多好。

你本来想要让好朋友请你吃一顿肯德基，但是知道朋友是个比较小气的人，舍不得请你吃，怎么办呢？我建议你可以这样跟他提出请求：“老李，今晚请我吃一顿海鲜吧？”老李会直接拒绝你说：“凭什么啊，海鲜太贵了请不起。”“得，我就知道你舍不得，那么海鲜不吃了，请我吃顿肯德基总不过分吧？”这个时候老李很可能就会答应你的请求了，为什么呢？因为当你第一次提出吃海鲜的时候，老李拒绝了你。心理学家研究发现，我们拒绝别人的时候通常心里面都会有负罪感，所以一旦你再提出一个小的请求的时候，他通常会答应你作为对上一次拒绝的补偿。同理，如果你想找朋友借一千块钱，你千万不要张嘴借一千块钱，你应该找他借一万，在被朋友拒绝之后，你再向他提出借一千的请求。这个时候，他通常会答应你。

我们拜访一个客户，平均都要在四五次之后才有成交的机会。四五次的拜访后，你应该已经与客户建立了一定的感情基础，这个时候客户拒绝了跟你的合作，客户心里就会对你产生负罪感，你此时提出请他帮你转介绍的要求，他基本上都会答应。我在前文中写到的五金代理商老谢就是在开发市场的时候，一个资深的照明经销商帮我们转介绍过来的，虽然最终没能跟老谢签约，但是这条销售线索还是非常有价值的。

3. 随时随地向客户提出转介绍的请求

☐ 实战案例

去饭店吃饭的时候，红烧肉的味道特别好，大家又不知道人家怎么烧的，于是就叫服务员过来，问她：“你们这个红烧肉怎么这么好吃？”服务员说这就是普通的红烧肉，只是我们的厨师没怎么放老抽，改放了红方豆腐乳，所以我们这道菜就叫腐乳红烧肉。大家听完都竖起大拇指叫好，服务员跟着来了一句：“各位要是觉得好吃，可以多来吃，也欢迎多多带朋友来吃啊。”

饭店服务员在跟我们介绍完一道菜之后，立即就提出了让我们转介绍的请求。而有些饭店服务员一定要等客户吃完饭要走了，才拿两张优惠券出来，让客户帮忙做转介绍。区别在哪里？当客户要走了你再提出转介绍的话，这个时候就是客户主动，你被动了，是你有求于客户。但是在销售的过程中，随时随地向客户提出转介绍，这个时候你主动，客户被动，客户因为这道菜心情正好，为什么不马上要求转介绍呢？

关于转介绍这件事情，时机的把握非常关键。就像你找别人借钱，一大清早你就打电话找人家借钱，你说人家开心吗？

在销售的过程中，我们需要察言观色，发现客户对我们的品牌和产品认可的时候，是我们请求客户帮我们做转介绍的一个时机；当客户对我们销售人员表示认可的时候，也是我们邀请客户帮我们做转介绍的一个时机。转介绍越早开始，你的机会就越多。

二、客户为什么愿意帮你转介绍

想要让客户愿意帮你做转介绍，第一个前提条件是客户本人对你非常认可。即便客户对于你的品牌和产品认可，对你这个销售人员不认可，客户依然不会愿意帮你做转介绍。从这个角度来思考，转介绍首先是销售人员把自己成功地销售给了客户，赢得了客户的认可。

并不是所有人都愿意帮你做转介绍的，所以我们需要分析找什么样的客户做转介绍成功的概率会更大一些。

1. 爱表现的客户

我在第三章曾经提到过客户的四种类型，其中猪八戒类型的客户更愿意分享、愿意帮你做转介绍，有的时候即便你不提出请求，他都愿意帮你介绍生意。直播一哥、带货网红李佳琦曾经说过，自己之所以能有今天的成绩，是跟他天生就喜欢分享的性格分不开的。在读大学的时候，他跑到学校对门一家小店吃鸡爪，那个鸡爪口味做得特别好，入口即化。他回到学校见人就跟人家说“那个鸡爪好好吃哦”，绘声绘色地跟别人讲鸡爪好吃在哪里，为什么一定要买这家的而不是别人家的。他的同学说：“李佳琦，你不要再说了，每次被你说得都要去买，现在我口袋里都没钱了。”李佳琦就是有这样一种爱好，遇到自己喜欢的好东西就一定要分享，我想这也是他今天取得如此成就的一大原因吧。

当我们把自己经历的美好事物分享给身边的朋友时，第一是在证明你自己的聪明，我买到了这么好的产品说明我很厉害吧，所以就会有很多人愿意把自己的购物经历晒在微信朋友圈里，让朋友知道他的聪明；第二是这么好的东西我愿意跟你分享，一般人我都不告诉他，我只告诉你，说明我和你的关系很好、很铁，你在我心中有地位啊。

2. 要利益的客户

“我跟你又不是很熟，凭什么帮你？”这句看似冷漠无情的话语，却道出了销售的真谛。第一层意思是说，如果我跟你很熟，我会帮你，这是关系导致的转介绍；第二层意思是说，我可以帮你，我能够得到什么好处，这就是“凭什么”。既然销售的本质是利益交换，我帮你介绍客户了，那么你给我什么好处呢？

关于给客户利益，有几种给法：

第一，给客户送积分，享受特权奖励。某珠宝公司推出了积分双倍奖励活动，当客户介绍了一名新客户购买时，新客户买一万块钱的产品同时获得一万个积分，老客户同时享受两万的积分。积分达到一定数额的时候，可以成为公司的钻石级会员，享受各种特权奖励。

第二，给客户送现金，享受销售提成。微商的会员三级分销系统正是基于这样的客户裂变逻辑，把客户变成了你的销售人员。

第三，给客户送身份，专属身份特权。一家做铜艺术品的工艺企业对于转介绍达成一定数量的会员给予专属身份，来到他们的门店有会员的专属茶杯。

第四，给客户送股份，VIP客户锁定。对于一些自己持续购买并且金额巨大的客户和持续带单业务达到一定梯度的客户，可以给客户送一些企业的股份，这样客户就会更加有转介绍的动力。

3. 要关系的客户

客户给你带来一个新客户，然后你直接给客户返钱，这种做法有一个很大的风险，就是客户很容易知道你的价格底线，那么客户再次采购的时候，就会跟你要求比较低的价格折扣。有些客户愿意帮你转介绍，真的是因为你的品牌和产品，或者是因为你这个人，一旦给他钱客户反而会很不高兴，觉得你把他当成了一个只认钱的人。

因为客户认可你这个人，自然也就愿意帮你转介绍，平时对这个重要客户的情感投资不容小觑。要用钱搞定的客户都不难，最难的就是需要用感情和时间搞定的客户。你得去研究这个客户的喜好，在节假日、他的生日等一些重要的时间节点给予他关心。如果每名销售人员都把时间花在客户身上的话，每个客户都可以实现帮你转介绍的价值。

三、请求老客户转介绍的方式方法

请求老客户帮我们转介绍，能否成功的第一步是识别你的客户，他愿不愿帮你做转介绍；第二步是时机的选择，什么时间向客户提出转介绍的请求。接下来，我们谈谈第三步，就是如何提出这个请求，如果你提出的方式不对，客户依然会选择拒绝你。

1. 你能为客户带来什么价值

销售的本质是利益交换，在刚刚成交的时候立刻提出让客户帮你做转介绍，是不明智的做法。你可以先问问客户，看看你能够给客户创造什么价值，然后才能提出转介绍的请求。“李哥，您家里装修的话除了买瓷砖肯定还要买家具和窗帘什么的，这样，您先在咱们商场逛。逛好了您也别着急下单，您打个电话给我，说不定我认识他们家的老板或者店长，能给您便宜点，最差也能多送个赠品给您不是？”你这样说就是站在了客户的角度在思考问题，而不是站在自己的角度思考问题，然后你再向客户提出转介绍的要求："李哥，我们做销售压力也很大，如果您朋友家里有买瓷砖的话，您也可以介绍他来我这里。"

2. 启动客户大脑的思考模式

当你请求客户转介绍时，你会怎么问？"您有认识的人推荐吗？"客户通常会回答："没有。"试试看这样问效果是否会好点——"您认识的人里有需要我们这种产品的人吗？"两种问法差异很大，当你问简单的问题时客户懒得思考，采用了简单方法直接拒绝你；当你问复杂问题时，他的大脑开始进入思考模式，就会替你认真想一想有没有值得介绍的客户。

我除了给别人讲课，自己也会去参加一些培训课程，课程顾问一般都要求学员帮他们推荐学员，如果只是简单地提一句"大家身边有没有朋友有兴趣一起来学习这个课程的？"效果一般。课程顾问会给每位学员发一张推荐学员的表单，你可以把你认为应该来参加这个课程的朋友姓名、电话留给课程顾问，课程顾问会主动跟对方取得联系。为了强化学员的参与，课程中还会采取一些激励PK机制，谁邀约的朋友最多，谁享受的积分奖励越多。

3. 降低客户转介绍的难度

客户直接去联系他的朋友，让他的朋友来购买你的产品，这种概率非常小。只有你才是这件事情的主角，参加培训的学员只留下了他朋友的信息，打电话联系一定是课程顾问的事情。

怎样降低客户转介绍的难点，首先我们要解决的就是帮他把转介绍的话术都写好。我们有些销售人员会要求客户帮我们转发朋友圈，当面客户都说“好好好”，回头客户就是不肯转发，就是因为你没有给客户提供最便利的参与方式。你应该以客户的口吻写一段文字，然后连话术带图片一起发给他，说：“哥，您就直接复制粘贴到您的朋友圈就可以了。”

□ 实战案例

一名集成灶经销商做了个消费全返的客户转介绍方案，所谓消费全返就是顾客A买了5000元钱的集成灶产品，商家返他5000元钱的现金券，这5000元钱的现金券共分成了10张，每张面值500元。商家告诉A顾客，如果你对我们的产品很认可，那么你可以把现金券送给你有装修需求的亲戚朋友，他们来店里什么活动都可以参加，最终埋单的时候出示现金券直接当现金用，每个客户限用1张。那么顾客A有什么好处呢？每当有新顾客B使用了现金券下单，A顾客就可以来店里抽奖，有购物券、加油卡等奖项，大奖每月一个，是5000元奖金。这样的话，不管是A顾客还是他推荐的新客户，大家都占到了便宜，都开心。

商家设计的“消费全返”活动最大的亮点就是，既考虑到了介绍人的利益，也考虑到了被介绍人的利益。他自己可以享受抽奖活动，他的朋友直接抵用500元代金券，这样他向朋友推荐的时候，他的朋友觉得有便宜占就很开心。

4. 不管成功与否都要感谢客户

不管是客户主动帮我们转介绍了客户，还是只向我们提供了客户信息，也不管最终他的亲戚朋友有没有成为我们的客户，我们都需要对给我们提供转介绍的人表示感谢。我发现很多销售人员忽视了这一点，当他的朋友在我们这里成交了，我们就会按照事先的约定给他销售提成或者积分奖励。但是如果他介绍的人没在我们这里成交呢？我们很多销售人员就不会给客户任何的反馈，这样就会让老客户特别寒心：忙人家帮了，至于帮到了什么程度，老客户也是没办法决定的呀。所以我们同样要给他反馈表示感谢，这样老客户才愿意继续帮你介绍新客户，而且这也是一种客情联系的方式，这也是销售的常识。

■ 刻意练习

结合你所在行业的特点，请思考还有哪些请求老客户转介绍的方式方法？

后　记

一直想给在销售一线的同学写一本书，这本书不同于市场上的销售技巧书，我想更多地谈一谈销售的常识。这一想法已经有一两年的时间了，但是因为讲课任务繁忙，加之自己天性懒惰，写书的计划一拖再拖。

直到今年1月，我到北京出差，在中关村附近的一家咖啡馆见到了布克加BOOK+的王留全老师和他的小伙伴，大家一见如故，相谈甚欢。英雄所见略同，我和王老师都算不得英雄，但我们在很多理念想法上极为相近，在浮躁的市场环境下，能不能静下来做一些有品质的事情，不仅关乎客户的体验，更关乎我们做事做人的原则。

王老师说“要做就做一本精品书”。直到交稿那天，我依然觉得汗颜，本书离精品还有很长一段距离。讲课这么多年，在写作上我越来越习惯自问自答式的写作风格和更加口语化的表达习惯，回头再看本书的初稿，简直是惨不忍睹。有些地方逻辑说不通，有些地方表达得不够清晰，口语化的语言很影响读者阅读的体验感，所幸的是布克加BOOK+的小伙伴们为我逐句逐字地进行了修改和订正。呈现在您面前的这部作品，已经是几易其稿之后的成果，感谢布克加BOOK+团队给予的支持和帮助。

跟做销售的道理一样，想要把自己的一些想法整理成一本书，除了勤奋和坚持，也需要一些灵感和运气。本书写到一半的时候，我感觉实在有点写不下去了，一度想要放弃，幸亏有布克加BOOK+团队的支持和鼓励，赶上新型冠状病毒疫情期间，才让我有时间静下来继续创作。

写作期间，我的思绪起起伏伏，总是会想起刚刚做业务员时的情形。那个时候我还很青涩内敛，凭着年轻的一份激情一猛子扎进销售行业中，既没有任何经验，也不懂什么人情世故，所幸的是我的老板给了我很多中肯的建议。当我面对着销售压力的时候，也总是有很多同事在给我鼓励，才让我没有轻易地放弃。感谢销售工作带给我的成长，感谢我的老板和同事们给我的压力和动力。

回望自己的职业生涯，我先后经历了连锁企业、代理商公司和制造企业的磨炼，从事市场营销、销售业务、管理培训等职位转型，每份工作都为我今天所从事的培训工作做出了积累，不可小觑。感谢这些年中遇到的很多销售精英，他们有的是我在企业上班时的同事和下属，有的是我培训课堂上认识的学员，从他们身上，我发现了一些优秀销售人员的特质。正是这些销售高手的故事让这本书更具可读性，也正是这些销售高手的特质让我思考总结出一些销售的常识。感谢那些被我写进书中的销售高手，同时也要感谢那些虽然没有被我写进书中但是曾经跟我交流、给我启发的销售人员。

作为一名职业培训师，我常年奔波在外，难得有时间陪伴家人，在疫情期间本可以多一些时间陪伴，但是由于写作本书的原因，虽然在家，我依然处于忙碌的工作状态，感谢我的爱人和两个孩子给予我的支持和理解。

想要做好销售，首先是因为热爱，如果热爱这份工作，你就会把更多的时间和精力投入进去，得到更多的成长。最后，真心希望本书对你能有所帮助，也祝愿你在销售的道路上越走越远。